- ◆ 新型大学语文教材
- ◆ 适合应用型或师范类高校及专科院校使用

北京大学语文教育研究所 组编

中国语文

【简编本】

◎ 主编 温儒敏 陈庆元

北京大学出版社　重庆出版社

图书在版编目(CIP)数据

中国语文(简编本)/温儒敏,陈庆元主编. —北京:北京大学出版社,
2009.4
(新型大学语文教材系列)
ISBN 978-7-301-15100-6

I. 中… II. ①温…②陈… III. 汉语-高等学校-教材 IV. H1

中国版本图书馆 CIP 数据核字(2009)第 050761 号

书　　　　名:	中国语文(简编本)
著作责任者:	温儒敏　陈庆元　主编
责 任 编 辑:	艾　英
标 准 书 号:	ISBN 978-7-301-15100-6 /H·2236
出 版 发 行:	北京大学出版社
地　　　　址:	北京市海淀区成府路 205 号　100871
网　　　　址:	http://www.pup.cn　电子邮箱:pkuwsz@yahoo.com.cn
电　　　　话:	邮购部 62752015　发行部 62750672　出版部 62754962
	编辑部 62752022
印 刷 者:	三河市北燕印装有限公司
经 销 者:	新华书店
	650mm×980mm　16 开本　21 印张　350 千字
	2009 年 4 月第 1 版　2020 年 7 月第 5 次印刷
定　　价:	45.00 元

未经许可,不得以任何方式复制或抄袭本书之部分或全部内容。
版权所有,侵权必究
举报电话:010-62752024;**电子邮箱**:fd@pup.pku.edu.cn

目录

新型大学语文教材的编写与使用(代序)／1

古 代 文

汉　广　（《诗经·周南》）／3
燕　燕　（《诗经·邶风》）／6
月　出　（《诗经·陈风》）／9
湘夫人　（《楚辞·九歌》）／11
仰之弥高　钻之弥坚　（《论语·子罕》）／15
富贵不能淫　（《孟子·滕文公下》）／18
上善若水　（《老子》）／21
曲则全　（《老子》）／23
秋　水　（《庄子·秋水》）／25
淳于髡列传　（《史记》）／29
上　邪　（汉乐府）／34
白头吟　（汉乐府）／37
子夜四时歌　（南朝乐府）／40
终南山　王　维／44
走马川行奉送出师西征　岑　参／48
赠孟浩然　李　白／51
饮中八仙歌　杜　甫／54
长恨歌　白居易／58
天上谣　李　贺／65
赠　别　杜　牧／68
无　题　李商隐／70

目录

八声甘州　柳　永 /73
临江仙　晏几道 /76
定风波　苏　轼 /79
武陵春　李清照 /82
摸鱼儿　辛弃疾 /85
【中吕】卖花声（怀古二首）　张可久 /88
酒德颂　刘　伶 /91
钱塘潮　郦道元 /93
殿中少监马君墓志　韩　愈 /96
五代史伶官传序　欧阳修 /99
前赤壁赋　苏　轼 /103
湖心亭看雪　张　岱 /108
村姥姥是信口开河　情哥哥偏寻根究底　曹雪芹 /110
谋　攻　孙　武 /120
雁荡山　沈　括 /123

现代文

伤逝　鲁　迅 /129
金锁记（节选）　张爱玲 /148
竹林的故事　废　名 /170
天　狗　郭沫若 /177
春天的心　林　庚 /182
北　方　艾　青 /185
赞　美　穆　旦 /193
白玉苦瓜　余光中 /199
会唱歌的鸢尾花　舒　婷 /204
面朝大海，春暖花开　海　子 /214
爱尔克的灯光　巴　金 /218
一个消逝了的山村　冯　至 /225
乡土本色　费孝通 /232
傅雷家书（节选）　傅　雷 /239

目录

工作与人生　王小波 /243
茶馆（节选）　老　舍 /249
卧虎藏龙（节选）　王蕙玲 /265

西文中译

共产党宣言（节选）　〔德〕卡尔·马克思　弗里德里希·恩格斯 /283
罗密欧与朱丽叶（节选）　〔英〕威廉·莎士比亚 /293
高尚的生活　〔英〕伯特兰·罗素 /306
大自然在反抗（节选）　〔美〕R.卡逊 /312
爱的起源（节选）　〔苏联〕米·普里什文 /322

后　记 /327

新型大学语文教材的编写与使用(代序)

温儒敏

为满足"大学语文"教学的需要,同时也为了改革这门课程,使之更好地适应时代的发展,提高教学质量,北京"大学语文"教育研究所组织编写了《中国语文》教材。

这套"大学语文"教材定名《中国语文》,意味着更加强调对母语和民族文化的体认。教材编写力求适合当今大学生的新的语文教学结构和学习方式,建立比较可行的"大学语文"教育模式和教学规范,使这门课日趋成熟,能真正受到大学生的欢迎与重视。

这是新型的"大学语文"教材,共两种:其一是正本,篇幅较大,内容也丰富一些,可供各类型普通高校选用;另一是"简编本",篇幅较小,浅易一些,比较适合教学型、职业型大学以及高职高专使用。

这里对教材的编写和使用做些说明。

首先,是课程与教材的定位。

《中国语文》以提高学生"语文素养"为主要目标,突出人文性,但不脱离"语文",不是一般的文学读本或人文读本。现在许多师生对"大学语文"的要求都很实际,主要是希望能"短平快"解决读写能力问题。这种要求可以理解。但大学语文的课时有限,一般只有一学期,最多一学年,每周也就2课时左右,要明显提高读写能力,不容易做到,因为语文能力的提高需要不断地积累。所以《中国语文》的定位不宜太实,不设计为"补课"。读写能力培养当然是题中应有之义,但课程设计应当实事求是,考虑到课程性质与课时限制等因素。另一方面,定位也不宜太虚,不能脱离了"语文"去笼统讲人文性。以大而化之的人文教育取代语文课,也难于取得好的效果。这套教材考虑到了在当前普通高校的基本课程结构中,"大学语文"到底能做些什么,定位在增加学习兴趣和提升"语文素养",是比较务实的。在应试教育体制下，一般学生容易失去语文学习的兴趣，读书也比以前少了。《中国语文》希望能重新唤起修课学生对语文的兴趣，激活他们在基础教育阶段母语学习的积累，把被"败坏"了的胃口调试过来。这是"短期目标"，但有利于达到长期效果。学生只要有了兴趣，唤醒了对母语及民族文化的情感与责任心，就能激发无限的潜能，不断主动学习。定位在增加学习兴趣和提升"语文素养"，还考虑到当前多数低年级大学生的知识结构及思维的特点，力争在较高的层次上（相对高中而言），让同学们对语文与中国文化有感性的和一定系统性的了解，学会欣赏文学与文化精品，不断丰富自己的感受力、想象力，进而养成高品味的阅读习惯，让阅读成为一种终生受用的生活方式。总之，我们编这套教材是想从实际出发，又着眼未来，从长计议。

其二，教学的建议。

对于选择了这套教材的老师和同学，建议学这门课，要始终扣着"语文"，重点放在良好的阅读习惯与能力的培养。经典和学生是有距离的，教学中要想办法缩短这个距离，在师生教学互动的氛围中激发学习与探索的热情。传统的知识灌输型的教学方式，对于大学语文教学恐怕是不适应的，应当调整和革新，强调学生的主体地位和个性化学习。必须联系学生的生活实践，联系变化中的鲜活的文化现象与语文现象，培养开放的创新的思维，让学生学会如何在当代生活中体验传统文化渗透的力量，学会不断修炼和调整自己获取新的语文信息的能力。通过广泛接触中华优秀文化的经典，让学生的情感、态度、价值观得到熏染，文化品味得到提升，这个过程是很自然的，不必刻意追求。人文性不是虚空的要求，要扣着"语文"来实现。能引导多读书，读好书，并对母语和民族文化能增加一份感情与觉悟，这门课的基本目标就达到了。

其三，关于课文选目。

《中国语文》也是以文学名篇为主，但适当扩展，增加哲学、历史、艺术、科技等领域的篇目，以引起不同专业学生的兴趣，同时让知识接触面宽一些。选文注重经典性和文字的精美，尽量选适合大学低年级学生"悦读"，又能启迪心智的"美文"。古代诗文与现代诗文两个部分，大致各占一半左右，现代部分还包括一些西文中译，因为中译本身也已经带上了中国文化的因子。课文的总量按照一个学年72个学时（36次课）来设计，如果只有一个学期的课，可以从中选择部分讲授，其余部分选读。

其四，教材体例和教学安排。

两个版本的体例编排各具特色。"简编本"是由古至今的顺序编排，突出文学性，和以往教材有较多衔接。正本的结构则是分大的文类，古今混合，安排若干单元；还特别安排有阅读、写作和文章修改等知识部分。教学中完全可以按照实际需求，调整组合各个单元的课文。如果考虑到先易后难，授课时也可以先讲现代部分，后讲古代部分。也可以古今杂糅，重新结构。每一课都有"阅读提示"，主要介绍作家作品的背景，引发阅读兴趣，帮助学生掌握课文的要点、难点与方法。"问题与思考"一般有3至4道题，其类型与难易程度可能略有不同，习题以开放性的思维为导向，起码有一道题偏重语文素养。两种教材都备有"教学用书"，方便教师备课，内容包括教学目标，教学重点、难点与方法提示，问题与思考提要，参考材料，以及参考书目，等等。

其五，关于教材的学术性。

坊间见到的"大学语文"教材很多，虽不乏较有质量和特色者，但很多都是彼此"克隆"，大同小异。这种状况已经引起大家的不满。"大学语文"要提高教学质量，一定要保证教材编写的学术质量。这两种《中国语文》教材由北京大学语文教育研究所牵头组织编写，参与编写的大都是北大中文系教授，我们是认真把教材编写作为一种严肃的学术工作来做的。这种学术研究不但体现在教材编写的理念、选目、框架和体例，也体现在许多细节的处理上。如古代诗文编选就部分采用了编者研究的成果，每一文选的确定与注释，都经过悉心研究，决不轻易"克隆"他人的编法。《中国语文》的编撰建立在扎实的研究基础上，大大增加的教材的原创性与学术含量，也保证了教材的质量。

我们的教材编写工作还在探索阶段，肯定会有这样那样的不足，希望能得到广大专家与一线老师的批评指正。我们还希望，大家使用新编的《中国语文》，不止是当作一部教材，也当作是一种试验，尝试建立一门富于变革意味的课程，以切实推进现有的"大学语文"的课程改革。

2008年11月27日

古代文

汉 广

（《诗经·周南》）

南有乔木，不可休思①；汉有游女②，不可求思。汉之广矣，不可泳③思；江之永矣④，不可方⑤思。

翘翘错薪⑥，言刈其楚⑦；之子于归⑧，言秣⑨其马。汉之广矣，不可泳思；江之永矣，不可方思。

翘翘错薪，言刈其蒌⑩；之子于归，言秣其驹⑪。汉之广矣，不可泳思；江之永矣，不可方思。

（选自程俊英、蒋见元《诗经注析》，中华书局1991年第1版）

阅读提示

《诗经》是我国第一部诗歌总集，大约在公元前6世纪编定成书，收集西周初期至春秋中期的诗歌305篇。作者包括了从贵族到平民的社会各个阶层人士，绝大部分已不可考。《诗经》分为风、雅、颂三部分。"风"（也称"国

---

① 休：休息。思：语尾助词。
② 汉：汉水，源出陕西省宁强县，东入湖北，由汉口入长江。游女：出游的女子。一说"游女"为汉水中的女神，与郑交甫有一段人神相恋的故事。
③ 泳：游泳，指游泳渡过汉水。
④ 江：长江。永：长。
⑤ 方：筏子，此指乘筏渡江。
⑥ 翘翘：高出的样子。错薪：错落丛生的杂草。
⑦ 刈（yì）：割。楚：植物名，又名荆，俗称荆条，可用作燎炬。
⑧ 之：是，此。之子：这个人，指游女。于归：古称女子出嫁。
⑨ 秣（mò）：喂牲口，指备马迎亲。
⑩ 蒌（lóu）：蒌蒿，多年生草本植物，生在水泽之中，可以做艾的代用品，叶子可喂马。
⑪ 驹：幼小健壮的马。

风")是带有诸侯国地方色彩的诗歌,包括周南、召南、邶、鄘、卫、王、郑、齐、魏、唐、秦、陈、桧、曹、豳15国风,共160篇。其中大部分是民间诗歌,反映普通平民的爱情婚姻、农业生产、征战劳役等生活,是《诗经》中的精华。"雅"是周朝王畿地区的乐歌,分大雅、小雅,共105篇。小雅74篇,多为下层官吏的怨刺作品,也有一部分民间诗歌。大雅31篇,多为朝廷宴享时所用的乐歌。"颂"是王室宗庙祭祀所用的舞曲乐歌,又分为周、鲁、商三颂,共40篇。《诗经》反映了周初至春秋时期广阔的社会生活,特别是其中的"饥者歌其食,劳者歌其事"([汉]何休《春秋公羊传解诂》)的民歌,奠定了中国文学史上现实主义的优良传统。

本篇是一首充满着怅惘之情的爱情诗歌。《诗经》国风中的许多爱情诗歌,反映了先民们自由活泼、天真浪漫的自由爱情,如《邶风·静女》表现了青年男女的幽期密约,《郑风·野有蔓草》表现了男主人公的一见钟情,《郑风·溱洧》表现了女子对爱情的大胆追求,可谓一片烂漫,饶有情趣。而《汉广》一诗则表现了江汉间一位男子痴心追慕一位女子,结果却不能遂愿的无限忧伤。

这首诗歌开头以乔木之下不可止息起兴,乔木虽然高大,但因枝叶上耸,下面少有树荫,不能作为休歇之地,这一顿挫转折,为全诗笼罩了浓郁的伤感。紧接着道出这首诗的主题,"汉有游女,不可求思",然后用江汉辽阔、难以渡越为象征比喻,表现了在水一方的"游女"难以追求的无限感伤。

这首诗在艺术上运用了比兴、象征手法。诗的开头,"南有乔木,不可求思",虽然是起兴,但兴中兼比。乔木高耸不得栖息其下的形象,实际上暗喻了男主人公对自己所爱恋的女子求之不得,难以共处的遗憾。接着重叠章句,反复咏叹水阔江长:"汉之广矣,不可泳思。江之永矣,不可方思。"浩瀚的江水难以逾越,实际是爱而不得的象征。游女形象之迷离,江上景色之浩渺,诗人思慕之痴迷,皆融注于这一象征性的境界之中。

诗的第二、三章写抒情主人公由痴迷的追求陷入幻想的境界。"翘翘错薪,言刈其楚。之子于归,言秣其马。"这是诗中的设想之词,描写的是一种幻想境界,是说一旦游女来嫁我,先把火烛准备好;一旦游女来嫁我,先把马儿喂个饱。但幻想毕竟是幻想,现实终究是令人失望的,所以诗歌反复吟叹江阔水长。在这种咏叹中,我们看到求爱不得的怅惘之情正如那流之不尽的江水。

清代学者陈启源曾在《毛诗稽古编》中对这首诗的情境作出精辟的概括:"夫说(悦)之必求之,然唯可见而不可求,则慕说益至。"近人钱锺书在

《管锥编》中认为这就是西方浪漫主义所谓的"企慕情境"。"企慕情境"是文学作品中所表现的可以向往追求却永远达不到追求目标的一种意境,这也是人生中普遍的一种情境。《秦风·蒹葭》、《周南·汉广》是《诗经》中表现"企慕情境"的代表作品。

问题与思考

一、"企慕情境"指那种令人向往,却永远可望不可即的一种意境,也是人生中普遍的情境。反复阅读《周南·汉广》,体会古人这种"企慕情境"是否能引起自己的共鸣。

二、识别《周南·汉广》中象征性描写的诗句。

三、《周南·汉广》如何描写幻想境界?

燕 燕

《诗经·邶风》

　　燕燕于①飞,差池②其羽。之子于归③,远送于野。瞻望弗及④,泣涕如雨。
　　燕燕于飞,颉之颃之⑤。之子于归,远于将⑥之。瞻望弗及,伫立⑦以泣。
　　燕燕于飞,下上其音⑧。之子于归,远送于南⑨。瞻望弗及,实劳⑩我心。
　　仲氏任只⑪,其心塞渊⑫。终温且惠⑬,淑慎⑭其身。先君之思⑮,以勖寡人⑯。

　　　　　　（选自程俊英、蒋见元《诗经注析》,中华书局1991年第1版）

---

① 于:句中助词,无实在意思。
② 差(cī)池:参差不齐。
③ 于归:古称女子出嫁。于:往。
④ 瞻望:远望。弗:不。
⑤ 颉(xié)、颃(háng):往上飞、朝下飞。
⑥ 将:送。
⑦ 伫立:久立。
⑧ 下上其音:指鸟儿在空中上下飞翔时,它的叫声也随之上下。音:鸣叫。
⑨ 于南:往南方去。南:此指卫国的南边。
⑩ 劳:忧伤愁苦。
⑪ 仲氏:二妹,排行第二的女子。古代称兄弟姊妹排行的次序为伯、仲、叔、季。任:信任,一说是"善良"。只:语尾助词。
⑫ 塞:实。渊:深。塞渊:心地诚实而深厚。
⑬ 终温且惠:既温柔又贤惠。终⋯且⋯:既⋯又⋯。
⑭ 淑:善良,贤淑。慎:谨慎。
⑮ 先君:指死去的先辈国君。思:思念。指要时时以先君为念。这是仲氏劝勉卫君的话。
⑯ 勖(xù):勉励。寡人:国君自称为寡德之人。

阅读提示

《邶风·燕燕》是中国诗歌史上最早的一首送别诗歌。诗中通过卫国君主送别远嫁南国的妹妹,表现了兄妹之间的骨肉同胞之情。送别是我国古代诗歌的重要题材之一,在中国文学史上曾出现过大量送别题材的优秀诗歌,推源溯流,《邶风·燕燕》可谓"万古送别之祖"([清]王士禛《分甘馀话》),后来许多送别之作,都可以找到受这首诗影响的痕迹。

全诗四章,可以分为两个层次。前三章皆以"燕燕于飞"起头,着重渲染依依惜别的情境。一写燕子"差池其羽"的可爱形状,二写燕子双飞、忽上忽下的动态,三写燕子"下上其言"的呢喃细语,从形态、动作、声音等方面将燕子的神态生动逼真地描绘出来。"后人多许咏燕诗,无有能及者。"([明]陈舜百《读风臆补》)而燕子双行双飞、不忍离去的情态,又恰到好处地烘托出了兄妹分别之际依依不舍的情感。接着点题,"之子于归,远送于野",说明这是一首为妹妹送嫁(送行)的诗歌。在点题之后,运用典型细节来表现分别之际的感伤和惜别之情,"瞻望弗及,泣涕如雨。""瞻望弗及,伫立以泣。""瞻望弗及,实劳我心。"远嫁的妹妹终于远去了,而重视骨肉同胞之情的兄长依然伫立在原地,深情地目送迎亲的队伍远去,依依惜别之情一下子涌上心头,不禁潸然泪下。这一典型细节描写感人至深,"真可以泣鬼神!"([宋]许顗《彦周诗话》)第四章视角由送行者转而至被送者,从正面着重描写被送者的美好品德。原来妹妹不同寻常,她的心地诚实忠厚,性情温和贤惠,应是治国安邦的好帮手,临别之际还勉励兄长:莫忘先君的嘱咐,成为百姓的好君王。诗中对"仲氏"性格的描写,集中了上古先民对女性品德的赞美,正是这样一位贤媛的离去,愈发增加了兄长的感伤。

《邶风·燕燕》诗中,"远送于野"、"瞻望弗及"等典型细节描写对后代的送别诗歌有深远的影响,成为离别主题赖以生发的重要艺术意象。李白《送孟浩然之广陵》:"孤帆远影碧空尽,惟见长江天际流。"岑参《白雪歌送武判官归京》:"山回路转不见君,雪上空留马行处。"这是朋友间的送别。苏轼《辛丑与子由别赋诗寄之》:"登高回首坡陇隔,惟见乌帽出复没。"这是兄弟间的送别。何景明《河水曲》:"君随河水去,我独立江干。"这是夫妇间的送别。送别对象固有不同,但艺术情境却异曲同工,《邶风·燕燕》不愧为"送别之祖"。

问题与思考

一、如何理解《邶风·燕燕》是"万古送别之祖"？想想数千年前古人送别之情，为何至今还能打动人？

二、《邶风·燕燕》有哪些艺术特色？

三、回顾中学语文学过的诗篇，请举出三首与《邶风·燕燕》诗典型细节描写相似的送别诗。

月 出

(《诗经·陈风》)

月出皎①兮,佼人僚②兮。舒窈纠③兮,劳心悄④兮。
月出皓⑤兮,佼人懰⑥兮。舒忧受⑦兮,劳心慅⑧兮。
月出照⑨兮,佼人燎⑩兮。舒夭绍⑪兮,劳心惨⑫兮。

(选自程俊英、蒋见元《诗经注析》,中华书局1991年第1版)

阅读提示

  这是一首描写月下相思的爱情诗歌。诗中通过对月夜惝恍迷离境界的描写,表现女主人公内心深沉的忧思。至于忧思的原因,大体以朱熹的说法较为可信,"此亦男女相悦而相念之辞"([宋]朱熹《诗集传》)。可见诗中描写的是月光下的相思离别。古代诗歌中有许多吟咏月下相思离别的优秀作品,如曹植的《杂诗》、张若虚的《春江花月夜》、张九龄的《望月》、杜甫的《月夜》等等,不胜枚举。《陈风·月出》是众多同类题材中的第一首。

---

① 皎:皎洁明亮。
② 佼(jiǎo):通"姣",美好。僚:通"嫽",美好。
③ 舒:缓慢的样子,指女子举止舒缓娴雅。窈纠(yǎo jiǎo):形容女子身材苗条的样子。
④ 劳心:忧心,形容思念之苦。悄(qiǎo):形容深忧的样子。
⑤ 皓:光明。
⑥ 懰(liù):美好。
⑦ 忧受:形容女子步履舒徐婀娜的样子。
⑧ 慅(cǎo):忧愁不安的样子。
⑨ 照:用作形容词,月光明亮的样子。
⑩ 燎:通"嫽"。
⑪ 夭绍:形容女子体态轻盈的样子。
⑫ 惨(cǎo):通"懆",忧愁不安的样子。

这首诗运用了重章的手法,回环往复,缠绵悱恻。每章第一句是环境描写,皎洁的月光构成了一种迷离的境界。在众多的自然景色中,也许月光是最能触发相思离别情感的,因而诗中的月夜景色描写就有了极强的典型意义,难怪历代抒写相思离别的诗歌大多以月夜作为背景环境。后三句是人物描写,其中前两句描写人物肖像,诗中运用了诸多美好的形容词着力描绘女子窈窕的形象,仿佛一幅肖像画。如水的月光下,隐约活现出一个美人摇曳的仙姿。最后一句是人物心理描写,着力表现女子内心的极度惆怅。

《陈风·月出》一诗的语言艺术在《诗经》中是很特别的。每句最后都有一个语气词"兮"字,这样的形式在《诗经》中并不多见。"兮"字声调柔婉,语气平和,与诗中迷离的境界、惆怅的情调相得益彰。诗中较多地运用了形容词,或形容月色,或形容容貌,或形容体态,或形容心理。这些形容词在《诗经》其他诗篇中也不多见,可能是较多地保存了陈国方言。在句法上,每章四句,其中前后三句都是上二字一顿,下一字一顿,而第三句是上一字一顿,下二字一顿,构成了一种错综变化、抑扬顿挫的节奏之美。在韵律上是句句押韵,一韵到底;再加上"窈纠"、"忧受"、"夭绍"等叠韵词的运用,使整首诗歌达到了委婉概括的丽辞美和繁音促节的韵律美的和谐统一。

问题与思考

一、试分析《陈风·月出》一诗的环境描写、肖像描写和心理描写。

二、试分析《陈风·月出》一诗的语言艺术。

三、多数评论家都认为《诗经》特有一种不可重复的质朴之美。建议多读一些《诗经》,结合自己的阅读感受,去分析这种质朴之美的来源,并说说为何历经数千年,这些诗歌仍然如此动人。

拓展阅读

一、余冠英:《诗经选》,人民文学出版社1956年版。

二、程俊英等:《诗经注析》,中华书局1991年版。

湘夫人

（《楚辞·九歌》）

帝子降兮北渚①，目眇眇兮愁予②。
袅袅③兮秋风，洞庭波④兮木叶下。
登白薠兮骋望⑤，与佳期兮夕张⑥。
鸟何萃兮蘋中⑦？罾何为兮木上⑧？
沅有茝兮醴有兰⑨，思公子⑩兮未敢言。
荒忽⑪兮远望，观流水兮潺湲⑫。
麋⑬何食兮庭中？蛟何为兮水裔⑭？
朝驰余马兮江皋⑮，夕济兮西澨⑯。

---

① 帝子：公主，指湘夫人。渚（zhǔ）：水中高地。
② 眇（miǎo）眇：极目远望的样子。愁予：使我忧愁。
③ 袅（niǎo）袅：微风习习不断吹拂的样子。
④ 波：作动词用，生波。
⑤ 白薠（fán）：水草名，这里指长满白薠的湖岸。骋望：极目远眺。
⑥ 佳：佳人，指湘夫人。一本作"佳人"。期：约会。张：陈设，指陈设帏帐等。
⑦ 萃：聚集。蘋（pín）：水草名。
⑧ 罾（zēng）：渔网。木上：挂在树上。"鸟何"二句都是违背常理之事，暗喻所求不得，事与愿违。
⑨ 沅：水名。茝（zhǐ）：即白芷。醴：澧水。
⑩ 公子：即"帝子"，指湘夫人。
⑪ 荒忽：通"恍惚"，神志迷乱的样子，一说看不分明的样子。
⑫ 潺湲（chán yuán）：水流缓慢而不间断的样子。
⑬ 麋（mí）：兽名，似鹿而大。
⑭ 蛟：古人认为是龙一类的动物。水裔（yì）：水边。"麋何"二句与上文"鸟何"二句用意相同。
⑮ 江皋：江边高地。
⑯ 澨（shì）：楚方言，水边。

闻佳人兮召予,将腾驾兮偕逝①。
筑室兮水中,葺之兮荷盖②。
荪壁兮紫坛③,播芳椒兮成堂④。
桂栋兮兰橑⑤,辛夷楣兮药房⑥。
罔薜荔兮为帷⑦,擗蕙櫋兮既张⑧。
白玉兮为镇⑨,疏石兰兮为芳⑩。
芷葺兮荷屋⑪,缭之兮杜衡⑫。
合百草兮实庭⑬,建芳馨兮庑门⑭。
九嶷缤兮并迎⑮,灵之来兮如云⑯。
捐余袂兮江中⑰,遗余褋兮醴浦⑱。
搴汀洲兮杜若⑲,将以遗兮远者⑳。
时不可兮骤㉑得,聊逍遥兮容与㉒。

---

① 腾驾:驾车奔驰。偕逝:同往。
② 葺(qì):修补,这里指用茅草盖屋。荷盖:用荷叶做房顶。
③ 荪(sūn):香草名。荪壁:用荪编制的墙壁。紫:紫贝。坛:楚方言,即中庭。紫坛:用紫贝铺砌的庭院。
④ 播:散布。成:饰。这句是说,把芳香的花椒和到泥里,用来涂饰堂壁。
⑤ 桂栋:用桂木做栋梁。兰橑(lǎo):用木兰做屋椽。
⑥ 辛夷:香木名。楣:门上横木,代指门。药:香草名,即白芷。药房:白芷装饰卧室。
⑦ 罔:同"网",作动词用,编织。薜荔:香草名。帷:帐幔。
⑧ 擗(pǐ):剖,分。櫋(mián):一本作"楥",当作"幔",帐顶。一说隔扇,犹今之屏风;一说屋檐板。这句是说,用剖开的蕙草制成的帐顶已经陈设好了。张:布置,陈设。
⑨ 镇:指镇席,压坐席之物。
⑩ 疏:散布。石兰:兰草之一种。
⑪ 芷葺兮荷屋:在荷屋上再加盖一层香草白芷。
⑫ 缭:缠绕。杜衡:香草名。
⑬ 合:聚集。百草:指众香草。实:充实。
⑭ 建:陈设,布置。芳馨:散布很远的香气。庑(wǔ):走廊。
⑮ 九嶷:山名,又名苍梧,在今湖南宁远一带。指九嶷山之众神。缤:形容众多。
⑯ 灵:神,指九嶷山之众神。如云:形容众多。
⑰ 捐:捐弃。袂(mèi):衣袖,这里代指上衣。
⑱ 褋(dié):内衣。醴浦:即澧浦,澧水之滨。"袂"、"褋"皆女子之所赠,因湘夫人失约,湘君失望、气愤,故将湘夫人所赠之定情物抛到水里,以示决绝之意。
⑲ 搴(qiān):摘。汀:水中或水边平地。杜若:香草名。
⑳ 遗(wèi):赠。远者:指远方之人。
㉑ 骤:屡次。一说,疾。
㉒ 聊:姑且。容与:悠闲自得的样子。

(选自《楚辞·九歌》,见金开诚、董洪利、高路明《屈原集校注》,中华书局1996年第1版)

阅读提示

  楚辞是继《诗经》之后在南方江汉一带崛起的一种带有鲜明地域特色的新体诗歌。作为一种新诗体,楚辞在句式上以六言、七言为主,长短参差,灵活多变,多用语气词"兮"字。楚辞最鲜明的特点是它独特的地域文化色彩,如宋代学者黄伯思所说:"盖屈宋诸骚(指楚辞体诗歌),皆书楚语,作楚声,纪楚地,名楚物,故可谓之'楚辞'。"(《东观余论·校定〈楚辞〉序》)

  "楚辞"一名,最早见于西汉司马迁《史记》一书。《楚辞》作为一部诗歌总集,今传最早的编者是西汉时期的学者刘向。东汉王逸《楚辞章句》是现存最早的《楚辞》流传注本。《楚辞》收录了屈原、宋玉等人的作品以及汉代文人模拟的作品,其中以屈原的作品最为重要。伟大的爱国主义诗人屈原继承楚地民歌传统和文化传统,将楚辞创作推向成熟并达到顶峰。

  屈原,名平,字原,根据《离骚》"摄提贞于孟陬兮,惟庚寅吾以降",可推定屈原出生于楚威王元年(前339)正月十四日。他生于丹阳即今湖北秭归,战国末期楚国人,楚武王熊通之子屈瑕的后代。屈原的事迹,主要见于司马迁《史记》的记载。他一生经历了楚威王、怀王、顷襄王三个时期,而主要活动于楚怀王时期。他是当时著名的政治家,对内主张举贤任能,对外主张连齐抗秦,深得楚怀王的信任。上官大夫靳尚出于妒忌,在怀王面前诬陷屈原,怀王于是"怒而疏屈平"。楚怀王死于秦后,顷襄王即位,屈原再次受到令尹子兰和上官大夫靳尚的谗言陷害,被顷襄王放逐,终投汨罗江而死。

  《楚辞》一书收录屈原的作品25篇,包括《离骚》、《九歌》(11篇)、《天问》、《九章》(9篇)、《远游》、《卜居》、《渔父》等。其中《九歌》是在楚国民间祭祀乐歌的基础上加工而成的一组抒情诗歌。

  这首《湘夫人》选自《楚辞》中的《九歌》,以湘君对湘夫人痴痴的思念与焦急的等待为主线,结合了"袅袅兮秋风,洞庭波兮木叶下"的秋季特有的悲美韵调,又加上"筑室兮水中,葺之兮荷盖。荪壁兮紫坛,播芳椒兮成堂。桂栋兮兰橑,辛夷楣兮药房。罔薜荔兮为帷,擗蕙櫋兮既张"等众多为湘夫人所筑房屋的异花香草为衬托,塑造了一曲浪漫而又在期待中徘徊忧伤的动人之歌。

  全诗运用寓情于景、情景交融的手法。湘君从思念到"帝子降兮北渚,目眇眇兮愁予"的忧伤、求之不得的苦闷,再到"鸟何萃兮蘋中？罾何为兮木上"的疑问,最后到"闻佳人兮召予,将腾驾兮偕逝",心情愉悦地筹备房屋,准备着"九嶷缤兮并迎,灵之来兮如云"的盛大迎接,这其中起伏不断的心理流程及动作细节,皆被刻画得惟妙惟肖,亲切可感。

值得注意的是,在抒发主人公的情绪时,在与景色的融合中,表现了双层对应的一种结构形式,当湘君的困惑之情无法丝丝缕缕地具象表达时,便运用"鸟何萃兮蘋中？罾何为兮木上？""麋何食兮庭中？蛟何为兮水裔"这种种违反常态的虚幻般的现象进行宣泄。当其感情喜形于色以至将要足之蹈之时,便运用殷勤构建房屋的大动作来进行形象化的表达。可谓是有明有暗,有实有虚,错落有致。

此诗的韵律,婉转而和谐,总体情调是缠绵而幽美的。虽然是抒情性的诗歌,但仍含有着叙事性的色彩,在轻轻勾勒的字句中,非常鲜明地塑造了主人公痴情的形象。且用香草美人的象征手法,更突出湘夫人的高洁。

这是一首迎神诗,全诗从召唤似的期待视角进行抒情描述。这也正体现了它作为祭祀歌的一种独特特点。

问题与思考

一、体会并说明《湘夫人》所表达的思念起伏的心理流程。

二、以《湘夫人》为例,说明楚辞体诗歌的艺术特色。

拓展阅读

一、(宋)朱熹:《楚辞集注》,上海古籍出版社1979年版。

二、聂石樵:《楚辞新注》,商务印书馆2004年版。

三、马茂元选注:《楚辞选》,人民文学出版社1980年版。

仰之弥高　钻之弥坚

（《论语·子罕》）

颜渊喟然①叹曰："仰之弥高②，钻③之弥坚，瞻之在前，忽焉在后。夫子循循然善诱人④：博我以文⑤，约⑥我以礼，欲罢不能。既竭吾才，如有所立卓尔⑦；虽欲从之，末由也已⑧！"

（选自杨伯峻《论语译注》，中华书局1980年第2版）

阅读提示

先秦时代的春秋（前770—前476）、战国（前475—前221）是我国古代思想文化史上的伟大时代，当时出现了众多的思想学派，学术史上称之为"诸子百家"。班固《汉书·艺文志》将诸子分为儒、道、阴阳、法、名、墨、纵横、杂、农"九流"，加上小说一家共"十家"，因"小说家"为"街谈巷语，道听途说者之所造"，所以"诸子十家，其可观者九家而已"。在这九流十家当中，儒、道、墨、法为四大显学。从文学的角度来看，记载或收集这些学派主要言论和学说的文章被称为诸子散文，诸子散文以议论说理为主。

在先秦诸子学说中，孔子创立的儒家学说对中国文学和中国文化产生了深远的影响。

---

① 颜渊：颜回，字子渊，鲁国人，孔子最得意的学生。喟（kuì）然：长声叹息的样子。
② 仰：仰视，抬头看。之：代词，指孔子其人，主要指孔子的学术文章和道德修养。弥：更加。
③ 钻：钻研。
④ 夫子：指孔子。循循然：有一定程序地，按步骤地。诱：诱导，引导。
⑤ 博：使动用法，使学识广博。文：文献及文献上的知识。
⑥ 约：约束。
⑦ 卓尔：崇高的样子。
⑧ 末由也已：无路可走，无从着手。末：无。由：从此而行。

孔子(前551—前479),名丘,字仲尼,春秋晚期鲁国陬邑(今山东曲阜)人,中国古代伟大的思想家、教育家,儒家学说的创始者。先世为宋国贵族。少年时代贫贱,曾做过"委吏"、"乘田"等事。中年时期由鲁中都宰升任司寇,摄行相事。后周游宋、卫、陈、蔡、齐、楚等国,宣传仁政。晚年致力于整理《诗》、《书》、《礼》、《易》等前代文化典籍,并修订鲁国编年史《春秋》。他是我国历史上第一个大力兴办私学的人,相传前后有弟子3000人,著名的有七十余人。

孔子创立了以"仁"为核心的儒家伦理学思想体系,政治上强调"为政以德",以礼治国;教育上主张"有教无类",重视"因材施教",提倡"学而不厌,诲人不倦";文学上提出"兴观群怨"。他的思想主要体现在《论语》中。

《论语》为语录体散文,由孔子弟子及再传弟子根据记录和传闻编辑而成,约成书于春秋战国之交。班固《汉书·艺文志》曰:"《论语》者,孔子应答弟子时人,及弟子相与言而接闻于夫子也。当时弟子各有所记,夫子既卒,门人相与辑而论纂,故谓之《论语》。"其文字简朴而含义隽永,主要通过语言和行动的记录,表现孔子及其弟子们的形象,颇有传神之笔。

本章选自《论语·子罕》篇,是颜回对孔子崇高形象所作的一段评价。孔子是怎样一个人,在孔子生前,似乎就是人们感兴趣的话题。如石门司门者说孔子是个"知其不可而为之者"(《论语·宪问》);仪封人曾将孔子誉为"木铎"(《论语·八佾》)。孔子在周游列国的时候,叶公曾经向子路问过这一问题,子路没有回答,孔子听说这一事情后,曾经自我评价道:"其为人也,发愤忘食,乐以忘忧,不知老之将至云尔。"(《论语·述而》)孔门诸弟子对老师的评价就更多了,如子贡说孔子是"天纵之圣"(《论语·宪问》),有若曾夸赞说:"麒麟之于走兽,凤凰之于飞鸟,太山之于丘垤,河海之于行潦,类也。圣人之于民,亦类也。出于其类,拔乎其萃,自生民以来,未有盛于孔子也。"(《孟子·公孙丑上》)在众多的评价中,以颜回的评价最为精当。颜回是孔子最喜爱的一位弟子,在孔门"四科"(德行、言语、政事、文学)中,颜回排在"德行"科中第一位,又被孔子称为最"好学"(《论语·雍也》)的弟子,在为学之道和道德境界上,与孔子最为接近。推己及人,将心比心,颜回对老师最为理解,其评价也可说最为精当。

颜回对孔子的评价主要涉及为学和为人两个方面,孔子一生贡献良多,但最根本的是在为学之道和为人之道这两个方面。这两个方面在孔子那里是统一的,且都达到极高的成就,所以在颜回看来,老师孔子的形象极为高大,越仰望就越感到高大,越钻研就越感到坚固。但孔子达到这样崇高的境界,并非是天生的、不可企及的,而是在平常的饮食起居、君臣父子、礼乐文章等具体生活和学习中逐渐积累的,且具体生活和学习中就蕴含着至高的境界。所谓"博我以文,约我以礼",就是用各种文献来丰富知识,用一定的礼节来约束行动,循序渐进,逐渐达到至高的道德境界。正如钱穆所说:"熟读《论语》,可见孔子之道,实平易而近人。而细玩此章,可知即在此平易近人中,而自有其高深不可及处。"(《论语新解》)

　　值得注意的还有此章中的"夫子循循然善诱人"一句,成语"循循善诱"一词即出自于此。"循循善诱"的意思是善于有步骤地引导人学习,这是一种非常符合学习心理规律的教学方法,是对孔子作为伟大教育家的教学方法的一个总结。孔子一生中最重要的贡献是在教育上,在长期的教育生涯中,他提出了许多富于睿智的教育思想,如"不愤不启,不悱不发"(《论语·述而》)的启发式教育方法,学与思相结合(《论语·为政》)的学习方法等,直到今天仍然值得我们发扬光大。

问题与思考

　　一、现在常用的哪句成语出自此篇?

　　二、文中哪两句话分别从颜渊的角度涉及了孔子为学与为人两方面的成就?

　　三、用现代白话文描述从本文中你所体会到的孔子的形象。

　　四、建议通读《论语》,也可以找一些比较权威的笺注本子参考(见拓展书目),在获取整体感受之后,想想哪些章句给自己启迪最大,并和当下各种传媒中关于《论语》心得之类娱乐化的解释与发挥作些比较。

拓展阅读

一、杨伯峻:《论语译注》,中华书局1980年版。

二、匡亚明:《孔子评传》,南京大学出版社1990年版。

三、钱穆:《论语新解》,三联书店2002年版。

富贵不能淫

（《孟子·滕文公下》）

景春①曰："公孙衍、张仪②岂不诚大丈夫哉？一怒而诸侯惧，安居而天下熄③。"

孟子曰："是焉④得为大丈夫乎？子未学礼乎？丈夫之冠⑤也，父命之⑥；女子之嫁也，母命之，往送之门，戒之曰：'往之女家⑦，必敬必戒，无违夫子⑧。'以顺为正⑨者，妾妇之道也。居天下之广居，立天下之正位，行天下之大道⑩；得志，与民由之⑪；不得志，独行其道。富贵不能淫，贫贱不能移，威武不能屈⑫——此之谓大丈夫。"

（选自杨伯峻《孟子译注》，中华书局2005年第2版）

阅读提示

孟子（约前372—前289），名轲，战国邹（今山东邹县南）人，战国中期儒家学派的主要代表人物，后世尊之为"亚圣"。早年曾拜孔子之孙子思的弟

---

① 景春：孟子同时代人名，纵横家。
② 公孙衍：战国时魏国人，姓公孙，名衍，又号"犀首"。入秦为官大良造，曾佩五国相印，为约纵长。张仪：战国时魏国人，曾游说六国，使之连横事秦。二人皆当时著名的纵横家。
③ 熄：同"息"，安宁，指战争停止。
④ 焉：疑问代词，安，如何，怎么。
⑤ 冠（guān）：古代男子到二十岁行加冠礼，成为成人。
⑥ 命：祝词。父命之：由父亲在加冠礼时给儿子祝词。
⑦ 女（rǔ）家：你家，指男方家。
⑧ 夫子：丈夫。
⑨ 以顺为正：以柔顺为常态。
⑩ "居天下"三句：朱熹《四书章句集注》："广居，仁也；正位，礼也；大道，义也。"三句皆为借喻。
⑪ 与民由之：顺从民众，按民众意愿办事。
⑫ "富贵"三句：朱熹《四书章句集注》："淫，荡其心也；移，变其节也；屈，挫其志也。"

子为师。后历游齐、宋、滕、魏诸国,曾任齐宣王客卿。因政治主张不为诸侯所用,晚年退而与弟子万章、公孙丑等著书立说。

《孟子》七篇是孟子和他的门徒共同完成的一部著作。孟子在学术上继承了孔子的思想,在伦理学上提出了"性善"论;在认识论和道德修养方面主张尽心知性以知天,存心养性以事天;政治上主张实行"仁政",反对"霸道",宣传"王道",要求君主"保民而王"、"与民同乐",并提出了"民贵君轻"的思想。其思想学说对后世影响很大,后人把他的思想与孔子思想并称为"孔孟之道"。《孟子》的文章较之《论语》有了进一步发展,不以简约含蓄取胜,而是气势充沛,感情强烈,文辞酣畅淋漓。除了简短的语录外,还有许多篇幅较长的论辩与对话。孟子知言善辩,他曾经说过:"予岂好辩哉?予不得已也。"(《孟子·滕文公下》)在激烈的论辩中,他经常采用譬喻、寓言,"欲擒故纵,引君入彀",在反复诘难中迂回曲折地将对方引诱到自己预设的结论中。《孟子》文章既滔滔雄辩,又优游不迫,对后世古文家韩愈、柳宗元、苏轼等有很大的影响。

本章选自《孟子·滕文公下》。探讨人的价值,追求做一个有道德的、高尚的人是儒家"仁"学的一个基本内容。按照儒家思想的要求,读书人应做一个贞刚弘毅的君子,《论语》中记载曾子说:"士不可以不弘毅,任重而道远。仁以为己任,不亦重乎?死而后已,不亦远乎?"有高尚道德的君子必须矢志于自己的崇高理想,这个崇高理想在儒家思想中就是"道",当"道"与人的个人利益甚至个体生命发生冲突的时候,应当毫不犹豫地舍生取义。用孔子的话说就是:"志士仁人,无求生以害仁,有杀身以成仁。"这里的"志士仁人"就是孟子心目的"大丈夫"形象。孟子生当战国中期,当时有很多纵横家式的人物,这些人巧言令色,毫无节操,朝秦暮楚。他们看起来呼风唤雨,无所不能,正所谓"一怒而诸侯惧,安居而天下熄"。但在孟子看起来不过是泥足巨人,并非真正的"大丈夫"。因为他们毫无原则,完全从个人的利益出发,一味顺从某国君王的喜好。孟子在这里驳斥了纵横家眼中的"大丈夫",提出了自己立身处世所持的"大丈夫"精神,即坚持仁、义、礼的原则,富贵不淫、贫贱不移、威武不屈。一个人身处富贵之境而不丧失志向,身处贫困之地而不改变人格,面对强暴威胁而不丢掉气节,这才是真正的"大丈夫"形象。这一"大丈夫"形象体现了儒家历来提倡的刚正不阿、特立独行的品格,对民族文化传统有积极的影响。文中排比、对偶手法的使用增加了文章的气势,同时还运用了孟子文章惯用的类比法,但在类比中流露出明显的性别歧视。

问题与思考

一、分析文章中"大丈夫"形象的意义。
二、找出文章中的中的警策语与排比句、对偶句。
三、背诵本文,体会孟子文章论说的气势。

拓展阅读

一、朱熹:《四书章句集注》,中华书局 1983 年版。
二、焦循:《孟子正义》,中华书局 1987 年版。
三、杨伯峻:《孟子译注》,中华书局 1960 年版。
四、杨泽波:《孟子评传》,南京大学出版社 1998 年版。

上善若水

(《老子》)

上善①若水。水善利万物而不争,处众人之所恶,故几②于道。居善地③,心善渊④,与⑤善仁,言善信,政善治⑥,事善能,动善时⑦。夫唯不争,故无尤⑧。

(选自朱谦之《老子校释》,中华书局1984年第1版)

阅读提示

老子(约前580—前500),即老聃,姓李,名耳,字伯阳。春秋晚期楚国苦县厉乡曲仁里(今河南鹿邑东,楚国吞并该地前,此地属陈国相县)人。为道家学派的创始人,与孔子同时而略早,孔子曾与鲁国南宫敬叔到洛阳向他问礼(见《史记·孔子世家》)。老子曾任周"守藏室之史",掌管王室图籍,见周衰而隐遁,莫知所终。

《老子》,又名《道德经》,主要为老子自著。《老子》现存81篇,分上、下两篇。上篇37章,称为《道经》;下篇44章,称为《德经》。《老子》一书,在内容上主要阐述道家自然无为的思想。在老子哲学中,"道"是最高范畴和理论基础,是宇宙万物的本体。其中还包含了诸多对立双方相互转化的朴素

---

① 上善:至善。
② 几:接近。
③ 地:低下,指趋下谦让。
④ 渊:沉静。
⑤ 与:与别人交往。
⑥ 治:指为政要有治绩。
⑦ 时:时机。
⑧ 尤:过错,过失。

辩证法观点,系统地揭示了相对立的事物和概念都是相互依存的,美恶、有无、难易、长短、高下、刚柔、强弱、胜败、福祸、荣辱、智愚、损益、进退、轻重等,都是对立统一的关系,而且都可能向相反的方向转变,"祸兮福之所倚,福兮祸之所伏……正复为奇,善复为妖"(第五十八章)。这是老子哲学中的精髓。在形式上多为韵语,音节顿挫,朗朗上口。语言精练,运用对偶、排比、比喻等修辞手法,赋予理论以生动鲜明的形象,将深奥的理论具体化,具有鲜明的艺术特色。

本章选自《老子》第八章,其主旨是用水来比喻人的最善良的品性。在老子看来,水具有这些显著特点:首先是柔弱,老子说:"天下莫柔弱于水。"(第七十八章)其次,水安于卑下,滋润万物而不与相争,老子认为人的品性也当如此。其中最重要的是"柔"的品格。尚柔是老子无为而治思想的一个重要表现,老子特别强调人的品性以"柔"为贵。所以老子谆谆告诫人们"柔弱胜刚强"(第三十六章);"人之生也柔弱,其死也坚强。草木之生也柔脆,其死也枯槁。故坚强者死之徒,柔弱者生之徒"(第七十六章);"弱之胜强,柔之胜刚,天下莫不知,莫能行"(第七十八章)。

老子把水作为喻象来比喻人的品性不是一件偶然的事情。这与老子作为南方楚人,老子思想所承袭的南方多水地区的荆楚文化息息相关。水喻象后来逐渐积淀为一种富有意味的文学意象,对中国文学艺术崇尚阴柔之美发生深远的影响。

问题与思考

一、本章的主旨是什么?
二、怎样理解水喻象的意义?
三、通读《老子》。

拓展阅读

一、朱谦之:《老子校释》,中华书局1984年版。
二、任继愈:《老子新译》,上海古籍出版社1985年版。

曲则全

(《老子》)

曲则全,枉①则直。洼则盈,敝②则新。少则得,多则惑。圣人抱一以为天下式③。不自见④,故明;不自是,故彰⑤;不自伐⑥,故有功;不自矜⑦,故长。夫惟不争,故天下莫能与之争。古之所谓"曲则全"者,岂虚言也哉?诚⑧全而归之。

(选自朱谦之《老子校释》,中华书局1984年第1版)

阅读提示

本章选自《老子》第二十二章。

本章的主旨不是一般地说明对立双方相互转化的朴素辩证思想,而是表现了老子谦退不争反而有益的处世哲学。这也是一种委曲求全、以退为进的为人之道和为政策略。老子在此首先阐明一种谦退而有益的处世策略:委曲自己就能全身,忍辱含垢就能正人,虚怀若谷就能充盈,否定自我就能新生。认为只有自处于"曲""枉""洼""敝"乃能"全""直""盈""新";所求须少,而后乃得,若求之过多,则必迷惑。接着,老子批判了当时统治者热衷于以礼法来治国的倾向,希望他们能像古代圣人一样,以身作则,无为而治,

---

① 枉:屈。
② 敝:破、坏。
③ 抱一:守道。一:指老子哲学中的基本概念"道"。式:法式,范式。
④ 自见(xiàn):自我表现。
⑤ 彰:彰显。
⑥ 伐:夸耀。
⑦ 矜:骄傲。
⑧ 诚:确实。

既不自以为是,又不自高自大,而能与世不争,以便使自己功成名就。本章对我们的启发是,只有不自以为是,不自以为明,才能认识清楚,判断正确,有所长进。

在语言艺术上,本章表现了《老子》行文的一贯风格,文字简约,意蕴深厚,警句迭出,朗朗上口。在修辞上的显著特点是运用排比句法,韵脚或密或疏,随义而转,音韵与义理相辅相成。其深刻的含义兼容自然之理与为人之道,同时又使用骈散交错的文句,因而读来委婉有致。

问题与思考

一、本章的主旨是什么?
二、《曲则全》一文在语言表达上有什么特点?

拓展阅读

一、朱谦之:《老子校释》,中华书局1984年版。
二、任继愈:《老子新译》,上海古籍出版社1985年版。

秋　水

(《庄子·秋水》)

秋水时①至,百川灌河②;泾流③之大,两涘渚崖之间,不辩牛马④。于是焉河伯欣然自喜⑤,以天下之美为尽在己⑥。顺流而东行,至于北海,东面而视,不见水端。于是焉河伯始旋其面目⑦,望洋向若⑧而叹曰:"野语⑨有之曰,'闻道百⑩,以为莫己若⑪者',我之谓⑫也。且夫我尝闻少仲尼之闻而轻伯夷之义者⑬,始吾弗信;今我睹子之难穷也,吾非至于子之门则殆⑭矣,吾长见笑于大方之家⑮。"

---

① 时:按季节。
② 灌:注入。河:黄河。
③ 泾(jīng)流:直流的水波,即水流。
④ 涘(sì):水边。渚(zhǔ)崖:水中小洲的岸沿。辩:通"辨",分辨。
⑤ 河伯:黄河之神。传说姓冯名夷。欣然:高兴的样子。
⑥ 尽在己:全都集中在自己这里。
⑦ 旋其面目:改变了他(原先欣然自喜)的面容。旋:转变。
⑧ 望洋:连绵词,眼睛迷茫的样子。若:海若,海神的名字。
⑨ 野语:俗语,谚语。
⑩ 闻道百:懂得许多道理。
⑪ 莫己若:即"莫若己"的倒装,没有谁比得上自己。
⑫ 我之谓:即"谓我"的倒装。
⑬ 尝闻:曾听说。少仲尼之闻:小看孔子(字仲尼)的学识。少:贬低。轻伯夷之义:轻视伯夷的节义。伯夷:商代诸侯孤竹君的长子,与其弟叔齐互让君位,逃到周国。周武王伐纣时,他认为臣伐君是不义的,故和他的弟弟叔齐避居首阳山,为表示节义,不食周粟,最终饿死在首阳山。
⑭ 殆:危险。
⑮ 长:永远。见:被。大方之家:明白大道的人。

北海若曰:"井蛙不可以语于海者①,拘于虚也②;夏虫不可以语于冰者,笃于时也③;曲士④不可以语于道者,束于教也。今尔出于崖涘,观于大海,乃知尔丑⑤,尔将可与语大理⑥矣。天下之水,莫大于海,万川归之,不知何时止而不盈⑦;尾闾⑧泄之,不知何时已而不虚⑨;春秋不变,水旱不知。此其过江河之流,不可为量数⑩。而吾未尝以此自多⑪者,自以比形于天地而受气于阴阳⑫,吾在于天地之间,犹小石小木之在大山也。方存乎见少⑬,又奚以自多?计四海之在天地之间也,不似礨空⑭之在大泽乎?计中国之在海内⑮,不似稊米之在大仓乎⑯?号物之数谓之万⑰,人处一焉;人卒九州⑱,谷食之所生,舟车之所通,人处一⑲焉;此其比万物也,不似豪末⑳之在于马体乎?五帝之所连㉑,三王㉒之所争,仁人之所忧,任士之所劳㉓,尽此矣!伯夷辞之㉔以为名,仲尼语之以为博㉕,

---

① 以:与。语于海:谈及大海。
② 拘:受拘束。虚:通"墟",指井蛙所在的狭小之地。
③ 笃:守,限制。
④ 曲士:乡曲之人,指孤陋寡闻的人。
⑤ 乃:才。丑:鄙陋。
⑥ 大理:大道。
⑦ 盈:满。
⑧ 尾闾:神话中排泄海水的地方,传说在海的东边。
⑨ 已:停止。虚:指水尽。
⑩ 为量数:进行估量和计算。
⑪ 自多:自夸。多:赞美。
⑫ 以:认为。比形:具形。指从天地的恩赐中形成的形体。受气于阴阳:禀受阴阳之气而有了生命。
⑬ 方存乎见少:正察觉到自己的见识少。方:正。存:察觉,看到。
⑭ 礨(lěi)空:石块上的小孔。礨:石块。
⑮ 中国:中原地区。海内:指天下。
⑯ 稊(tí)米:像种子籽一样小的米粒。大(tài)仓:储量大的仓库。
⑰ 号:称。这句的意思是表示事物数量多时,称"万物"。
⑱ 卒:尽。九州:天下。
⑲ 人处一:人类居万物中之一。
⑳ 豪末:毫毛的末梢。豪:通"毫"。
㉑ 五帝:指传说中的黄帝、颛顼、帝喾、尧、舜。所连:所连续统治的。
㉒ 三王:指夏启、商汤、周武王。
㉓ 任士:以天下为己任的贤能之士。劳:劳心劳力。
㉔ 辞之:指拒绝当孤竹国君。名:名声,声誉。
㉕ 语之:谈论天下之事。以为博:以此显示学问上的渊博。

此其自多①也;不似尔向之自多于水乎②?"

(选自曹础基《庄子浅注》,中华书局 2000 年第 1 版)

阅读提示

《庄子》,又称《南华真经》,道家学派的经典著作。《汉书·艺文志》著录五十二篇,现存三十三篇,其中内篇七篇为庄周所作,外篇十五篇、杂篇十一篇为庄周后学所作。其文汪洋恣肆,想象丰富,构思奇特,机智幽默,大量运用寓言阐述其独特的哲学思想,辞藻瑰奇,结构灵活,富有浪漫主义色彩,风格独特,对后世哲学和文学影响广泛而深远。

庄子(约前 369—前 286),名周,战国时宋国蒙(今河南商丘东北)人。曾为漆园吏,楚威王曾以高位重金礼聘他,但遭到拒绝。居穷闾陋巷以编织草鞋为生,终生穷困。他是老子之后道家学派的代表人物,与老子并称为"老庄";唐玄宗天宝元年(742)被诏封为南华真人。庄子"其学无所不窥",其思想来源于老子,但又有很大不同。在哲学本体论上,认为"道"是宇宙的本原,从"道"的角度出发,他认为万物"齐一",一切事物都是相对的、无差别的;在认识论方面,他认为只有通过"心斋"、"坐忘"的直觉方法,才能认识事物的本来面目;在人生观上,他认为人生如梦,在表面消极厌世的人生观后面,隐藏着深刻的人生悲剧意识。他对当时的社会深感不满,无情地揭露和抨击"彼窃钩者诛,窃国者为诸侯,诸侯之门而仁义存焉"(《庄子·胠箧》)的黑暗现实,向往原始朴素的社会;主张顺应自然,达到"独与天地精神往来"(《庄子·天下》)的"逍遥"境界。

本文节选《庄子·秋水》篇中的第一部分。《秋水》篇的中心是讨论人应怎样去认识外物,着重表现了庄子相对主义的认识论。庄子认为,无论大小、多少、长短、有无,还是贵贱、得失、生死,都是相对的、不确定的,从而得出万物"齐一"和理无是非的观点。这种观点否定了事物相对性的客观条件,带有明显的消极主义倾向。但本文所选部分包含不少富于启迪性的道理:在无限的宇宙中,个人的认识受到时空等客观条件的限制,因而是十分有限的,而人类的认识则是无限的,山外有山,天外有天。因此每一个人不能因为稍有所知,就自以为是,而应保持一种虚怀若谷的胸襟。

在论证方法上,本文采用了由个别到一般、由具体到抽象的途径层层推

---

① 其:指伯夷、孔子。
② 向:刚才。自多于水:以水量自夸。

进。先说河,再说海,再说天地万物,由小到大,层层推进;先说海比河大,再说天地比海大,由此得出宇宙无穷、认识无止境的结论。这是由具体到抽象的层层推进,在层层推进中,水到渠成地得出的结论。在论证艺术上,本文寓抽象哲理于具体形象。首先,本文在整体结构上虚构了河伯与海若对话的寓言故事,通过对话,展开议论,阐明道理。河伯被设想为庄子思想的对立面,而海若则被设为庄子形象的化身。在对话中,将两个人物形象和两种思想境界构成鲜明对比,从而表现宇宙无穷、认识无限的观点。其次,本文开篇的景物描写富于散文诗歌的意境美。"秋水时至,百川灌河"的黄河与"东面而望,不见水端"的北海,景色壮观,令人遐想。再次,本文长于比喻,连类而及,层见叠出。井蛙"拘于虚"、夏虫"笃于时"、曲士"束于教"三个比喻连用,说明人的认识是受外在的时间、空间、后天教育等客观条件的限制,因而单个人的认识是有限的。接着又连用"犹小石小木之在大山也"、"不似礨空之在大泽乎"、"不似稊米之在大仓乎"、"不似豪末之在于马体乎"等一系列比喻,再次阐明个人的有限、宇宙的无穷,这些比喻论证富于感染力。另外,本文在语言上大量运用排比、反诘等修辞手法,使得文章在表达上富于气势,增强了文章的说服力。

问题与思考

一、本文的主旨是什么?
二、理解本文的说理方法。

拓展阅读

一、曹础基:《庄子浅注》,中华书局 2000 年版。
二、陈鼓应:《庄子今注今译》,中华书局 1983 年版。

淳于髡①列传

(《史记》)

孔子曰:"六艺于治一也②。《礼》以节人③,《乐》以发和④,《书》以道事⑤,《诗》以达意⑥,《易》以神化⑦,《春秋》以义⑧。"太史公曰:天道恢恢⑨,岂不大哉!谈言微中⑩,亦可以解纷⑪。

淳于髡者,齐之赘婿⑫也。长不满七尺。滑稽⑬多辩,数使诸侯,未尝屈辱。齐威王之时喜隐⑭,好为淫乐长夜之饮,沉湎不治⑮,委政卿大夫。百官荒乱,诸侯并侵,国且危亡,在于旦暮,左

---

① 淳于髡:姓淳于(复姓),名髡。
② 六艺:儒家主张用以治事的六种教本,即《诗》《书》《礼》《乐》《易》《春秋》,被后世儒生奉为经典。于治一也:都有助于治国,具有殊途同归的功效。
③ 节人:节制人的言行,使其规范。
④ 发和:促进人们和睦融洽。发,诱发、诱导,促进。
⑤ 道事:记述前人的事迹,以供今人效法、借鉴。
⑥ 达意:
传达前代圣贤的情感意旨。汉代经师们认为《诗经》中的作品都是"思无邪",都是含有往世贤圣们的法则旨意的。
⑦ 神化:以神秘的方式预示事物的变化。
⑧ 以义:义,宜也。以正义的准则来褒贬是非,告诉人们哪些事情该做,哪些事情不该做。
⑨ 恢恢:广大貌,形容广阔无边。
⑩ 谈言微中:有意无意之间说到问题的要害。形容说话隐约,委婉微妙地切中事理。
⑪ 解纷:解除纠纷。冈白驹曰:"解纷乱即是治,岂独止六艺耶?天道之所以大也。"(《会注考证》引)
⑫ 赘婿:入赘到女方家为婿的人,赘婿自先秦到汉代,不仅社会地位极低,而且还受着法律上的摧残,等同罪犯。
⑬ 滑稽:指语言流利,变化无留滞。
⑭ 齐威王:名田因齐,战国时齐国最有为的君主,前378—前343在位,事迹详见《史记·田敬仲完世家》。隐:隐语,犹如谜语。
⑮ 沉湎:嗜酒无节制。治:治理政事。

右莫敢谏。淳于髡说之以隐曰："国中有大鸟，止①王之庭，三年不蜚②又不鸣，王知此鸟何也？"王曰："此鸟不飞则已，一飞冲天；不鸣则已，一鸣惊人。"于是乃朝诸县令长③七十二人，赏一人，诛一人④，奋兵而出。诸侯振惊，皆还齐侵地。威行三十六年。语⑤在《田完世家》中。

　　威王八年⑥，楚大发兵加齐⑦。齐王使淳于髡之赵请救兵，赍⑧金百斤，车马十驷⑨。淳于髡仰天大笑，冠缨索绝。王曰："先生少之乎？"髡曰："何敢！"王曰："笑岂有说乎？"髡曰："今者臣从东方来，见道傍有禳田⑩者，操一豚蹄，酒一盂，祝曰：'瓯窭满篝⑪，汙邪⑫满车，五谷蕃⑬熟，穰穰⑭满家。'臣见其所持者狭而所欲者奢⑮，故笑之。"於是齐威王乃益赍黄金千溢⑯，白璧十双，车马百驷。髡辞而行，至赵。赵王与之精兵十万，革车千乘⑰。楚闻之，夜引兵而去。

　　威王大说⑱，置酒后宫，召髡赐之酒。问曰："先生能饮几何而醉？"对曰："臣饮一斗亦醉，一石亦醉⑲。"威王曰："先生饮一斗而

---

① 止：栖息。
② 蜚：同"飞"。
③ 朝诸县令长：令其所属的各县令、县长都来朝见。县令长，皆官名，掌管全县。万户以上的县称令，万户以下称长。
④ 赏一人，诛一人：赏一人指赏墨大夫，因为此人治县有实效，由于不奉承齐王左右的人，反而蒙受恶名。诛一人指诛阿大夫，此人治县成绩极坏，但由于善于阿谀逢迎，反而声名一直很好。墨、阿都是齐国的县邑，大夫即县令、县长之职。
⑤ 语：指关于这些事的记载。《田完世家》：即《田仲敬完世家》。
⑥ 威王八年：公元前 371 年。
⑦ 加齐：进犯齐国。
⑧ 赍：携带。
⑨ 十驷：十辆马车，古代一车四马为一驷。
⑩ 禳田：祈祷田神以求农事无灾害。
⑪ 瓯窭：贫瘠狭小的高坡地。篝：筐笼之类。此句言高坡贫瘠之地，尚求得装满筐笼。
⑫ 汙邪：低洼易涝之地。
⑬ 蕃：繁茂，繁盛。
⑭ 穰穰：繁多的样子。
⑮ 狭：少。奢：多。
⑯ 溢：同"镒"，重量单位，一镒为二十四两。一说二十两。
⑰ 革车：战车。《孙子·作战》："凡用兵之法，驰车千驷，革车千乘。"乘：一车四马为一乘。
⑱ 说：同"悦"。
⑲ 斗、石：指饮器容量，十斗为一石。

醉,恶能①饮一石哉!其说可得闻乎?"髡曰:"赐酒大王之前,执法在傍,御史在后②,髡恐惧俯伏而饮,不过一斗径③醉矣。若亲有严客④,髡帣韝鞠䠜⑤,侍酒于前,时赐余沥⑥,奉觞上寿⑦,数起⑧,饮不过二斗径醉矣。若朋友交游,久不相见,卒然⑨相睹,欢然道故,私情相语,饮可⑩五六斗径醉矣。若乃州闾之会⑪,男女杂坐,行酒稽留⑫,六博投壶⑬,相引为曹⑭,握手无罚,目眙不禁⑮,前有堕珥,后有遗簪⑯,髡窃乐此,饮可八斗而醉二参⑰。日暮酒阑⑱,合尊促坐⑲,男女同席,履舄交错⑳,杯盘狼藉,堂上烛灭,主人留髡而送客㉑,罗襦㉒襟解,微闻芗泽㉓,当此之时,髡心最欢,能饮一石。故曰酒极则乱,乐极则悲;万事尽然,言不可极,极之而衰。"以讽㉔谏

---

① 恶能:如何能够。恶,如何。
② 执法:指执法的官。御史:官名。掌管宫廷文书文档案,兼有监察弹劾之权。
③ 径:直,此处意思同"即"、"就"。
④ 亲:指父亲。严客:尊贵的客人。
⑤ 帣韝鞠䠜:帣韝:指挽起衣袖,戴上皮套袖。鞠䠜:指曲身奉杯。䠜:瓢状酒器。
⑥ 余沥:剩酒。沥,水滴。
⑦ 上寿:敬酒祝福健康长寿。
⑧ 数起:屡次地上前敬酒侍候。
⑨ 卒然:突然。卒:同"猝"。
⑩ 可:约略,差不多。
⑪ 州闾之会:乡里之间的不拘礼仪的宴会。州闾:义同"州里"、"闾里"、"邻里",是古代最基本的编制单位,通常泛指民间、乡里之意。
⑫ 行酒稽留:长时间的宴饮,意指饮宴没有时间限制,可随意延长。行酒:依次敬酒。稽留:停留。
⑬ 六博:古代游戏,类似今天的走棋。投壶:古代游戏,以箭投壶,中者为胜,不中者罚酒。
⑭ 相引为曹:招引同伴,分组比赛。曹:侪辈,伙伴。
⑮ 握手无罚,目眙不禁:男女相互握手不受处罚,眉目相视也不禁止,意指男女间任意调情不受禁止。眙:直视。
⑯ 堕珥:坠落在地的耳环。遗簪:失落在地的发簪。
⑰ 醉二参:两三分醉意。参:同"三"。
⑱ 酒阑:酒宴临近结束。阑:尽。
⑲ 合尊:犹言"并桌",把剩余的酒、菜并在一张桌上。尊:同"樽",酒器。促坐:大家靠近坐在一起。
⑳ 履舄交错:男女的鞋子错杂地放在一起。履:鞋子。舄:木底鞋。古人登堂须脱鞋,故男女靠近坐在一起时鞋子也就错杂地放在一处了。
㉑ 主人留髡而送客:意指主人送客而出,留下淳于髡一人和妇人在一起。
㉒ 罗襦:薄纱制做的短衣。
㉓ 芗泽:香气。芗:同"香"。
㉔ 讽:用委婉曲折的话规劝别人。

焉。齐王曰:"善。"乃罢长夜之饮,以髡为诸侯主客①。宗室②置酒,髡尝③在侧。

(选自司马迁《史记》,中华书局2006年版)

阅读提示

司马迁(约前145—前90),字子长,左冯翊夏阳(今陕西韩城)人。父司马谈是太史令,学问广博,曾"学天官于唐都,受易于杨何,习道论于黄子"。司马迁10岁开始"诵古文",后向董仲舒学《公羊春秋》,又向孔安国学《古文尚书》,20岁时开始游历,不久仕为郎中。元封八年(前108),继承其父之职任太史令。太初元年(前104)开始撰写《史记》,后因替李陵辩诬,触怒武帝,下狱遭"宫刑",获释后继续发愤著书,于前91年完成《史记》这部巨著。《史记》是我国第一部纪传体通史,是一部"究天人之际,通古今之变,成一家之言"的伟大著作,鲁迅称其是"史家之绝唱,无韵之离骚"。它记载了从传说中的黄帝一直到汉武帝太初年间约三千年的历史。全书130篇、52万余字,由本纪、表、书、世家、列传五部分组成。

《滑稽列传》是专记滑稽人物的类传,《太史公自序》中说:"不流世俗,不争势利,上下无所凝滞,人莫之害,以道之用,作《滑稽列传》。"其主旨是颂扬淳于髡等滑稽人物"不流世俗,不争势利"的可贵精神,以及"谈言微中,亦可以解纷"的非凡讽谏能力。淳于髡出身为赘婿,优孟、优旃出身于优伶,这两种人在他们生活的时代处于社会底层。他们虽出身微贱,但机智聪敏,能言善辩,善于缘理设喻,察情取譬,借事托讽,因而其言其行起到了与"六艺于治一也"的重要作用,司马迁满怀感慨地歌颂了他们:"岂不亦伟哉!"

淳于髡是齐之赘婿,齐威王沉溺酒色,荒废朝政,致使外敌入侵,国家危在旦夕。在"左右莫敢谏"的情况下,淳于髡讲了"大鸟三年不蜚又不鸣"的隐语,使齐威王听出了弦外之音,终于发愤图强,使齐国强盛起来。齐威王八年,齐王在楚国用兵的情况下,派淳于髡到赵请救兵,带的东西很少,淳于髡用向田神祷告者的故事予以暗示,最后使楚撤兵。淳于髡还用隐语使齐威王罢"长夜之饮",寓救国大计于诙谐的谈吐中,表现了他的胆识和才智。《滑稽列传》有别于其他传记的最大特点,就是轻松幽默,寓庄于谐。作者似

---

① 主客:官名,即后世的"典客"、"大鸿胪",职掌接待外宾。
② 宗室:王族。
③ 尝:同"常"。

乎不是在写严肃的史实,而是在写小说,在写故事,但深刻的思想寄寓其中。

问题与思考

一、《史记》如何刻画人物?(《史记》一书最有文学价值的是人物传记,通过展示人物的活动,再现多彩的历史画面。《史记》在按照惯例为帝王将相立传的同时,也把许多下层人物写入书中,其中有刺客、游侠、商人、方士,也有本文所选的滑稽士人。闾巷小人物的入传,使得《史记》所描写的人物范围更加广泛。《史记》中的人物栩栩如生,各具特色,既有自己鲜明的个性特点,又有普遍的共性,人物的共性与个性得到完美的结合。在刻画复杂人物时,《史记》还采用多维透视的方法,在把握人物基本特征的同时,显现其多方面的性格特征,多侧面地展现人物的精神风貌。)

二、司马迁为淳于髡等小人物立传,寄托着怎样的思想感情?(司马迁本人的遭遇使得他希望借助《史记》扬名后世,实现立言不朽的人生追求。他对于那些在历史上虽然有卓越表现,但是因无人奖掖而难以扬名的布衣平民怀有深切的同情,为他们鸣不平。同时这些小人物虽然地位低微,但都有良好的品质,能够为国家与黎民的利益,临危不惧,仗义执言。司马迁对他们给予了热情的歌颂"岂不亦伟哉"!同时也包含着对汉武帝时代满朝文武唯唯诺诺、保官保命、苟合取容的不满。)

三、鲁迅在《汉文学史纲》中称《史记》为"史家之绝唱,无韵之离骚"。结合你自中学以来阅读《史记》的总体感受,说说你对鲁迅这一评价的理解。(历史写作与文学的完美结合。修史的使命感与自觉意识,秉笔直书,寄寓身世之感,"究天人之际,通古今之变,成一家之言",创建了纪传体形式。文学成就主要表现在把人物事迹、历史事件故事化,塑造性格鲜明的历史人物形象。)

拓展阅读

一、韩兆琦:《史记选注集释》,江西人民出版社1982年版。
二、司马迁:《史记》,中华书局2006年版。

上 邪

（汉乐府）

上邪[①]！我欲与君相知[②]，长命无绝衰[③]。山无陵[④]，江水为竭，冬雷震震，夏雨雪[⑤]，天地合，乃敢[⑥]与君绝！

（选自郭茂倩《乐府诗集》，中华书局1979年版）

阅读提示

乐府诗歌兴于汉，盛于魏晋六朝；而汉乐府则代表汉代诗歌的总成就。乐府诗是我国宝贵的文化遗产之一。"乐府"原是汉代朝廷的音乐官署名称，它的职能是训练乐工，制谱度曲，采集诗歌并使其被于管弦，使之入乐可歌。后世将这种由乐府官署采集保存的诗歌形式称为"乐府"或"乐府诗歌"。乐府诗歌的来源有二：一是民间歌谣，一是文人创作。最早的乐府诗歌大都采自民间。在唐以前，文人创作也多仿照民间歌谣的形式。汉魏晋南北朝时期的乐府诗歌，不管是采自民间还是文人创作，都具有浓厚的民间文学的气质，语言简洁朴素。

我国古代诗歌有着悠久的历史，很早就有了采诗、献诗之说，也早就有了主管采诗的官员，但到汉武帝时期才正式设立"乐府"官署，大量采集民间歌谣。《汉书·艺文志》载："自孝武立乐府而采歌谣，于是有赵、代之讴，秦、楚之风，皆感于哀乐，缘事而发，亦足以观风俗、知薄厚云。"西汉时期，先秦雅乐逐渐失去其生命力，西域音乐的流传、融合却给民间俗乐带来另一种繁荣景象，乐府民歌借着民间俗乐的力量广泛流传，再加上统治

[①] 上邪(yé)：天啊。上：指天。邪：同"耶"，语助词。
[②] 相知：相爱。
[③] 长命无绝衰：让我们相爱到天长地久，此情此爱永不衰减。命：同"令"，使，让的意思。绝：中断，不再延续。
[④] 陵：山峰。
[⑤] 雨雪：降雪。雨：这里作动词。
[⑥] 敢：无畏，有胆量。

阶级的喜爱，乐府官署大量采集民间歌谣，从而使两汉乐府民歌更为繁荣。两汉乐府民歌以其多样的形式、完整的故事情节、优美朴素的语言、"缘事而发"的现实主义精神，上承诗骚，下启建安，谱写了我国古代诗歌史上光辉灿烂的一章。

乐府诗歌发展到曹魏时期发生了新变，文人创作大大超过了民间采集；出现了不和乐的乐府诗歌，即"徒诗"，开启了不入乐之"乐府诗"的先河；曹操、曹丕、曹植更是一改汉乐府诗歌叙事的传统，而用乐府诗歌来抒发自己内心深处深邃的情感，另辟了乐府诗歌言情的新路。

南北朝时期，乐府民歌再度繁荣，官署以及个人的收集和保存，对这些乐府民歌的流传起到了巨大作用，特别是沈约的《宋书·乐志》，为汉魏晋宋乐府诗歌的保存作出了卓越的贡献。南北的长期分裂使南方与北方的音乐、艺术都具有了不同的特色。南方仍沿着清商音乐的路线发展，其中江南民歌的吴声歌曲和西曲歌最具代表性，这些乐府民歌的内容多写男女间的情爱。吴声歌曲中最多的是《子夜歌》、《子夜四时歌》，这些歌曲结构精致，语言清新浅近，风格艳丽柔弱，具有十足的江南特色。而西曲写于荆州、襄樊一带，体制小巧，风格活泼明快，多用双关语。相对南方的山清水秀、物产丰富，北方的自然环境就稍逊一筹了。可是，在艰苦的生活条件和自然条件下，在连年的战争中，北方人民创造出了粗犷直率的乐府民歌。北朝乐府民歌大多来自少数民族的歌唱，今存北朝民歌主要保存在《乐府诗集·横吹曲辞》的《梁鼓角横吹曲》中，其音乐也多是军中马上那种粗犷的音乐，所用的乐器和节奏都与南朝不同，这些民歌语言质朴诚挚，风格朴素豪迈。

《上邪》属汉乐府《鼓吹曲辞·汉铙歌十八曲》之一，是描写爱情的乐府民歌中最著名的一篇。本篇其实是一篇爱的誓言，作者用朴素自然的语言、奇特的想象，表达了自己对爱情的坚定执著、义无反顾。

诗歌开篇直接切入主题，呼天而誓，请上天为诗人的爱情作证，情感大胆而炽热。紧接着，用了五种不可能的事来表明自己对于这份爱情的执著和对爱人的深情。高山变成平地，江河水流枯竭，冬天雷声震震，夏天飞雪，天地合而为一，这些在正常情况下根本不可能出现的事却将作者对爱情的执著和信念表现得清楚明白，成为经典的爱情誓言，这种表现手法也成为我国民间情歌的一种历史传统和民族特色，"天长地久"、"海枯石烂"，这些成语常出现在后世的文学作品中，足见其影响之深。

问题与思考

一、反复诵读体会这首乐府诗,并说说它是如何表达大胆而炽热爱情的?(开篇直切主题,呼天而誓,接着用五种不可能的事来表明自己对这份爱情的执著和对爱人的深情。)

二、背诵本诗。

白头吟

（汉乐府）

皑①如山上雪，皎②若云间月。闻君有两意③，故来相决绝④。今日斗酒会⑤，明旦沟⑥水头。躞蹀御沟上⑦，沟水东西流⑧。凄凄复凄凄⑨，嫁娶⑩不须啼。愿得一心人，白头不相离。竹竿何袅袅⑪，鱼尾何簁簁⑫。男儿重意气⑬，何用钱刀⑭为！

（选自郭茂倩《乐府诗集》，中华书局1979年版）

阅读提示

《白头吟》属汉乐府《相和歌辞·楚调曲》，描写了一位追求纯洁爱情的女子在听说她的爱人另有所爱后坚定地与其分手的故事，表现了这位女子对纯洁爱情的追求和毫不妥协的精神。

关于本篇的作者，郭茂倩在《乐府诗集》中引《西京杂记》道："司马相如

---

① 皑(ái)：洁白貌。
② 皎：明洁。
③ 两意：二心。
④ 决绝：断绝，并列复词。决：断绝；绝：也是断绝。
⑤ 斗酒会：饮酒会面。斗：盛酒器皿。
⑥ 沟：即下文中的"御沟"，流经皇宫或环绕宫墙的水沟。
⑦ 躞蹀(xiè dié)：小步缓行的样子。
⑧ 东西流：向东流。东西：偏义复词，这里偏用"东"字之义。
⑨ 凄凄：悲伤的样子。
⑩ 嫁娶：偏义复词，这里偏用"嫁"字之义。
⑪ 竹竿：这里指钓竿。何：多么。袅袅(niǎo niǎo)：柔弱摆动的样子。
⑫ 簁簁(shī shī)：将物置于筛内摇动，使粗精分开，这里形容鱼尾左右摇动的样子。
⑬ 意气：情义。
⑭ 钱刀：钱币。古代钱币中有的铸成刀形，故叫"钱刀"，又称"刀币"。

将聘茂陵人女为妻,卓文君作《白头吟》以自绝,相如乃止。"按:根据这段话,《白头吟》似乎应为卓文君所作,然而《史记》、《汉书》记载的司马相如与卓文君的故事,却对司马相如的这一风流韵事只字未提;再说,《西京杂记》也只说卓文君作有《白头吟》,而未援引歌辞。而《宋书·乐志》则言:"凡乐章古辞,今之存者,并汉世街陌谣讴,《江南可采莲》《乌生十五子》《白头吟》之属也。"这样我们更有理由相信此篇应出自民间。

诗歌开篇就用高山上的白雪和云间的银月来象征诗人的纯洁爱情,表现了这位女子对爱情的追求,也点明了"闻君有两意,故来相决绝"的原因。紧接着,诗歌描写了女子"决绝"前后复杂的内心感受。虽然"决绝"的心是那么的坚定,但心中不免有些遗憾、有些伤痛:曾经对这份爱有过多少期盼、多少憧憬,就这样化作了东流水,再也不会回来了。"躞蹀御沟上,沟水东西流",是不舍,是无奈。但哭是没用的,"愿得一心人,白头不相离",只有找到那一心爱你的人,才能真的实现那"白头到老"的诺言。最后作者用"竹竿"柔弱摆动的样子和"鱼尾"轻轻摇动的样子来象征男女相互吸引之事,并得出结论:只要那男子是真的重情重义的人,他是不会受金钱的诱惑的。诗歌是以女子的口吻写的,表现了女子坚定、执著、乐观、积极的人生态度和对失去爱情的遗憾与无奈。诗歌采用第一人称的手法,塑造了栩栩如生的人物形象,语言整齐优美,体现了乐府民歌娴熟的艺术技巧。《铙歌十八曲》中的《有所思》故事情节与此篇类似,都是描写追求纯真爱情的女子在发现爱人变心后勇敢地与其分手的故事,但在表现手法和艺术技巧上有所不同,可对比阅读。

问题与思考

一、将《有所思》与本篇比较对读。(附《有所思》:"有所思,乃在大海南。何用问遗君?双珠玳瑁簪,用玉绍缭之。闻君有他心,拉杂摧烧之。摧烧之,当风扬其灰。从今以往,勿复相思!相思与君绝!鸡鸣狗吠,兄嫂当知之。妃呼豨!秋风肃肃晨风飔,东方须臾高知之。")

二、简述诗歌中象征手法的运用。(诗歌中有两处使用了象征手法。一是开篇前两句,用山上的白雪和云间的明月来象征女子所追求的纯洁爱情;二是在篇尾"竹竿何袅袅,鱼尾何簁簁"两句,用"竹竿"柔弱摆动的样子和"鱼尾"轻轻摇动的样子来象征男女相互吸引。)

三、试用现代汉语诗歌形式,翻译这首乐府诗,并加以比较,体会翻译所难于企及的韵味。

拓展书目

一、郭茂倩:《乐府诗集》,中华书局1979年版。
二、陈庆元:《新编古诗三百首》,江苏古籍出版社1995年版。

子夜四时歌

（南朝乐府）

春歌(其一)

春风动春心①，流目瞩山林②。山林多奇采③，阳鸟吐清音④。

（选自郭茂倩《乐府诗集》，中华书局1979年版）

阅读提示

　　《子夜四时歌》见郭茂倩《乐府诗集·清商曲辞·吴声歌曲》，简称《四时歌》。"四时"即四季，分咏春夏秋冬四季景色及与此相关的情绪。"子夜"，是《子夜歌》的作者和歌唱者的名字。《唐书·乐志》曰："子夜歌者，晋曲也。晋有女子，名子夜，造此声，声过哀苦。"《子夜四时歌》是《子夜歌》的变曲。《乐府古题要解》曰："后人更为四时行乐之词，谓之《子夜四时歌》。又有《大子夜歌》、《子夜警歌》、《子夜变歌》，皆曲之变也。"所谓变曲，是指曲调上的变化。《子夜四时歌》的曲调是在《子夜歌》的基础上加以改造而成的。《四时歌》的歌辞都是五言四句，在体式上与《子夜歌》没有什么不同，内容多是描写男女恋情的诗歌。《乐府诗集》共收75首，包括晋、宋、齐的歌辞，其中《春歌》、《夏歌》各20首，《秋歌》18首，《冬歌》17首。

　　本篇是《春歌》中的第一首。这首春歌为我们描绘了一幅南朝明媚春光图，借以抒写一位少女美妙的怀春心曲。首句以"春"字开头，开宗明

---

① 春心：怀春的心。
② 流目：转动眼睛，四处观看。瞩：看。
③ 奇采：奇丽的色彩。
④ 阳鸟：一说是雁，一说是鹤。这里泛指沐浴在阳光中的春天的鸟。吐清音：唱出悦耳动听的歌。

义,直接将人们引入春天的氛围之中。春风吹拂,拨动了少女的怀春之心。她转目四望,但见山林中万物复苏,草木葳蕤,色彩明丽,美不胜收。连鸟儿也在阳光下婉转啼叫,唱着悦耳动听的歌曲。好一派山林绮丽、鸟语花香的南国春景!全诗触景生情、以景抒情,没有直接的情感描写,而是把情感融入美丽的春色之中,将少女对爱情的陶醉与憧憬融合在她对春天的感悟之中。

这首诗的二三两句以"山林"的重复相连接,这种手法在古诗中叫"接字法",在修辞学上称为"联珠"或"顶真"。这种修辞格的运用,在诗的内容和结构上都使上下两部分紧密相连,就像两颗珠子用一线贯穿,所以又叫"联珠"。这是南朝民歌常用的修辞手法之一。这首情歌色彩鲜明,文笔清丽,优美含蓄,的确给人一种沁人心脾的纯真美感。

夏歌(其一)

田蚕事已毕①,思妇犹②苦身。当暑理絺服③,持寄与行人④。

(选自郭茂倩《乐府诗集》,中华书局1979年版)

阅读提示

这是《夏歌》二十首的第一首,写一位丈夫远行在外的农妇之苦。前两句,点明时序是夏季。"蚕生春三月,春桑正合绿",蚕事结束,正是夏季。春去夏来,刚刚结束繁重的农活,按理可以休息一下,可是思妇却还要辛苦着。为什么呢?"犹苦身"三个字,既点出了她终年劳累的苦况,又起了引出下文的作用。

后两句,进一步说明原因。思妇为什么干完农活还不得休息呢?原来,她要冒着炎热的天气,缝制衣服,寄给远出在外的丈夫。夏收刚完,就急急为丈夫的衣着操劳,思妇对丈夫的感情是多么真挚而深厚!但诗中并不明说,而是通过"当暑理絺服"来表达,将抽象的思念之情寓于具体的行动之中,很有感染力。思妇之苦,不仅指劳作之苦,也包含了对"行人"的思念之苦。像这样的以下层人民痛苦为题材的作品,在吴声西曲歌辞中并不多见。

---

① 田蚕:耕作与养蚕。这是当时主要农事活动。事已毕:指活已经干完了。
② 犹:还。
③ 当:对,冒着。理:治,料理。絺(chī)服:这里泛指衣服。絺:细葛布。
④ 行人:指远行的丈夫。

秋歌(其十七)

秋风①入窗里,罗帐起飘扬。仰头看明月,寄情千里光②。

(选自郭茂倩《乐府诗集》,中华书局 1979 年版)

阅读提示

这是《秋歌》十八首的第十七首,描述的是秋夜月下怀人的情景。秋风、罗帐、明月以及孤独的愁人,构成一幅凄美的秋夜怀人图。前两句写景,秋风吹入窗子,罗帐轻轻飘扬。看似写物,实是写人。如不是愁人无眠,又怎会发现罗帐轻拂呢?这里是以景写人,暗写愁人失眠。后两句写人,愁人仰望明月,想起远方的离人是否也在千里之外共此月光呢?于是遥托月光寄去相思之情。全诗音律清扬婉转,笔调含蓄蕴藉,意境开阔悠远。李白的《静夜思》在立意、构思、造境、遣语等方面和这首乐府民歌有着异曲同工之妙,显然从中得到了艺术借鉴。

冬歌(其一)

渊冰厚三尺③,素雪覆千里④。我心如松柏,君情复何似⑤?

(选自郭茂倩《乐府诗集》,中华书局 1979 年版)

阅读提示

这是《冬歌》十七首的第一首。它表现的是一位女子向恋人表白自己对爱情的坚贞不渝。

前两句写景,描绘了一幅冰封大地、雪盖茫野的深冬冰雪图。深潭里的冰结得很厚,大地一片白茫茫。三尺,极言结冰的厚度,不一定是实际数量,只是为了说明结冰已久,时间已是深冬;千里,强调地方之广大,也不是实数。这两句极言天寒地冻,突出环境的险恶。

后两句抒情,以第一人称的口吻唱出女子的真情告白:我的心坚贞如傲然屹立于风雪严寒中永不凋落的松柏,在任何情况下都不会背弃爱情。而

---

① 风:《乐府诗集》作"夜",此据《古诗纪》。
② 千里光:指月光。
③ 渊:深渊。渊冰:深潭里结的冰。
④ 素雪:白雪。覆:盖。
⑤ 君:你,指恋人。

恋人你的心又可比作什么呢？"岁寒,然后知松柏之后凋也。"(《论语·子罕》)松柏四季常青,岁寒不凋。女子以此自比,表明自己对爱情的专一,进而质问对方,流露出她的担心,希望他能与自己有同样的忠心。全诗用比喻将寒冬的景物同所要表达的内容融为一体。

问题与思考

一、了解《子夜四时歌》的由来及特点。

二、掌握以下字词的读音和意义：流目、阳鸟、绤服、千里光。

三、谈谈《春歌》在修辞手法上的特点。（第二句末是"山林",第三句又以"山林"二字承上连接。这种手法在古诗中叫"接字法",在修辞学上称为"联珠"或"顶真（针）"。这种辞格的运用,在意义和结构上都使上下两部分紧密相连,就像两颗珠子用一线贯穿,所以又叫"联珠"。这是南朝民歌常用的修辞手法之一。）

四、如何理解《冬歌》前两句的景物描写？（前两句写景,描绘了一幅冰封大地、雪盖茫野的深冬冰雪图。深潭里的冰结得很厚,大地上一片白茫茫的景象。这两句极言天寒地冻,突出环境的险恶。但是,在如此恶劣的环境之下,松柏却不畏严寒,傲然屹立。而"我"的心正如松柏,在任何情况下都不会改变对恋人你的忠贞。所以前两句极写寒冬的严酷是为了突出松柏的坚强,进而凸显女子的坚贞,起烘托、渲染的作用。）

拓展阅读

一、郭茂倩：《乐府诗集》,中华书局1979年版。

二、余冠英：《汉魏六朝诗选》,人民文学出版社1958年版。

终南山①

王 维

太乙近天都②,连山到海隅③。
白云回望合,青霭入看无④。
分野中峰变,阴晴众壑殊⑤。
欲投人处宿,隔水问樵夫⑥。

(选自彭定求等编《全唐诗》,中华书局 1960 年版)

阅读提示

　　唐诗代表了中国古代诗歌的最高成就。唐代是我国古典诗歌的黄金时代,在我国诗歌发展史上有着重要的地位。唐代三百年间,诗坛上呈现出一派群星灿烂、交相辉映的景象。据《全唐诗》所录,有诗人二千二百余人,作品近五万首。李白的浪漫主义和杜甫的现实主义创作,分别代表了唐诗的两大高峰。而王维、孟浩然、高适、岑参、韩愈、柳宗元、李贺、刘禹锡、李商隐、杜牧等都是开宗立派、具有独特风格的大家名家。此外,有特色、有影响的诗人尚不下五六十人。

---

① 终南山:在陕西长安县南,秦岭主峰之一。秦岭绵延八百余里,是渭水和汉水的分水岭。
② 太乙:又名太一,秦岭之一峰。唐人常以太乙称终南山,如《元和郡县志》:"终南山在县南五十里。按经传所说,终南山一名太一,亦名中南。"天都:帝都,此指长安。
③ 海隅:海角、海边,指遥远的地方。
④ "白云"两句:翻山越岭之时,回头看刚走过的云层现在已连成一片,而远望可见的团团云气走近看时却没有了。青霭(ǎi):指云气,因其色青紫,故称。入:进入。
⑤ "分野"两句:言终南山高远阔大,分隔山南山北两种景象,各山谷间的阴晴变化也有所不同。分野:分界。阴晴:指阴暗和明亮,受光的一面为阳(晴),背光的一面为阴。壑:山谷。殊:不同。
⑥ 人处:有人居住的地方。问:询问,打听。樵夫:打柴的人。

唐诗,按其发展的历史,在不同的诗歌发展阶段,体现出不同的风格特色,也各有一些代表诗人。因此,研究者主要从不同的历史时期和唐诗的不同风格趋势,将唐诗分为初、盛、中、晚四期。宋代严羽在《沧浪诗话》中将唐诗分为唐初体、盛唐体、大历体、元和体、晚唐体五体。明代高棅《唐诗品汇》正式将唐诗分为初、盛、中、晚四期,但在时间的划分上与今天不一致。初唐指高祖武德元年(618)到玄宗开元初(713),约一百年;盛唐指玄宗开元元年(713)到代宗大历初(766),约五十年;中唐指代宗大历元年(766)到文宗大和九年(835),约七十年;晚唐指文宗开成元年(836)到哀帝天祐三年(907),约七十年。初唐诗是唐诗进入兴盛期的准备阶段,其诗风明显有南朝诗歌的痕迹,在形式上律诗逐步定型。著名诗人有王勃、杨炯、卢照邻、骆宾王,他们被称为"初唐四杰"。陈子昂在诗歌理论上有所建树,他在《修竹篇序》中表示,要提倡汉魏风骨和风雅兴寄,反对齐梁诗歌的"彩丽竞繁"。盛唐诗是诗歌发展的鼎盛阶段,李白、杜甫、孟浩然、王维、王昌龄、高适、岑参、李颀等大家名家的诗歌创作,表现广泛的社会生活内容,形成境界雄阔、含蕴深厚、韵味无穷的"盛唐之音"。"诗仙"李白诗风豪放飘逸,"诗圣"杜甫诗风沉郁顿挫,被誉为唐诗史上的"双子星座"。中唐是唐诗的中兴时期,韩愈、孟郊、李贺等人发展了杜甫诗歌奇崛的一面,追求诗风的浑厚奇险。白居易、元稹等人则发扬杜甫诗歌的现实主义传统,作品反映现实生活内容,诗风通俗易懂。晚唐是唐诗发展过程中的衰落期,但杜牧、李商隐的诗歌自成一体,杜牧为晚唐七绝的高手,李商隐长于七律,努力表现内心世界的情感体验,风格凄艳浑融,具有极高的审美价值。

本篇作者王维(701—761),字摩诘,祖籍太原祁县(今山西祁县),后家于蒲(今山西永济)。出身世代官僚地主之家,诗、文、书、画都很著名,又精通音乐,擅长弹琴、琵琶。开元九年(721)中进士,任太乐丞,因事获罪,贬济州司仓参军。此后生活大致为亦官亦隐,曾先后隐居淇上、嵩山和终南山,并在终南山经营了蓝田辋川别墅,修习佛、道,投身大自然,创作了大量的山水田园诗。天宝十四载(755)安史之乱爆发。次年六月,长安陷落,王维被迫充任了给事中伪职。至德二载(757),唐军收复两京。王维被从轻处分,削官为民。次年春复官,责授太子中允,加集贤殿学士。同年,又升迁为太子中庶子、中书舍人。乾元二年(759),复拜给事中。上元元年(760),升任尚书右丞。上元二年(761)七月卒于辋川别业。王维的山水田园诗注重内心体验和自然的融合,追求空明境界和宁静之美,善于表现自然景物的细微变化,常以光和色来描写自然物所呈现的视觉空间。和孟浩然相比,王维诗更为精工秀美,有一种雍容华贵的韵味,其代表作有《山居秋暝》《使至塞上》《终南山》等。现存诗四百多首。今传世王集以清人赵殿成《王右丞集笺注》最为完备。又有陈铁民《王维集校注》。

　　开元二十九年王维曾隐于终南山,本篇大约作于此时。这是王维山水诗中的名篇。诗写终南山的宏伟气势和变化万千的韵致,表现出一种隐逸情怀。这首诗首联概写终南山的位置和其山势,"太乙近天都"句,指出终南山靠近长安的地理位置,因为王维长期隐居终南山,对终南山有感情,而且山又靠近帝都,极适宜自己半官半隐的生活实际,"近"字的感情色彩还是很浓的。"连山到海隅"句,写终南山的绵延相连和气势,终南山西起甘肃天水,东至河南陕县,并不能伸展到海边,而诗人认为山势延伸至远方,看不到边际,东去一定会直到海隅,这一夸张的描写也是诗人对终南山走势的真实感受,是以夸张写真实。这一联主要还是写终南山的位置。颔联描写身在云海的景象。诗人行走在山岭之间,回头看刚走过的云层现在已连成一片,而远望可见的团团云气走近看时却没有了,诗人对这一登山者习见的景象作了精细的表述。王维善于捕捉客观景物的形象特征,善于体察事物的微妙变化,并且能准确地将这些特征和变化描写成一幅图画,展现出情景相生、诗画共存的艺术魅力,前人所评"微妙入神",于此可见一二。这一联主要写山行的感受。颈联写终南山的高远雄阔。"变"和"殊"二字体现出这一联的点化之妙,确实能唤起读者对于诗中所描绘的光、色、态的联想和想象,《唐诗镜》云:"'阴晴众壑殊',一语苍然入妙。"这一联主要是写终南山自身的雄伟瑰丽。尾联写自己问路投宿。这一联是对以上对终南山描写的响应,诗人是在"山行",而写景是"山行"中的写景,不是在一固定地点对终南山的观照,如此再回味以上三联的写景实有移步换景的妙处。而尾联自身的描写也构成一幅独立的画面,我们可以想象出诗人和樵夫问答的姿态和声吻。另外,由于尾联人物的出现,也有助于理解诗歌情景交融的特点,人物的活动表现出诗人对自然的热爱,在清幽静穆的境界中更加衬托出诗人的闲适之情。

　　苏东坡云:"味摩诘之诗,诗中有画;观摩诘之画,画中有诗。"(《书摩诘蓝田烟雨图》)《唐诗品》云:"右丞诗发秀自天,感言成韵,词华新朗,意象幽闲。"《终南山》即为其中代表。

问题与思考

一、《终南山》诗所体现的思想感情是什么?(诗写终南山的宏伟气势和变化万千的韵致,表现出一种隐逸情怀。最后一句"欲投人处宿,隔水问樵夫",就告诉我们,诗人是在终南山中行走,欣赏山色美景,一直到天晚,需要住宿时,他只能向樵夫打听,传达出不同于城市的隐逸情趣。樵夫出现在王维诗中,就成了王维表现隐逸情趣的人物点缀。)

二、分析本诗情景交融的艺术特点。(写终南山的宏伟气势和变化万千的韵致,就是表现一种隐逸情怀。"近"的感情色彩,切合王维半官半隐的生活实际,也表现出诗人对这既靠近京城,又可隐居山中的惬意。尾联人的出现,表现出诗人对自然的热爱,在清幽静穆的境界中更加衬托出诗人的闲适之情。)

三、苏东坡云:"味摩诘之诗,诗中有画;观摩诘之画,画中有诗。"结合自己的阅读体验谈谈《终南山》的审美特征。

拓展阅读

一、余恕诚:《唐诗风貌》,安徽大学出版社1997年版。
二、杨文生编著:《王维诗集笺注》,四川人民出版社2003年版。

走马川行奉送出师西征①

岑 参

君不见,走马川行雪海边②,平沙莽莽黄入天③。
轮台④九月风夜吼,一川碎石大如斗,随风满地石乱走⑤。
匈奴⑥草黄马正肥,金山西见烟尘飞⑦,汉家大将西出师⑧。
将军金甲夜⑨不脱,半夜行军戈相拨⑩,风头如刀面如割⑪。
马毛带雪汗气蒸,五花连钱旋作冰⑫,幕中草檄砚水凝⑬。

---

① 诗题一作《走马川行奉送封大夫出师西征》,作于天宝十三载(754)九月,同时还作有《轮台歌奉送封大夫出师西征》。当时作者在安西节度使封常清幕中。封奉命西征播仙,岑写此诗送行。行:歌行,诗歌体裁之一种。
② 走马川:河名,地点在今新疆境内,具体地点不详,当为冬涸夏水的季节河。川:河流。雪海:泛指大雪覆盖的西北苦寒地区。
③ 平沙:大沙漠。莽莽:无边无际的样子。
④ 轮台:唐贞观年间置轮台县,在今乌鲁木齐市北不远处的米泉市境内。诗中所言轮台即此,属北庭,距北庭治所不远,封常清常驻军于此。又有古轮台,约与今新疆轮台同,本为仓头国(一作轮台国),汉武帝时为李广利所灭,后并入龟兹。
⑤ 走:奔跑。
⑥ 匈奴:中国古族名,亦称胡。战国时代活动于燕、赵、齐国北面的广大地区。汉代常与汉王朝发生战争,至汉末分化无存。唐人诗中所言匈奴,皆代指西北游牧民族。
⑦ "金山"句:意谓"西见金山烟尘飞"。金山:阿尔泰山,在新疆北部。西见:西望。烟尘飞:表示战事已发生。烟尘:指战场上扬起的尘土。
⑧ 汉家大将:此指封常清。唐人常借汉指唐。汉家:汉代。出师:出兵。
⑨ 金甲:金属的铠甲。
⑩ 戈相拨:兵器发生碰撞。
⑪ 风头如刀:形容寒风凛冽。面如割:指风吹在脸上脸面如同被刀割一样。
⑫ 五花连钱:五花马,身上有连钱形状的花纹,指名贵的马。旋:立即。
⑬ 幕:指军幕,军营。草檄:起草声讨敌人的文书。凝:凝固,结冰。

虏骑闻之应胆慑①,料知短兵不敢接②,车师西门伫献捷③。

(选自彭定求等编《全唐诗》,中华书局1960年版)

阅读提示

岑参(715—770),祖籍南阳,出生于江陵(今湖北江陵)。天宝三载(744)进士。曾两度赴西北边塞。第一次是天宝八年(749)在安西(治所龟兹,即今新疆库车)节度使高仙芝幕府掌书记,天宝十年返长安。第二次是天宝十三年(754)夏秋之交赴庭州(北庭都护府治所,在今新疆吉木萨尔县),在安西节度使封常清幕中任安西、北庭节度判官。大约至德二年(757)春夏之交,自北庭东归。此期间,他创作了大量的边塞诗,诗歌除了描写军旅生活外,还描绘了神奇瑰丽的边塞风物和异域风情,突破了以往征戍诗写边地苦寒和士卒劳苦的传统格局,极大地丰富了边塞诗的题材和表现范围成为盛唐边塞诗的代表作家,与高适齐名,并称"高岑"。55岁任嘉州(今四川乐山)刺史,任满罢官,心情郁闷,卒于成都旅舍。代表作品有《白雪歌送武判官归京》、《走马川行奉送封大夫出师西征》。其边塞诗想象奇特,具有浪漫色彩。有《岑嘉州诗集》。今人注本有陈铁民、侯忠义《岑参集校注》,刘开扬《岑参诗集编年笺注》。

此诗本事未详,诗中诸地名难以确证。但这并不妨碍我们对其精湛诗艺的欣赏。

我们看到通篇描写了部队出征的场景,表现了军队将士不畏艰难寒苦、英勇前进、争取胜利的精神。全诗分为三个部分:第一部分从"君不见"至"石乱走",总写边地恶劣的自然环境,分写"沙"、"风"、"石"等边地的典型物象,和这三种物象相对应的三个动词是"入"、"吼"、"走",都非常有力,突出了主题,以自然环境的险恶来表现将士的英雄气概。第二部分从"匈奴草黄"至"砚水凝",写行军过程。分三个方面来写,第一方面写出征的原因,外敌入侵,烟尘顿起。匈奴"马肥"的优势也是为了衬托唐军的武勇,面对强敌,唐军并不胆怯。第二方面写行军的艰辛,这是诗中正面写人物的句子,突出将军的以身作则。诗题一作《走马川行奉送封大夫出师西征》,奉送之人为封大夫,这样就呼应了诗题中的封大夫。而"风头如刀面如割"也呼应

---

① 胆慑:恐惧丧气。
② 料知:估计。短兵:短的兵器。不敢接:指敌人不敢交战。接:接触,指交战。
③ 车师:汉西域国名。此指安西都护府所在地。伫献捷:等候报捷。伫:长时间站立。

了前面"风夜吼"。因岑参长期生活在军中,有对大漠夜行军的亲身体验和感受,故写得十分真切而细致。第三方面正面描写天气的寒冷,分写马汗和砚水,军马因急走而大汗淋漓,但汗气出来又立即结成冰,"热"是为了反衬"冷",起草檄文用的砚中墨水也结成冰,汗气成冰,砚水成冰,都是突出边地的奇寒。第三部分从"虏骑"至"献捷",写预祝西征凯旋。以想象写敌人面对唐军的反应,"应胆慑"、"不敢接",都是预料战争的结果,有夸张的成分,体现了浪漫主义的乐观情绪和盛唐时期入幕文人昂扬进取的精神风貌。

这首诗在写作手法上有如下特点:第一,描写准确,使人有身临其境之感。诗中写的大漠景象,内地人以为是夸张,如"一川碎石大如斗,随风满地石乱走",其实这是当时边地的真实景象。又如写边地夜行军的寒冷,"风头如刀面如割"、"汗气蒸发旋作冰",都是真实的描写,而且非常确切。第二,声调激越。全诗句句用韵,三句一换韵,而且是平仄间隔,第一组"边"、"天"用平声韵,第二组"吼"、"斗"、"走"则用仄声韵,第三组平声韵,第四组仄声韵,第五组平声韵,第六组为仄声韵,这样交替使用平仄声韵,有抑扬顿挫之妙,且仄声韵中多用入声字,形成了"势险节短"(沈德潜《唐诗别裁集》)的音韵效果,诗歌的节奏和行军紧促迅疾的节奏相一致。

洪亮吉云:"尝以己未冬杪,谪戍出关,祁连雪山,日在马首,又昼夜行戈壁中,沙石吓人,没及髁膝,而后知岑诗'一川碎石大如斗,随风满地石乱走',云奇而实确也。大抵读古人之诗,又必身亲其地,身历其险,而后知惊心动魄者,实由于耳闻目见得之,非妄语也。"(《北江诗话》)这一由生活体验来理解诗歌表现手法的过程,对我们是有启发的。

问题与思考

一、反复阅读本诗,体会其节奏感,分析其用韵所产生的韵律特点。
二、找出诗中描写边地奇特景物的句子,思考诗歌如何发挥想象力。
三、理解本诗题目的意思。

拓展阅读

一、廖立笺注:《岑嘉州诗笺注》,中华书局 2004 年版。
二、孙钦善等选注:《高适岑参诗选》,人民文学出版社 1997 年版。

赠孟浩然①

李 白

吾爱孟夫子,风流②天下闻。
红颜弃轩冕,白首卧松云③。
醉月频中圣,迷花不事君④。
高山安可仰? 徒此揖清芬⑤。

(选自彭定求等编《全唐诗》,中华书局1960年版)

阅读提示

李白(701—762),字太白,号青莲居士。祖籍陇西成纪(今甘肃秦安),先世谪居西域碎叶(今哈萨克斯坦国托克马克城附近),李白就出生在那里。大约五岁时,随家迁居蜀之绵州昌隆县(今四川江油县)。自幼读书很多,自称"五岁诵六甲,十岁观百家"(《上安州裴长史书》),"颇尝览千载,观百家,

---

① 孟浩然:诗中之"孟夫子",唐代著名诗人,李白青年时期的好友。
② 风流:洒脱放逸,这里指孟浩然爱饮酒吟诗的风雅行为。
③ 红颜:指少年。轩冕:指官位爵禄。轩:华美的车子。冕:官帽。松云:松树云霞,借指山林。《新唐书·艺文志下》载,孟浩然少好节义。"隐鹿门山。年四十,乃游京师。尝于太学赋诗,一座嗟伏,无敢抗。张九龄、王维雅称道之。维私邀入内署,俄而玄宗至,浩然匿床下,维以实对,帝喜曰:'朕闻其人而未见也,何惧而匿?'诏浩然出。帝问其诗,浩然再拜,自诵所为,至'不才明主弃'之句,帝曰:'卿不求仕,而朕未尝弃卿,奈何诬我?'因放还。采访使韩朝宗约浩然偕至京师,欲荐诸公。会故人至,剧饮欢甚,或曰:'君与韩公有期。'浩然叱曰:'业已饮,遑恤他!'卒不赴。朝宗怒,辞行,浩然不悔也。""红颜弃轩冕,白首卧松云"是对孟浩然这种行为和个性的概括和赞美。
④ 醉月:赏月醉酒。中圣:喝醉酒。古时嗜酒者把清酒称为圣人,浊酒称为贤人。迷花:迷恋花草,指过隐居生活。
⑤ "高山"句:是说孟浩然的品格不可企及,只有表示崇敬的份儿。《诗经·小雅》有"高山仰止,景行行止"句。安:怎,哪里。徒:仅,只。揖:拱手行礼,表示崇敬。清芬:清香,比喻高洁的德行。

至于圣贤"(《上安州李长史书》)。自少年时代就喜欢结交侠、道、隐士,喜游历,"十五好剑术,遍干诸侯"(《与韩荆州书》)。开元十三年(725),出蜀漫游,游历江陵、岳阳、长沙、零陵、庐山、金陵、维扬、姑苏,又回头至江夏(武昌),复至安陆,居于小寿山,被前朝宰相许圉师家招为孙女婿。此后数年即以安陆为中心,四处漫游,广交朋友。天宝元年(742),玄宗召李白入朝供奉翰林。天宝三年(744),他被赐金放还,从此离开了仕途,又开始了漫游。在洛阳,遇见了已经33岁的杜甫。此后二年间,他们三度同游,交情很深。随后李白以梁园(开封)为中心生活了十年。他在梁园与前朝高宗时的宰相宗楚客的孙女结婚。宗氏笃信道教,与李白志同道合。此后十年,他仍到处漫游。安史之乱期间,曾随永王李璘军,后因此获罪,被流放夜郎。乾元二年(759),行至巫山,遇大赦,后投奔在当涂做县令的族叔李阳冰。次年病重,枕上授稿李阳冰,赋《临终歌》而卒,年62。李白是盛唐著名的诗人,诗风豪放飘逸(指诗歌呈现的气势豪迈、感情奔放、神思飘忽、不同尘俗的风格特色),这一风格和诗人性格的豪放不羁、风流高远是一致的。七言古诗是其代表,其结构起伏跌宕,句式参差错落,意象的营造常常采用大胆的想象和奇妙的夸张,并融入非凡的气魄和生命激情,充分体现出盛唐诗歌慷慨激昂、蓬勃向上的时代精神。李白诗歌代表作有《蜀道难》、《将进酒》、《黄鹤楼送孟浩然之广陵》等。今存李白集,诗约千首,各体文六十余篇。清人王琦《李太白全集》是历代注释李诗的集大成之作。今人整理的版本有瞿蜕园、朱金城《李白集校注》、安旗等《李白全集编年注释》。

这首是李白赠给好友孟浩然的诗。据诗中赞扬孟浩然不愿为官、酒隐山林的品格,则此诗约写于李白寓居湖北安陆时期,此时李白30岁左右,而长他12岁的诗人孟浩然其人其事已在士大夫中传扬(参"红颜弃轩冕"注引《新唐书》)。李白诗中的"红颜弃轩冕"的"弃"字,就是用了孟浩然"不才明主弃"的"弃"字。但二"弃"字用法不同,"不才明主弃"之"弃"是被动的,是被弃;"红颜弃轩冕"之"弃"是主动的,是自己主动放弃。李白要突出的就是孟浩然放弃仕宦隐迹山林的高风亮节,这是李白"爱孟夫子"之处。诗的结句写道:"高山安可仰?徒此揖清芬。""高山"句用《诗经·小雅》"高山仰止,景行行止"意,意思是高山仰视可见,大路行走可到,指慕仰有高行大德的人,司马迁在《史记·孔子世家》中曾用来赞扬孔子。诗中充分表达了李白对孟浩然的敬仰之意。

此诗结构和章法都比较谨严,首联第一句"吾爱孟夫子",直接点出自己对孟浩然的仰慕之情。爱什么?第二句作了回答,爱其"风流"。颔联和颈联皆从"风流"着笔,是"风流"的具体描写,"红颜弃轩冕,白首卧松云。醉月频中圣,迷花不事君"。"弃轩冕"和"不事君"、"卧松云"和"频中圣"相互补充,而"红颜"、"迷花"、"白首"、"醉月"在色泽上又很配。尾联作结,则和首句"爱"字呼应。另外,这首诗对仗工整,中间两联色彩相配,如"红颜"对"白首",意思也对得很好,如"中圣"对"事君","圣"、"君"相对,字面相称,但"圣"在此却是清酒代称,就有了变化。

问题与思考

一、了解李白的生平及其对李白诗风的影响。

二、背诵这首诗。

三、分析本诗结构艺术。

拓展阅读

鲍方校点:《李白全集》,上海古籍出版社1996年版。

饮中八仙歌

杜 甫

知章骑马似乘船①,眼花落井水底眠②。
汝阳三斗始朝天③,道逢曲车口流涎④,恨不移封向酒泉⑤。
左相日兴费万钱⑥,饮如长鲸吸百川⑦,衔杯乐圣称避贤⑧。
宗之⑨潇洒美少年,举觞白眼望青天⑩,皎如玉树临风前⑪。
苏晋长斋绣佛前⑫,醉中往往爱逃禅⑬。
李白一斗诗百篇⑭,长安市上酒家眠。天子呼来不上船,自称

---

① 知章:贺知章,唐代著名诗人。玄宗时由礼部侍郎迁太子宾客,授秘书监。性嗜酒、狂放。天宝三年(744)辞官回乡会稽。骑马似乘船:形容醉酒后骑在马上如同乘船一样,摇摇晃晃。
② 眼花:醉眼昏花。落井:落入井中。
③ 汝阳:指汝阳王李琎,唐玄宗的侄子。杜甫有赠李琎诗。斗:一种大的酒器。朝天:入朝拜见天子。三斗始朝天:痛饮之后方才入朝。
④ "道逢"句:路上遇到酒车就会流口水。曲车:装曲酒的车子。
⑤ "恨不"句:恨不得改变封地到酒泉去。移封:改换封地。皇室贵族都有自己的封地。酒泉:郡名,故地在今甘肃酒泉,传说地下有泉,其味如酒,故得名。
⑥ 左相:指李适之。天宝元年(742)为左丞相。他好结交,有酒名。这里说他每天要花一万钱买酒。
⑦ "饮如"句:饮酒如同鲸鱼一样吸进百川之水。形容酒量过人,据说李适之饮酒一斗不乱。
⑧ 乐圣:爱酒。古时嗜酒者把清酒称为圣人。避贤:犹让贤,这里是罢官的委婉说法。李适之罢相后,曾与亲友欢饮,并作诗云:"避贤初罢相,乐圣且衔杯。为问门前客,今朝几个来?"
⑨ 宗之:即崔宗之,吏部尚书崔日用之子,开元末官右司郎中。
⑩ 举觞:举起酒杯。白眼:翻白眼。晋代阮籍能为青白眼,对不喜欢的庸人白眼相看,表示轻蔑。
⑪ 皎:洁白。玉树:美丽的树,比喻人的容貌洁白清秀。玉树临风前:形容崔宗之醉时摇曳潇洒的神态。
⑫ 苏晋:开元年间任户部、吏部侍郎,太子左庶子。长斋:长期斋戒。绣佛:指画的佛像。
⑬ "醉中"句:喝醉时就不守佛教戒律了。逃禅:逃离禅戒,意即不守佛教戒律。
⑭ "李白"句:形容李白酒后诗情发作。百篇:形容多。

臣是酒中仙①。

张旭三杯草圣传②,脱帽露顶③王公前,挥毫落纸如云烟④。

焦遂五斗方卓然,高谈雄辩惊四筵⑤。

(选自彭定求等编《全唐诗》,中华书局1960年版)

阅读提示

杜甫(712—770)字子美,京兆杜陵(今陕西西安西南)人,生于巩县(今河南巩县)。世代奉儒守官,十三世祖是西晋大将、著名学者杜预,祖父杜审言是初唐著名诗人。青年时代读书、壮游,天宝十四年(755)十月,44岁时才被任命为河西尉,后改右卫率府曹参军。安史之乱,长安陷落,杜甫流亡,被叛军俘获。至德二年(757)四月,逃归凤翔肃宗行在,被任命为左拾遗,不久就因上疏营救房琯而被贬为华州司功参军。次年(759)七月弃官,先往秦州(甘肃天水),十二月又往成都,开始漂泊西南。在成都严武幕中被保举为检校工部员外郎,后人因称杜工部。他在夔州住了近两年,写了很多诗。57岁乘船出峡,想回家乡。59岁冬天,死在由潭州到岳阳的一条船上。杜甫经历了开元之治、安史之乱,对社会有深刻的了解,他关心社会的治乱安危,关心民生疾苦。说他是"诗圣",是因为他信奉儒家思想,忧国忧民,渴望太平世界;说他的诗是"诗史",是因为他能客观地用诗反映社会现实,记录了唐代社会由兴盛而衰落的过程。杜甫诗内容博大精深,题材宽广,在艺术上能转益多师,集前代大成,形成了沉郁顿挫的诗风。代表作品有《兵车行》、《春望》、《闻官军收河南河北》、《秋兴八首》、《咏怀古迹五首》、《登高》等。存诗一千四百余首,历代杜诗校注批点本约五百五十多种,现存一百七十余种。清人仇兆鳌《杜诗详注》最为详尽。

这一首诗约写于天宝五六年(746—747),是杜甫困守长安十年时的作品。贺知章、李琎、李白等人都在长安生活过,又都嗜酒,故戏题为"饮中八仙"。从诗中描写看,杜甫心情还不错,虽然他也喜欢喝酒,但并没有把自己

---

① "天子"句:皇帝请他也不去了,称自己是饮酒的神仙。形容李白酒后狂放不羁。
② 张旭:唐代著名书法家、诗人。善草书,好酒,每醉后就呼号奔走,索笔挥洒,其字狂放,变化无穷。时人谓之"草圣"。传:传扬。
③ 脱帽露顶:脱去帽子,露出头顶。写张旭醉态。
④ 挥毫:挥笔。如云烟:形容张旭草书如同云彩烟霞一样生动奇瑰。
⑤ "焦遂"句:焦遂喝下五斗酒后纵兴高谈,辩论特出,使四座的人惊叹。焦遂:一生未仕,事迹不详。

列入酒仙之中。诗中写出八仙饮酒时的不同行为和态度,而狂放、豪纵是共通的。不难看出,杜甫对他们很欣赏,所以描写他们的醉态自然舒展、生动传神。

诗中描写了八个酒仙。第一个是贺知章。他在唐代名声很大,性格豪放,晚年无复拘检,自号"四明狂客"。据说李白在长安拜见他,他很高兴,"解金龟换酒为乐"。诗中说他喝多了酒,骑在马上摇摇晃晃有如乘船,醉眼昏花,跌入井中,甚至在井里睡着了。描写虽有夸张,但估计离事实不远。第二个是李琎。他是唐玄宗的侄子,很受宠幸。所以他敢饮酒三斗去朝拜天子,也只有他才敢想改换封地到酒泉。第三个是李适之。他在天宝元年为左丞相,天宝五载为李林甫排挤罢去相位,在家与亲友会饮,并赋诗一首:"避贤初罢相,乐圣且衔杯。为问门前客,今朝几个来?"杜甫"衔杯乐圣称避贤"就是化其诗。接下来是崔宗之。他是一位潇洒美少年,端起酒杯,白眼望天,有如玉树临风。第五个是苏晋,他一方面嗜酒,一方面斋戒坐禅,但在酒面前,经不住诱惑:"醉中往往爱逃禅。"第六个是李白,这是诗中重点写到的人物,用了四句来刻画。一是因为李白天宝初入长安,名声很大,后玄宗"赐金"让其"还山",杜甫对李白印象最深,并将李白被逐美化为"天子呼来不上船,自称臣是酒中仙";二是因为杜甫作为诗人对李白心存敬仰,故诗中盛赞:"李白斗酒诗百篇。"第七个是张旭。他以书法名世,故突出其醉书,他三杯入口后,便会脱帽露顶、乘兴挥毫。第八个是焦遂。他以雄辩称,乘着酒兴,思如泉涌,妙语连珠,惊动四座。

这首诗在写法上有两点值得注意:

第一,人物鲜明,各有侧重。贺知章的醉态、李琎的贪酒、李适之的豪纵、崔宗之的潇洒、苏晋的逃禅、李白的酒诗、张旭的醉书、焦遂的雄辩,虽着墨不多,但都能得到充分的表现。诗歌紧扣人物特点落笔,如李琎"曲车流涎"、李适之"日费万钱"、崔宗之"白眼望天"、张旭"脱帽露顶"、焦遂"高谈雄辩",这些描写都有画龙点睛之妙,非常传神。

第二,结构独具一格。无首无尾,章法突兀。每个人物自成一段,每段又以人名领起,又押了重韵。原因何在?《唐诗广选》引刘会孟的意见云:"复如题画,人自一二语,集之成歌。"说得有道理。大概此诗最初是题在一组人物画像上的,后合抄一起即为"饮中八仙歌"。本各自成章,故诗中押了重韵,就可以理解了。如两押"眠"、"天"和"船",又三押"前"。

问题与思考

一、分析诗中八仙各自的特点。

二、分析本诗的章法技巧。

拓展阅读

一、程千帆、莫砺锋、张宏生:《被开拓的诗世界》,上海古籍出版社1990年版。

二、王学泰校点:《杜工部集》,辽宁教育出版社1997年版。

长恨歌

白居易

汉皇重色思倾国①,御宇②多年求不得。
杨家有女初长成,养在深闺人未识③。
天生丽质难自弃,一朝选在君王侧。
回眸一笑百媚生,六宫粉黛无颜色④。
春寒赐浴华清池⑤,温泉水滑洗凝脂⑥。
侍儿扶起娇无力,始是新承恩泽时。
云鬓花颜金步摇⑦,芙蓉帐暖度春宵。
春宵苦短日高起,从此君王不早朝。
承欢侍宴无闲暇,春从春游夜专夜。
后宫佳丽三千人⑧,三千宠爱在一身。

---

① 汉皇:本指汉武帝刘彻,此借指唐玄宗李隆基。唐人文学创作常以汉称唐。倾国:《汉书·外戚传》载李延年歌"北方有佳人,绝世而独立。一顾倾人城,再顾倾人国",后遂以倾国代指绝色佳人。
② 御宇:统治天下。
③ "杨家有女"二句:此是诗人笔法。《新唐书·杨贵妃传》载贵妃名玉环,为蜀州司户杨玄琰的女儿,自幼丧父,由叔父杨玄珪抚养,开元二十三年册封为玄宗第十八子寿王李瑁的妃子,后玄宗命其出宫为女道士,道号太真,天宝四年册封为玄宗贵妃。
④ 六宫:古代礼制规定天子设六宫,正寝(日常处理政务之地)一,燕寝(休息之地)五。粉黛:本为女性化妆用品,此代指宫中妃嫔。无颜色:意谓宫中妃嫔与杨贵妃相比都失去了美色。
⑤ 华清池:华清宫中的温泉池,在今陕西省临潼县东南骊山上。唐贞观十八年于骊山建汤泉宫,咸亨二年改名温泉宫,天宝六年(747)扩建,更名华清宫。玄宗冬春两季常居此避寒,有时赐随行人员温泉沐浴,以示恩宠。
⑥ 凝脂:比喻洁白细腻的肌肤。
⑦ 金步摇:一种金钗,上缀垂珠,行走时随步摇曳,故名。
⑧ 后宫佳丽三千人:汉武帝、元帝时后宫嫔妃有"三千人"。唐太宗时多余的宫女有"数万"。唐玄宗时宫女有四万。

金屋①妆成娇侍夜,玉楼宴罢醉和春。
姊妹弟兄皆列土②,可怜③光彩生门户;
遂令天下父母心,不重生男重生女④。
骊宫⑤高处入青云,仙乐风飘处处闻。
缓歌慢舞凝丝竹⑥,尽日君王看不足。
渔阳鼙鼓动地来⑦,惊破霓裳羽衣曲⑧。
九重城阙⑨烟尘生,千乘万骑西南行⑩。
翠华⑪摇摇行复止,西出都门百余里⑫。
六军不发无奈何⑬,宛转蛾眉马前死⑭。
花钿委地无人收⑮,翠翘金雀玉搔头⑯。
君王掩面救不得,回看血泪相和流。
黄埃散漫风萧索,云栈萦纡登剑阁⑰。

---

① 金屋:《汉武故事》载,汉武帝年幼时曾说,如能娶表妹阿娇为妻,就造一所金房子给她住。此指杨贵妃的住所。
② 列土:即"裂土",分封土地。杨玉环册封贵妃后,其父追赠太尉、齐国公,母封凉国夫人,大姐、三姐、八姐分封为韩、虢、秦国夫人,叔杨玄珪任光禄卿,宗兄杨铦任鸿胪卿,杨锜任侍御史。
③ 可怜:可爱,可羡。
④ "遂令天下"二句:陈鸿《长恨歌传》云,当时民谣有"生女勿悲酸,生男勿喜欢"、"男不封侯女作妃,看女却为门上楣"。
⑤ 骊宫:即华清宫,因在骊山上,故称。
⑥ 凝:指声调缓慢,仿佛凝结。丝竹:弦乐器和管乐器。
⑦ 渔阳:唐郡名,辖今北京市平谷区和河北省蓟县等地,当时属于平卢、范阳、河东三镇节度使安禄山的辖区。天宝十四载(755)冬,安禄山在范阳起兵叛乱。鼙鼓:古代军队中用的小鼓,此借指战争。
⑧ 霓裳羽衣曲:舞曲名,本名《婆罗门》,乃西域乐舞。唐开元年间,西凉节度使杨敬述依曲创声,献呈朝廷,经唐玄宗润色并制作歌辞,改用此名。乐曲着意表现虚无缥缈的仙境和仙女形象。天宝后曲调失传。
⑨ 九重城阙:此指皇宫所在的京城长安。因皇宫门有九重,故称。
⑩ "千乘万骑"句:天宝十五年(756)六月,安禄山破潼关,逼近长安,杨国忠首倡避难成都。玄宗带领杨贵妃等出延秋门向西南方向逃走,命大将军陈玄礼领六军和马九万余匹扈从。
⑪ 翠华:用翠鸟羽毛装饰的旗帜,是皇帝所用仪仗。此指皇帝车驾。
⑫ "西出都门"句:指到了距长安一百多里的马嵬驿(故址在今陕西兴平县西北)。
⑬ 六军:古代天子有六军,此处指护卫皇帝的禁卫军。护送唐玄宗的禁卫军行至马嵬驿时,不肯再走,先以谋反罪名杀死杨国忠,继而请求处死杨贵妃。
⑭ 宛转:形容美人临死前哀怨缠绵的样子。蛾眉:古代美女的代称,此指杨贵妃。
⑮ 花钿:用金翠珠宝等制成的花朵形首饰。委地:丢弃在地上。
⑯ 翠翘:像翠鸟长尾一样的头饰。金雀:雀形金钗。玉搔头:玉簪。
⑰ 云栈:高入云霄的栈道。萦纡:萦回盘绕。剑阁:在今四川剑阁县北,是由秦入蜀的要道。此地群山如剑,峭壁中断处,两山对峙如门,又名剑门关。诸葛亮相蜀时,凿石驾凌空栈道以通行。

峨嵋山①下少人行,旌旗无光日色薄。
蜀江水碧蜀山青,圣主朝朝暮暮情。
行宫②见月伤心色,夜雨闻铃肠断声。
天旋日转回龙驭③,到此踌躇不能去。
马嵬坡下泥土中,不见玉颜空死处④。
君臣相顾尽沾衣,东望都门信马归⑤。
归来池苑皆依旧,太液芙蓉未央柳⑥。
芙蓉如面柳如眉,对此如何不泪垂?
春风桃李花开日,秋雨梧桐叶落时。
西宫南苑⑦多秋草,落叶满阶红不扫。
梨园弟子⑧白发新,椒房阿监青娥老⑨。
夕殿萤飞思悄然,孤灯挑尽未成眠。
迟迟钟鼓初长夜,耿耿⑩星河欲曙天。
鸳鸯瓦⑪冷霜华重,翡翠衾⑫寒谁与共?
悠悠生死别经年⑬,魂魄不曾来入梦。
临邛道士鸿都客⑭,能以精诚致魂魄⑮。
为感君王展转思,遂教方士殷勤觅。

---

① 峨嵋山:在今四川峨眉县西南。由长安到成都并不经过峨嵋山,此处是泛指蜀中山区。
② 行宫:皇帝外出时的临时住所。
③ 天旋日转:指时局转变。肃宗至德二年(757)十月,郭子仪军收复长安。龙驭:皇帝的车驾。
④ 空死处:空见死处。
⑤ 信马归:无心鞭马,任其自由前行。信:听任。
⑥ 太液:汉宫中有太液池。未央:汉有未央宫。此皆借指唐长安宫廷池苑。
⑦ 西宫南苑:西宫指位于长安西面的太极宫;南苑指位于长安东南面的兴庆宫。玄宗返京后,初居兴庆宫,邻近大街,与外界常有接触。上元元年(760),权宦李辅国假借肃宗名义,胁迫玄宗迁往太极宫甘露殿,并流贬玄宗亲信高力士、陈玄礼等人。
⑧ 梨园弟子:指玄宗当年训练的乐工舞女。梨园在光化门北,唐玄宗开元二年,于蓬莱宫置教坊,亲自训练乐工舞女,称"梨园弟子"。
⑨ 椒房:后妃居住的宫殿,因用花椒和泥抹墙,故称。阿监:宫中女官。青娥:青春美丽的容颜。
⑩ 耿耿:明亮。
⑪ 鸳鸯瓦:俯仰相对两片嵌合在一起的瓦。
⑫ 翡翠衾:用翠鸟羽毛装饰的被子。
⑬ 经年:年复一年。
⑭ 临邛(qióng):今四川邛崃县。鸿都:东汉都城洛阳的宫门名,这里借指长安。
⑮ 精诚:至诚。致:招来。

排空驭气①奔如电,升天入地求之遍。
上穷碧落下黄泉②,两处茫茫皆不见。
忽闻海上有仙山,山在虚无缥缈间。
楼阁玲珑五云③起,其中绰约④多仙子。
中有一人字太真,雪肤花貌参差⑤是。
金阙西厢叩玉扃⑥,转教小玉报双成⑦。
闻道汉家天子使,九华帐⑧里梦魂惊。
揽衣推枕起徘徊,珠箔银屏迤逦开⑨。
云鬓半偏新睡觉,花冠不整下堂来。
风吹仙袂⑩飘飖举,犹似霓裳羽衣舞。
玉容寂寞泪阑干⑪,梨花一枝春带雨。
含情凝睇⑫谢君王,一别音容两渺茫。
昭阳殿⑬里恩爱绝,蓬莱⑭宫中日月长。
回头下望人寰⑮处,不见长安见尘雾。
唯将旧物表深情,钿合⑯金钗寄将去。
钗留一股合一扇,钗擘黄金合分钿⑰。
但令心似金钿坚,天上人间会相见。
临别殷勤重寄词,词中有誓两心知。

---

① 排空驭气:即腾云驾雾。
② 穷:穷尽。碧落:道家称天界为碧落。黄泉:地下的泉水,指阴间。
③ 五云:五色云。
④ 绰约:体态轻盈柔美。
⑤ 参(cēn)差(cī):仿佛,差不多。
⑥ 金阙:黄金装饰的宫殿门楼。玉扃(jiōng):玉石做的门环。
⑦ 小玉:吴王夫差的女儿。双成:传说中西王母的侍女。这里皆借指杨贵妃在仙山的侍女。
⑧ 九华帐:绣饰华美的帐子。传说汉武帝曾设帐九华殿以待西王母。
⑨ 珠箔(bó):珠帘。银屏:饰银的屏风。迤(yǐ)逦(lǐ):接连不断的样子。
⑩ 袂:衣袖。
⑪ 寂寞:此指神色黯淡凄楚。阑干:形容眼泪纵横的样子。
⑫ 凝睇(dì):凝视。
⑬ 昭阳殿:汉代宫殿名,赵飞燕姐妹所居。此借指杨贵妃住过的宫殿。
⑭ 蓬莱:传说中的海上仙山。这里指贵妃在仙山的居所。
⑮ 人寰:人间。
⑯ 钿合:镶嵌珠宝的盒子。合:通盒。
⑰ "钗留"二句:把金钗分成两股,钿盒分成两扇,自留一半。擘:用手刀开。

七月七日长生殿①,夜半无人私语时。
在天愿作比翼鸟②,在地愿为连理枝③。
天长地久有时尽,此恨绵绵无绝期。

(选自彭定求等编《全唐诗》,中华书局1960年版)

阅读提示

白居易(772—846),字乐天,自号香山居士、醉吟先生,晚年曾官太子少傅,谥曰"文",故世称白太傅、白文公。祖籍太原,曾祖移居下邽(今陕西省渭南县东北),遂为下邽人。白居易出生于郑州新郑(今属河南),自幼聪慧,五六岁学诗,九岁解声韵。幼年因两河藩镇战乱,四处避难,过着颠沛流离的生活。贞元十六年(800)进士及第,十九年,与元稹同时考中"书判拔萃科",授秘书省校书郎,两人订交,约始于此,其后二人诗坛齐名,并称"元白"。元和元年(806)中"才识兼茂、明于体用科",授盩厔(今属陕西)县尉,《长恨歌》《观刈麦》等篇作于此时。元和二年,入朝为翰林学士,拜左拾遗。元和十年,被贬为江州司马,仕途遭受沉重打击。大和三年(829)以太子宾客分司东都,遂定居洛阳,与诗人刘禹锡唱和,时称"刘白"。会昌二年(842)以刑部尚书致仕,六年病逝于洛阳,追赠尚书左仆射,葬于龙门香山琵琶峰,诗人李商隐为其撰墓志。

白居易一生兼有儒、道、释三家思想。44岁贬江州司马之前,以儒家思想为主导,"志在兼济",积极进取。后期,政治上屡受挫折,道、释思想占了上风,"独善其身"成为生活信条,闲适而居,归心向佛。白居易在文学上积极倡导新乐府运动,强调恢复古乐府的写实传统,主张"文章合为时而著,歌诗合为事而作"(《与元九书》)、"唯歌生民病,愿得天子知"(《寄唐生》),提倡继承《诗经》比兴美刺传统和杜甫的现实主义创作精神,认为文章的社会功能在于"补察时政"、"泄导人情",要求语言通俗浅易。曾多次自编文集,将自己的诗歌分为讽喻、感伤、闲适、杂律四类。代表作有《长恨歌》《琵琶行》、《卖炭翁》《赋得古原草送别》。有《白氏长庆集》,存诗二千八百多首,文八百余篇,今人朱金城《白居易集笺校》是近年来较重要的笺校本。

唐宪宗元和元年(806)冬十二月,白居易任盩厔(今陕西周至县)县尉,

---

① 长生殿:在骊山华清宫内,天宝元年十月造,后泛指后妃寝宫。
② 比翼鸟:传说中的鸟名,据说只有一目一翼,雌雄并在一起才能飞。
③ 连理枝:两棵根不同而枝干连在一起的树。

与友人陈鸿、王质夫同游仙游寺,谈论五十多年前唐玄宗和杨贵妃的故事,感慨万千,白居易遂作《长恨歌》、陈鸿作传奇小说《长恨歌传》以纪其事。此篇虽作于白居易青年时期,然而此后诗人的众多作品无能出其右者,自问世以来便广泛吟咏流传,极受读者喜爱,影响深远。

关于《长恨歌》的主题,自唐以来众说纷纭,如讽喻主题说(揭露谴责唐玄宗与杨贵妃骄纵淫逸的生活及误国亡身的下场,警示后人不要重蹈覆辙)、爱情主题说(主要歌咏李、杨真挚缠绵、坚贞不渝的爱情)、双重主题说(一方面批判统治阶级因荒淫腐朽招致祸乱,一方面同情二人生离死别的不幸遭遇)。

从作者自身创作意图来看,白居易曾自言"一篇《长恨》有风情"(《白居易集》卷十六《编集拙诗成一十五卷因题末戏赠元九李十二》),并将其归为感伤诗,可见作者是为歌"风情"而作此诗。在具体描写中虽对李、杨荒怠朝政流露出不满,但主旨仍是同情李、杨的爱情遭遇,赞美二人的忠贞不渝。

《长恨歌》的"歌",是诗体形式的一种。诗分四段,开篇写玄宗求美色,劈空突兀而来,继之以铺陈夸张之法,极力描绘杨氏的美丽与玄宗对其的宠爱。这一段写得花团锦簇,繁华艳丽,热闹非凡。次段叙写二人荒废朝政终于引发渔阳兵变,贵妃因而惨死,悲剧已然铸成,明皇对之肠断。此段由极乐突转为极悲,对比十分强烈,极具冲击力。第三段从蜀中、马嵬、长安一路"移步换景",结合三地不同的事、景、情,写尽玄宗对贵妃刻骨铭心之思念。最后一段颇具浪漫主义色彩,太真已登仙界犹不忘旧情,重申密约,并以"天长地久有时尽,此恨绵绵无绝期"点出天人永隔之无尽思念与绵绵长恨。全诗情感由乐而悲而思而恨,脉络清晰,层次分明。以"尽日君王看不足"引出"渔阳鼙鼓动地来",以"遂教方士殷勤觅"承接"魂魄不曾来入梦",转折自然,结构巧妙。

诗歌歌咏历史上的真人真事,却并非全以史实为据,而是在史实基础上吸收民间相关传说并加以适当熔裁虚构,虚实结合,中心突出,叙述了一个优美动人、缠绵哀怨的爱情故事。

作者成功地塑造了两个鲜明美好的人物形象。其笔下的杨氏,隐去了作为历史人物的杨玉环的不美之处,既有"天生丽质"的外表美,又对爱情生死如一,始终不渝,寄寓着诗人的爱情理想。玄宗作为故事的主人公,同样不等同于历史上的明皇,而是一位痴情恋旧的君主。主人公因深于情、笃于情最终竟葬送了自己的爱情,令读者在同情悲悯之时又倍感无奈。

本篇乃长篇叙事诗典范,情节曲折离奇,首尾完备,并将叙事与抒情完美地融合在一起。前段以叙事为主,始终围绕李、杨爱情中心取材,明畅简洁,一气舒卷;后半以抒情为主,酣畅淋漓,感人至深。《唐宋诗举要》引吴北江评论《长恨歌》语:"如此长篇,一气舒卷,时复风华掩映,非有绝世才力未易到也。"《唐宋诗醇》云:"结处点清'长恨',为一诗结穴,戛然而止,全势已足,更不必另作收束。"诚为的评。

语言韵律方面,本篇是律化的乐府歌行,以韵为主,间或以散句相间,既朗朗上口,又气韵生动。押韵方式灵活多变,有句句押韵,有两句一韵,或两句一转韵,或四句一换韵,平声韵与仄声韵相互交替,音韵流畅和谐,语言优美抒情。

问题与思考

一、说说本诗的创作背景。

二、分析本诗主题的双重性。

三、分析作品对李隆基和杨贵妃爱情遭遇的态度。

四、熟读本诗,体会并说明本诗为何能朗朗上口,又气韵生动。(本篇为长篇歌行,律散结合,音韵流畅。押韵自由,方式多变,或句句押韵,或两句一韵,或两句一换韵,或四句一换韵,平韵与仄韵交替。)

五、谈谈结句"天长地久有时尽,此恨绵绵无绝期"在全诗结构上的作用。(点出题名"长恨"之意。否定了"在天愿为比翼鸟,在地愿为连理枝"的虚幻愿望,加深李、杨爱情的悲剧意义,增强其感人力量。)

拓展阅读

顾学颉校点:《白居易集》,中华书局1999年版。

天上谣

李 贺

天河夜转漂回星①,银浦流云学水声②。
玉宫桂树花未落③,仙妾采香垂珮缨④。
秦妃⑤卷帘北窗晓,窗前植桐青凤⑥小。
王子吹笙鹅管长⑦,呼龙耕烟种瑶草⑧。
粉霞红绶藕丝裙⑨,青洲步拾兰苕春⑩。
东指羲和能走马⑪,海尘新生石山下⑫。

(选自彭定求等编《全唐诗》,中华书局1960年版)

---

① 天河:银河。漂:浮动。回星:回转之星,指流星。
② 银浦:指银河岸边。学:如,好像。张说《奉和圣制同玉真公主游大哥山池题石壁》云:"池如明镜月华开,山学香炉云气来。"
③ 玉宫:月宫。桂树:古人认为月中有桂树。
④ 仙妾:犹仙女。采香:采摘有香味的桂花。珮:佩带的玉器。缨:系玉的丝带。
⑤ 秦妃:指春秋时秦穆公女弄玉,相传她嫁萧史,后夫妻乘凤飞天仙去。
⑥ 青凤:蜀地桐花鸟,似凤。或指青鸟,神话中为西王母取食传信的神鸟。
⑦ 王子吹笙:刘向《列仙传》载,周灵王太子晋好吹笙,作凤凰鸣,后成仙。鹅管:笙管,其状如鹅毛管。
⑧ 呼龙耕烟:意思是说呼唤群龙耕田种植芝草。旧题东方朔《十洲记》载,方丈洲群龙所聚,群仙不欲升天者所居,耕田种芝草。耕烟:犹耕田。瑶草:灵芝。
⑨ 粉霞:这里指粉红色的衣服。红绶:红色丝带。藕丝:这里指纯白色衣服。
⑩ 青洲:又名长洲,神仙游玩聚居之地。兰苕:兰花。
⑪ 东指羲和:即羲和东指,太阳向东运行。羲和:神话中驾驭太阳车行走的神。东指:指向东方,向东方行走。走马:如马奔跑,形容太阳行走迅疾。
⑫ "海尘"句:意思是说因为变化大海成陆地,石山下生出尘土,即"沧海桑田"意。

阅读提示

李贺(790—816),字长吉,河南福昌(今河南宜阳)人,家居福昌昌谷,后人称李昌谷。父名晋肃,和"进士"音同,故避讳不得参加进士试。曾任奉礼郎。年少失意,郁郁寡欢,以专心写作诗歌为事。李贺诗名早著,受到韩愈等前辈诗人的赏识。长于乐府歌诗,想象奇特,刻意求新,形成奇峭冷艳的独特风格。代表作有《金铜仙人辞汉歌》、《雁门太守行》等。另有《李长吉歌诗》传世。

李贺的诗富有想象力,长于写神仙世界的光怪陆离,对自然界的描写也充满奇幻色彩。他的《梦天》和这一首《天上谣》有相似之点。

此首十二句,分为三层。一、二两句从大处落笔,总写星空,为全诗提供了天界活动的大背景,并极力表现天上银河的运动,以此打破夜空的宁静。从视觉看,诗中用了"转"、"漂"、"回"三个动词,使整个星空生动起来。因银河的运动相对缓慢,作者就刻意安排了两个特具动感的物象:迅疾的流星和飘忽的行云。从听觉看,银河和流云仿佛是流动的水声。可见一、二两句动静相宜,视觉、听觉并用。将无声之物像写成有声之物像,这是李贺的绝招,太阳运行本无声响,而他在《秦王饮酒》诗中说"羲和敲日玻璃声",就是说羲和驾着日车行走时,敲打着太阳发出玻璃踫撞的清脆声。中间第三句至第十句为一层,具体写天上的景象。这一部分以人物为主(人物是仙人),写了四个画面:仙女采香、秦妃卷帘、吹笙呼龙、青洲拾兰。"仙女采香"的活动背景是月宫,月中有桂树。夜晚仰视天上,最吸引人的是明月,故作者首先写月中仙女的活动是很自然的。"秦妃卷帘"是大特写,在众多神仙中拈出秦妃,秦妃嫁给善于吹箫的萧史,学会吹箫,这里却没有着意去写弄玉的优美箫声,而是写弄玉晨起卷帘的身姿,并配以桐树青凤的环境,非常幽静,这样写可能是为了避开下面写王子吹笙的重复。"吹笙呼龙"以声为引,描绘的是一幅仙人耕种图景,"吹笙"不是重点,重点在笙管形状的比喻,重点在吹笙的结果描写:如果说秦妃卷帘显示出高雅情调,吹笙呼龙则突现出悠闲意趣。"青洲拾兰"虽与"仙女采香"有重复的地方,但"青洲拾兰"对动作主体的描写是浓墨重彩,也是对采香仙女的补充,前面写到采香仙女的佩饰,这里主要写拾取兰苕仙女的衣衫,从用色看,"粉霞红绶藕丝裙"和"青洲步拾兰苕春"有浓淡相衬之妙。中间这八句还暗含着时间的变换,桂花一般盛开在秋季,而步拾兰苕是在春天。最后两句是一层,对全诗有概括的作用,是说时光流逝,海水生尘,回头看中间八句所描写的神仙世界,一切依旧。这里应该包含作者对天上神仙境界的向往。

全诗不仅想象奇特,用词也很独特,如"耕烟",烟是不可耕的,但神仙世界烟霞缭绕,将耕烟理解为在烟云中耕种,境界就很飘逸。另外,诗中用词也表现出对"香味"和"色泽"的偏好,如写到桂花、兰草,写衣着的鲜艳和器物的贵重。

问题与思考

一、仔细体会李贺诗中的奇幻色彩与丰富大胆的想象力。
二、分析诗中如何运用神话典故表现飘逸神奇的想象世界。

拓展阅读

叶葱奇注疏:《李贺诗集》,人民文学社出版社1980年版。

赠　别

杜　牧

多情却似总无情,唯觉樽前笑不成。
蜡烛有心还惜别,替人垂泪①到天明。
（选自彭定求等编《全唐诗》,中华书局1960年版）

阅读提示

　　杜牧(803—853),字牧之,排行十三,京兆万年(今陕西西安)人。大和二年(828)登进士第,又中贤良方正直言极谏科,解褐弘文馆校书郎。后在江西、淮南等地做使府幕僚。大中二年(848)任司勋员外郎、史馆修撰,四年(850)为湖州刺史,次年为考功郎中、知制诰。六年(852)迁中书舍人。受祖父杜佑影响,喜论政谈兵。文学成就颇高,诗、赋、古文均擅。推崇李、杜、韩、柳,五言古诗融抒情、叙事、议论一体,笔力矫健;七言律、绝于拗折峭健之中,时见风华流美之致。陈振孙《直斋书录解题》云:"牧才高,俊迈不羁,其诗豪而艳,有气概,非晚唐人所能及也。"代表作有《泊秦淮》《山行》《过华清池》,清冯集梧有《樊川诗集注》。
　　这是一首赠别之作,表达作者惜别之情。"多情",分别时有很多的话要说,有很多的情要抒发,但在分别时却无话可说,或者说难以言表,所以说"却似总无情"。"樽",盛酒器,即酒杯。别时饮酒相送,这是古人的习惯,饮酒时总要说一些安慰的话,不要为离别伤感。但分别毕竟是痛苦的事,何况是两位相爱相恋的人,就是想做出样子来安慰对方,也无法装出欢笑,"笑不成"正是因为"多情","无情"时藏着更大的悲痛情感。此诗在写作上有一点

---

①　垂泪:指蜡烛燃烧时溢出的油脂,犹如人流下的眼泪。

值得注意,运用了拟人化的手法,这就是后面两句精妙之处。上面说"多情却是总无情",这里说"蜡烛有心还惜别",其实蜡烛哪里会"有心",是多情人去看蜡烛,蜡烛溢出的油脂正像人在流泪,这里写在表达情感上更深一层,无情之物尚且知道惜别之情的酸楚,更何况两位"多情"的人。"替人垂泪到天明",一方面说明蜡烛垂泪的因由,一方面也说明相别的人饮酒惜别的时间很久。

问题与思考

一、分析本诗拟人化手法。

二、背诵这首诗。

拓展阅读

朱碧莲选注:《杜牧选集》,上海古籍出版社 1995 年版。

无 题

李商隐

来是空言去绝踪①,月斜楼上五更钟。
梦为远别啼难唤②,书被催成墨未浓③。
蜡照半笼金翡翠④,麝熏微度绣芙蓉⑤。
刘郎已恨蓬山远⑥,更隔蓬山一万重。

(选自彭定求等编《全唐诗》,中华书局1960年版)

阅读提示

　　李商隐(813—858),字义山,行十六,号玉溪生,又号樊南生。原籍怀州河内(今河南泌阳县),自其祖辈起,移居郑州荥阳(今河南荥阳)。郡望陇西成纪(今甘肃秦安)。李商隐9岁丧父,随母还乡,过着清贫的生活。跟随堂叔学习经书和文章,"五岁诵经书,七岁弄笔砚",16岁便著有《才论》《圣论》,以古文而知名。弱冠,以文章拜谒令狐楚,楚很欣赏李商隐的文才,授其骈体章奏法,让他与其子令狐绹等交游,并资助他上长安应考。大和三年

---

① 空言:没有兑现的诺言。去:离开。
② 啼:悲啼,悲伤地啼叫。难唤:难以呼唤出声音。
③ 墨未浓:墨汁没有被磨浓。
④ 蜡照:烛光。半笼:半罩着、半盖着。金翡翠:有着用金线绣成翡翠鸟图案的帏帐。帏帐上部分为烛光所照不住,故言"半笼"。
⑤ 麝熏:麝香的气味。麝香,一种香料,由雄性麝鹿香腺的分泌物制成。古代富贵人家常用来熏被帐衣物。度:透过。绣芙蓉:绣有芙蓉花图案的床褥。
⑥ 刘郎:指刘晨。传说东汉永平年间,剡县人刘晨、阮肇一起进入天台山取谷皮,迷路。遇到两位美丽的仙女,并在此居住半年之久。当二人返回家乡时,发现子孙已经七世。后二人重返天台山,却再未见到仙女。事见刘义庆《幽明录》。后人常用"刘郎"指代痴情的男子,这里指抒情主人公。蓬山:即蓬莱山,神话传说中的海外仙山。这里指仙女住处。

(829)令狐楚为天平军节度使,李商隐入幕为巡官,后楚转为河东节度,李商隐跟随至太原。开成二年(837)又赴科场,令狐绹极力推荐,李商隐得中进士。李商隐后半生大致是在幕府中度过的,享年不足50岁。

李商隐一生仕途坎坷,但创作颇丰,诗与杜牧齐名,人称"小李杜"。其诗精于用典,色彩瑰丽,寄托深远。《无题》诗(李商隐有一些诗以"无题"为名,也有一些诗以开头二字为名,这类诗被称为"无题诗",其特点是诗意比较含蓄)深情绵邈,辞藻幽美,然诗旨隐晦曲折,有人认为是政治寄寓诗,但更多的认为是爱情诗。李商隐在诗体上善用七律,王安石在《蔡宽夫诗话》中高度赞扬"唐人知学老杜而得其藩篱者,唯义山一人而已"。李商隐诗歌代表作品为《无题》、《锦瑟》、《夜雨寄北》等。现存下来的李商隐诗歌约有六百多首,《全唐诗》编为三卷。后人笺注有清人冯浩《玉溪生诗集笺注》,今人刘学锴、余恕诚《李商隐诗歌集解》和叶葱奇《李商隐诗集疏注》等。

这首七律诗,以男女相思爱情为主题,抓住"梦为远别"这条感情线索,描述了一位痴情男子对阻隔重重的情人的无限相思之苦。

首句写抒情主人公"梦"的起因。起句"来是空言去绝踪"突兀而起,恨情人在相见时誓言情深,而分别后却杳无音信的"无情",相思之苦日夜萦绕着焦急等待的心灵。日有所思,夜有所梦,在梦中再次见到情人,猛然醒来却发现空寂的房间之中仍然是孤独的自己,难以再次入眠,于是披衣而起,遥望夜空,只有幽幽的月光寂寞地斜洒在空旷的楼阁上,伴随着远处传来的清寂的钟声,在寂静的夜里更让人感到孤寂。首联处处透着"空"与"寂",为全诗奠定了孤寂与惆怅的感情基调。

颔联忆"梦"中之景。因远别而梦,而梦中仍然是远别,现实与梦幻中的重重阻隔让主人公不禁悲从中来,梦中的悲啼让人哽咽得无法大声地哭出声来。主人公面对明月,联想刚才梦中的情景,对情人的思念之情更加强烈,于是毅然返回房间,奋笔疾书,写下了对情人的思念之情。写完之后才发现所用的墨汁并未被磨浓,这一细节生动地体现了主人公思念之急切。

颈联描写了房中之景。主人公写完书信之后,环顾房间,梦境与现实交换着,似梦非梦,亦幻亦真。朦胧的烛光半照着用金线绣有翡翠鸟图案的帏帐,麝香味迷漫在绣有芙蓉花的床褥上,一切是那么温馨,仿佛刚才梦中和情人相会的情景。这一联虚实交替,梦境与实境难以区分,实亦梦,梦亦实,真切地体现了主人公梦醒之后因思念之苦而出现的神思恍惚之感。

尾联以典寄意。主人公以重入天台山寻仙侣不遇的刘晨自喻,刘晨与仙女的爱情只隔着一重蓬山,而主人公与情人却隔着千万重"蓬山",点出爱情受重重阻隔的痛苦与无奈。到此,诗的主旨豁然开朗。

全诗结构布局精巧,诗人没有按照远别、思念、入梦、梦醒、书成的顺序来写,而是采用倒叙、插叙的叙述手法,由梦醒后的惆怅写起,然后插叙梦中之景,梦幻与现实虚实相交替,给全诗笼罩上了一层梦幻迷离的氛围,集中体现了李商隐诗歌含蓄朦胧的特色。

这首七律诗辞藻华丽,色彩鲜明,对仗工整。颔联和颈联属于严格的对仗。末联用典恰当,以刘晨因蓬山远阻而寻仙侣不遇的故事比喻自己与情人无法重逢的相思之苦。诗中意象鲜明,"月"代表着相思,"翡翠"、"芙蓉"暗含男女相悦。全诗意境幽美缥缈,与抒情主人公梦幻迷离的思念相吻合。总之,这首诗无论在艺术上还是内容上都给读者以美的享受。

问题与思考

一、男女相思是古来爱情诗的常见题材。这首诗在表现这种常见题材时,有哪些独创?(采用传统的爱情题材,但不是写女子对男子的思念之情,而是写一位痴情男子对远别后杳无音信的情人的相思之情。以"梦为远别"这条感情线索来组织全篇。梦境与现实交替出现,反衬现实中的远别思念之苦。)

二、这首诗如何运用七律的形式来精巧构思,抒发情感?(七律辞藻华丽,对仗工整,用典恰当。以"梦为远别"这条线索组织全篇。首联倒叙写梦醒后的惆怅,其中首句点明时间是在二人分别后;颔联插叙梦中情景,然后转入现实中的写书信、环顾房间和抒发不得相见的感叹。虚实转换,梦境与现实交替:首联由梦醒进入现实;颔联写现实中对梦境的回忆,然后又转入现实中写书信;颈联两句抓住现实与梦境之中环境的相似之处,梦境与现实交替出现。)

三、分析本诗细节描写及用典的艺术。(以细节突出抒情主人公的思念之切,如"书被催成墨未浓"。使用富有代表性的意象来渲染男女思念之情,如"月"、"翡翠"和"芙蓉"等。恰当用典,以刘晨寻仙侣不遇之事喻抒情主人公与情人之间难以相见的相思之苦。全诗以"梦为远别"为感情线索来布局谋篇,中心突出。)

拓展阅读

刘学锴、余恕诚编:《李商隐诗歌集解》,中华书局1988年版。

八声甘州

柳　永

对潇潇①暮雨洒江天,一番洗清秋。渐霜风凄紧②,关河③冷落,残照当楼。是处红衰翠减④,苒苒物华休⑤,惟有长江水,无语东流。　　不忍登高临远,望故乡渺邈⑥,归思⑦难收。叹年来踪迹,何事苦淹留⑧?想佳人、妆楼颙望⑨,误几回、天际识归舟⑩?争知⑪我、倚阑干处,正恁凝愁⑫!

（选自唐圭璋编《全宋词》,中华书局1965年版）

阅读提示

柳永,字耆卿,原名三变,又字景庄,崇安(今福建崇安)人,生卒年不详。宋仁宗景祐元年(1034)进士,官至屯田员外郎,世称柳屯田。因排行第七,

---

① 潇潇:雨势急骤的样子,也写作"萧萧",义同。
② 霜风凄紧:秋风凄厉强劲。
③ 关河:关山河流。
④ "是处"句:到处花叶凋零。是处:处处。红:指花。翠:指叶。李商隐《赠荷花》:"此花此叶常相映,翠减红衰愁煞人。"
⑤ "苒苒"句:意思说景物渐渐衰残。苒苒(rǎn):渐渐,或作"荏苒",形容时光消逝。物华:美好景物。休:完了。
⑥ 渺邈(miǎo):空茫遥远的样子。
⑦ 归思:想回故乡的情绪。
⑧ 淹留:久留他乡。
⑨ 颙(yóng)望:翘首凝望。
⑩ "误几回"句:多少次错把从远处驶来的别人的船当作自己丈夫的船只。谢朓《之宣城郡出新林浦向板桥》:"天际识归舟,云中辨江树。"
⑪ 争知:怎知。
⑫ 恁:这样。凝愁:愁结不解,深愁。

又称柳七。柳永大半生潦倒落魄,放纵酒楼妓馆间。其词题材多样,主要写男女相思之情、羁旅行役之愁,部分作品则描画歌妓生活、都市风情,拓展了词的表现内容。柳永通晓音律,对词体形式的最大贡献是发展和完善了慢词的体制,采用铺叙的艺术手法扩展了词的叙事容量。柳词有相当部分是雅俗兼备的,但主要风格是俚俗。他是文人词中的通俗派代表,作品流传很广,有"凡有井水处,即能歌柳词"之说。代表作有《雨霖铃》、《八声甘州》等。有《乐章集》存世。

本词是柳永名作,与《雨霖铃》堪称柳永羁旅行役词中的双璧。柳永善用层层铺叙的表现手法,北宋李之仪以为"(词)至耆卿,始铺叙展衍,备足无余"(《跋吴思道小词》)。本词正体现了这一特色。

上片写秋景,铺叙具体入微,融情于景,在萧条冷落中寄托着游子天涯落魄的失意和哀伤。起首两句,用"对"字带出一种登临纵目、遥望天涯的开阔境界。以下三句以"渐"字领起,写登高所见的暮秋雨后景色,气势沉雄,兴象高远。连一向对柳词颇有微词的苏轼也认为这三句"不减唐人高处"(见赵令畤《侯鲭录》卷七)。"是处"两句写草木在秋风、秋雨中渐渐衰败的景象,也是登楼人蹉跎易老的写照。紧接两句更是以"无语东流"而又永恒不变的长江水反衬出人生的短暂,具有深刻的哲理性。

下片抒秋情,思乡和怀人融为一体。换头以"不忍"两字承上启下,翻出一层新意,"登高"与上片"残照当楼"相呼应,章法波澜曲折。"叹年来"两句以自问式提起,语极深婉沉痛,表达了自己游宦成羁旅的难言之苦。"想佳人"两句,实乃词人想象中的虚景,由自己思念深切而想到对方也在盼望着自己回去,是更进一层的笔法。结尾两句又由对方想到自己,担心对方不知道自己此时倚栏思归之愁。"想"字所领四句,先由己推度于彼,再由彼回想及己,借想象拓展诗境,感情蕴藉曲折,笔势回环往复,诚所谓"达难达之情"了。故《艺蘅馆词选》引梁启超评此词曰:"飞卿词'照花前后镜,花面交相映'。此词境颇似之。"

全篇以登楼为点,长江为线,两点一线,展开情思:词人在残照当楼的倚阑干处,面对长江,思绪万千;佳人则在妆楼怅望江上归舟。全词以明写"江天"开始,至暗写"江天"结束。夏敬观称柳永"雅词用六朝小品文赋作法,层层铺叙,情景兼容,一笔到底,始终不懈"(《手评乐章集》),可谓的评。

问题与思考

一、简要说明柳永词在词史上的地位。

二、分析本词铺叙的写作方法。

三、背诵这首词,体会宋词特有的音乐感。

拓展阅读

柳永著、薛瑞生校注:《乐章集校注》,中华书局1994年版。

临江仙

晏几道

梦后楼台高锁,酒醒帘幕低垂。去年春恨却来时①。落花人独立,微雨燕双飞②。　　记得小苹③初见,两重心字罗衣④。琵琶弦上说相思⑤。当时明月在,曾照彩云⑥归。

(选自唐圭璋编《全宋词》,中华书局 1965 年版)

阅读提示

晏几道(约 1038—1110),字叔原,号小山,抚州临川(今属江西)人。宰相晏殊的幼子。黄庭坚在《小山词序》中说他有四痴:"仕宦连蹇而不能一傍贵人之门,是一痴也;论文自有体而不肯一作新进士语,此又一痴也;费资千百万,家人寒饥而面有孺子之色,此又一痴也;人百负之而不恨,已信人终不

---

① 却来:又来。和李商隐《夜雨寄北》中"却话巴山夜雨时"中的"却"字同。恨:指怅惘、愁恨。整句意思是说:去年的离愁别恨又涌上了心头。
② "落花"二句:翁宏《春残》诗:"又是春残也,如何出翠帷?落花人独立,微雨燕双飞。"(见《全唐诗》卷七六二)燕双飞:用以反衬人的孤独。
③ 小苹:"苹"一作"蘋",晏几道《小山词跋》云:"始时沈十二廉叔、陈十君宠家有莲、鸿、苹、云,品清讴娱客。每得一解,即以草授诸儿,吾三人持酒听之,为一笑乐。已而君宠疾废卧家,廉叔下世,昔之狂篇醉句,遂与两家歌儿酒使俱流转人间。"作者所思的女子"小苹"即为跋中所提歌女之一。
④ 两重心字:指衣服上绣有两个心字中间共享一"丶"的图案。罗衣:轻软丝织品织成的衣服。欧阳修《好女儿令》:"一身绣出,两重心字,浅浅金黄。"
⑤ "琵琶"句:写初见小苹,她心中爱慕词人却羞于表达,只能借琵琶缠绵的乐声倾诉相思之情。弹者脉脉含情,听者知音沉醉,与白居易《琵琶行》"低眉信手续续弹,说尽心中无限事"同意。
⑥ 彩云:喻指小苹,李白《宫中行乐词》:"只愁歌舞散,化作彩云飞。"白居易《简简吟》:"大都好物不坚牢,彩云易散琉璃脆。"彩云,借以指美丽而薄命的女子,亦隐含"彩云易散",美好的恋情容易消逝之意。

疑其欺己,此又一痴也。"可见他生性孤傲,不肯依附权贵而又执著痴情。他一生落拓不得志,宋神宗熙宁七年(1074),因诗句被牵连下狱。元丰五年(1082)监颍昌许田镇,晚年甚至衣食不济。他的词作多用情景互衬的手法,常借梦境抒情,或追忆曾经拥有的爱情与欢乐,或表现对刻骨铭心的纯粹爱情的追求,艳而不俗、浅处皆深,具有深婉沉着的风格。《临江仙·梦后楼台高锁》、《鹧鸪天·彩袖殷勤捧玉钟》等是脍炙人口的名篇。前人对《小山词》的评价甚高。冯煦在《宋六十一家词选例言》中说:"淮海、小山,古之伤心人也。其淡语皆有味,浅语皆有致,求之两宋,实罕其匹。"陈振孙《直斋书录解题》认为晏几道的词"追逼《花间》,高处或过之"。

  本词是感旧怀人的名篇,也是晏几道的代表作。它运用情景互衬的手法,语淡情深,含蓄蕴藉,把词人苦恋之情、孤寂之感淋漓尽致表现出来,也抒发了人世无常、欢娱难再的淡淡哀愁。

  上片写今日的思念之情,前两句以六言对起,互文见义。"酒醒"之际亦即"梦后"之时。"楼台高锁"是从外面看,"帘幕低垂"是就里面说,是同一个地方的互文。作者《踏莎行》词云:"从来往事都如梦,伤心最是醉归时。"企图借醉梦逃避现实痛苦的人,最怕的是梦残酒醒,这两句道破这一普遍的心理体验,描画人去楼空、音尘都绝的环境,意境浑融,也刻画出借酒浇愁愁更愁的主人公孤独空虚的心情,让人联想到词人已经经历过无数寂寥凄凉之夜。"去年"句承上启下,点明词人惆怅神伤的原因。"去年""却来"表明春恨困扰词人已久,但词人并非一任感情宣泄到底,而是含蓄婉转地转入写景,使得情感越发荡气回肠,词风更加深婉沉着。"落花"两句借景抒情,情景交融,状目前之景,无限凄婉见乎言表。"落花"和"微雨"本是春天清丽的景致,在词中却象征芳春过尽,伊人已去;"燕双飞"反衬愁人独立,以乐景写哀景,倍增其哀。十字无一提到情、愁二字,可是情自无限,愁又不尽。

  下片补叙初见歌女的情景,"记得"一句是全词的关键,点明词作的主旨乃是思旧怀人,而且明确指出所怀念的对象。"记得"在时间上呼应了"去年","初见"是比"去年"更为遥远的记忆,但"两重心字罗衣"却深深印在词人的脑海中。正因为有如此清晰美好的记忆,词人才会那么深切的追忆,正是因为追忆总是让词人溺而难返,"初见"时的情景才那么历历在目并且永志于心。"两重"与"琵琶"二句语淡情深,不但刻画了天真可爱、楚楚动人、多才多艺的歌女形象,还生动细腻地传达了两情相悦的情愫,词人对歌女的深厚感情也委屈婉转地散发出来。"当时"句是一个典型的镜头,当时歌女在皎洁的明月下如彩云般飘然归去,如今明月依然,伊人安在? 全词至此以虚笔作结，情深意厚，无限感喟，耐人寻味。

  整首词艳而不俗，浅处皆深，为我们展示了一个纯粹审美的爱情世界。在淡淡的忧愁中，我们又能够体会到词人失意苦闷的身世之感。陈廷焯《白雨斋词话》评此词曰："既闲婉，又沉着，当时更无敌手。"可谓的评。

问题与思考

  一、联系本词，谈谈你对冯煦"淡语皆有味，浅语皆有致"的评语的体会。

  二、中国古代诗词中常有某些意象被反复使用，在民族审美欣赏心理中积淀下来，读者接触这些意象容易产生感悟与共鸣。分析本词一些常见意象如何翻新，注入作者的情思。

  三、分析本词结句"当时明月在，曾照彩云归"所表达的情感和艺术作用。

拓展阅读

沈祖棻：《宋词赏析》，陕西师范大学出版社2005年版。

定风波

苏　轼

（三月七日①，沙湖②道中遇雨。雨具先去，同行皆狼狈③，余独不觉④，已而遂晴，故作此。）

莫听穿林打叶⑤声，何妨吟啸⑥且徐行。竹杖芒鞋轻胜马⑦，谁怕？一蓑烟雨任平生⑧。　　料峭⑨春风吹酒醒，微冷，山头斜照却相迎。回首向来萧瑟处，归去，也无风雨也无晴⑩。

（选自唐圭璋编《全宋词》，中华书局1965年版）

---

① 三月七日：宋神宗元丰五年(1082)的三月七日。
② 沙湖：黄州附近的一个地名，在今湖北黄冈东南三十里处。《东坡志林》卷一《游沙湖》说："黄州东南三十里为沙湖，亦曰螺师店。"那里有作者所买的农田。
③ 狼狈：进退为难，不知所措。
④ 不觉：不在意，不放在心上。
⑤ 穿林打叶：雨点打在林梢树叶之上，表现了风雨之猛。双关政治上的风雨。
⑥ 吟啸：吟咏、长啸。表示怡然自得，泰然自若。《晋书·阮籍传》："登山临水，吟啸自若。"
⑦ "竹杖"句：芒鞋，草鞋。脚踏草鞋，手拄竹杖步行，却感觉比骑马还要轻快。这种感觉表现了词人虽饱经风雨磨难却处之泰然，仍保持着一种悠然的心境。
⑧ "一蓑"句：蓑，草编的雨衣。烟雨：喻指社会政治的风雨迷雾。整句表作者面对生活中的风雨，一直是泰然处之的。任：担荷，负载。
⑨ 料峭：形容微寒，多指春寒。
⑩ "回首"三句：回想刚才风雨交加的情形，现在已是雨过天晴了。一切变幻得如此之快，风雨也好，晴天也罢，现在一切都显得无所谓了。这是作者经历种种政治风雨后的一种心理体验，是达观自适心境和不随物悲喜思想的形象表白。作者《独觉》诗也有"回首向来萧瑟处，也无风雨也无晴"之句，足见作者这种以平静之心对待人生挫折的达观态度已扎根于内心了。向来：刚才。萧瑟：风雨吹打树林的声音。

阅读提示

苏轼(1037—1101),字子瞻,号东坡居士,眉州眉山(今四川眉山市)人。宋仁宗嘉祐二年(1057)进士,历任大理评事、凤翔府签判等。他一生坎坷,多次被贬官放逐。他在宋神宗时曾受重用,然因新旧党争,屡遭贬抑,出任杭州、密州、徐州、湖州等地方官;又因作诗"讪谤朝政",被人诬陷入狱。出狱后被贬黄州。此后几经起落,再贬惠州、琼州,一直远放到儋州(今海南儋县)。从此随缘自适,过着读书作画的晚年生活。徽宗即位遇赦北还,次年卒于常州,谥文忠。苏轼诗、文、书、画俱成大家,是唐宋八大家之一。与父苏洵、弟苏辙合称"三苏",堪称北宋中期的文坛领袖。其词开豪放一派,描写了波澜壮阔的人生境界,冲破了晚唐五代以来词为"艳科"的藩篱。与辛弃疾并称"苏辛"。苏轼词作或怀古咏物、说理谈禅,或言志怀人、抒情叙事,囊括了丰富的社会、人生内容,扩大了词的表现领域。代表作有《水调歌头》(明月几时有)、《念奴娇》(大江东去)、《江城子》(十年生死)等。有《东坡七集》、《东坡乐府》。

《定风波》是苏轼谪居黄州时期的一篇名作,最能表现他潇洒旷达的精神气度和不随物悲喜的人生态度。1079年,苏轼因"乌台诗案"(乌台,指御史台。御史台有人摘引苏轼诗句,说他非议新法,讪谤朝政,并将苏轼投入狱中)陷狱,几致丧命,后被贬为黄州团练副使。刚至贬所,苏轼尚不能完全做到宠辱皆忘,对仕途的失望和对未来的迷惘悲观在词句中时有出现,如在《西江月》中便有"世事一场大梦,人生几度秋凉"的喟叹。《定风波》作于作者被贬的第三年,苦难后的思考升华了其精神境界,从而使他获得了一种澄明通达的人生观。小序记苏轼与朋友于途中遇雨,友人皆因雨而进退两难,作者独泰然自若,这一对比已可见苏轼不为外界风云所扰、处变不惊的精神风范。途中遇雨本是生活中极平常的小事,苏轼将深邃的人生哲理寓于平常生活小景描写之中,弦外之音,令人回味无尽。

词的上片写词人冒雨徐行的淡定自若。首句即刻画了突然到来的不利环境,一个"打"字,表现了风雨的大和急。面对这样一场预料不到的暴雨袭击,作者用"莫听"二字表现了他的泰然。词人对待自然风雨的态度正是他对待人生路上种种坎坷磨难的豁达态度的折射,政治上的狂风暴雨他都已经历过了,自然的风雨又算得了什么。"何妨吟啸且徐行",是前句的延伸,作者的怡然自得与友人的狼狈构成了鲜明的对比。"何妨"一句,俏皮中透露出豁达风神。接下来"竹杖芒鞋轻胜马"一句则向读者描绘了作者脚踏草鞋、手挂竹杖的闲人形象。在古代,"竹杖芒鞋"是平民所用,而马一般是达官贵人的坐骑,这就包含了两种生活方式的比较。一个"胜"字表明了作者的态度:竹杖芒鞋的平民生活更使人轻松自在。"谁怕"道出了东坡的不畏权贵。"一蓑"句,由一时之遇雨扩展到终生。烟雨弥漫,冒着漫天风雨,漫步在崎岖的旅途上,在烟雨之中有一蓑衣就可以担荷起一生了。这是上片的总结和深化。至此,一个在人生道路上履险如夷、心境恬淡的词人形象便栩栩如生地呈现在我们面前。

下片着重写雨后景物和感悟。"料峭春风吹酒醒,微冷,山头斜照却相迎",风雨和春寒虽然袭击着作者等一行人,但风雨之后便是阳光,微冷的春风恰能将人从酒醉中唤醒,同样体现了词人的豁达乐观的态度,与上片相呼应。"回首"三句再一次表现了作者在困境中泰然自若的心情。"谁怕?"以反问句出之,干脆有力,表示词人自己已历尽人生中的种种痛苦,没有什么可以吓倒他了。历经荣辱的作者由自然的风雨想到了人生和官场,人生风雨和政治的风雨也常是突如其来的,对他来说,只要拥有一种良好的心态,是风雨春寒还是阳光温暖都无所谓了;同理,人生道路上的忧患和喜悦,官场上的得意和失意又何必太在意?

整首词以小见大,从叙事到抒怀,作者对于人生的感悟以及其豁达的胸襟和个性,都通过途中遇雨这件生活小事被表现得淋漓尽致。

问题与思考

一、简单分析《定风波》中词人的自我形象。(不惧风雨、不畏挫折、乐观豁达的大丈夫。脚踏草鞋、手挂竹杖的闲人形象。)

二、《定风波》中表达了词人一种怎样的人生态度?(遭受挫折后,超然物外的旷达。坚持对人生、美好事物的追求。)

三、简要地分析"莫听穿林打叶声,何妨吟啸且徐行"的含义。(表层含义:不用去理会那猛烈的风雨,就算雨点能穿过密林,把树叶打得啪啪作响又如何呢?这丝毫不会影响我吟咏长啸,信步前行时的那份悠然自得。深层含义:这折射出了词人对人生道路上的坎坷磨难泰然处之的豁达态度。)

拓展阅读

一、陈迩东选注:《苏轼词选》,人民文学出版社1986年版。

二、薛瑞生笺证:《东坡词编年笺证》,三秦出版社1998年版。

武陵春

李清照

风住尘香①花已尽,日晚倦梳头。物是人非事事休,欲语泪先流。　闻说双溪②春尚好,也拟泛轻舟。只恐双溪舴艋舟③,载不动、许多愁。

（选自唐圭璋编《全宋词》,中华书局1965年版）

阅读提示

李清照(1084—1151),号易安居士,济南(今属山东)人。生于宋神宗元丰七年,为当时著名学者李格非之女。幼有才藻,18岁嫁给金石家赵明诚,夫妇感情甚笃。早期生活优裕,金兵攻宋后流寓南方。其后,赵明诚病故,她颠沛流离于江浙皖赣一带,在孤寂中度过晚年。李清照工诗能文,尤长于词。其词以南渡为界,前期多写闺情相思,反映对大自然的热爱和对爱情的追求,词风明快妍丽。后期融入家国之恨与身世之感,多描写国破家亡的乱离生活,哀痛入骨,词风凄凉。其词艺术技巧甚高,力求创新;语言清丽雅洁,每能创意出奇,以经过提炼的口语表达其独特真切的感受,形成辛弃疾所称道的"易安体"。她是宋代婉约词派的重要代表作家。代表作有《声声慢》(寻寻觅觅)、《如梦令》(昨夜雨疏)、《武陵春》(风住尘香)等。后人辑有《漱玉词》。

此词作于宋高宗绍兴五年(1135),李清照正避难金华。其时丈夫已故,家藏的金石文物也散失殆尽,作者孑然一身,在连天烽火中漂泊流寓,历尽

---

① 尘香:落花入泥,尘土粘香。
② 双溪:水名,在今浙江金华市,是永康、东阳二水的交汇处,故名双溪,为当时名胜之地。
③ 舴艋(zé měng)舟:小船,以蚱蜢作喻。

世路崎岖和人生坎坷,因而词情极为悲苦。吴衡照《莲子居词话》卷二曰:"悲深婉笃,犹令人感伉俪之重。"

首句用笔极为细腻,其意不过是说风吹花落,却不从正面着笔,而落墨于"风住"、"花已尽"的结局。作者寓情于景,落花飘零之景正与作者身世暗合。"风住尘香"四字含蓄地表达了其凄然之情。次句写日色已高,而犹"倦"于梳头,从侧面揭示情怀之苦、心绪之乱,笔法略同于其早期词作《凤凰台上忆吹箫》中的"起来慵自梳头",但一为生离之愁,一为死别之恨,巨细深浅均有所不同,作者在遣词上易"慵"为"倦",正显示了二者之间的差别。三、四两句是漱玉词中并不多见的直抒胸臆之笔。之所以一改含蓄风格,都是缘于"物是人非",汹涌澎湃的悲情已漫出心堤,无法遏制,只好任其自由宣泄。"物是人非事事休"一句把南渡后的辛酸囊括其中,概括力极强。景物依旧,人事皆非,欲说无语,百感交集,无从说起,千言万语欲诉无人,唯有借两行酸泪以倾泻心中的哀恸了,以泪代语,尤见凄苦。

下片"闻说"二句宕开一笔,写自己有意泛舟双溪,观赏春光以排遣苦闷,精神似稍振作,词情也峰回路转,体现了词人复杂心灵的变幻和笔触的灵动。但"只恐"二句复又折回,不言自己没有心情前往,反说恐怕小舟载不动满怀的忧愁。"愁"本无形,难以触摸,而今船载不动,则其重可知、其形可想,这就是化虚为实的写作手法。"愁"和"恨"之类,原是抽象无形的情意,为增强其可感性,词人往往采取这种化虚为实的手法。例如,李煜在《虞美人》中以春水来比喻愁之多"问君能有几多愁,恰似一江春水向东流";秦观在《千秋岁》中以海喻愁之深"飞红万点愁如海"等等。但把愁写得有重量的当以李清照为首,她的这一写法对后世词曲有较大的影响,例如石孝友在《木兰花》中效法道:"春愁离恨重于山,不信马儿驮得动。"

问题与思考

一、李清照《武陵春》的写作背景。

二、李清照在《武陵春》中运用了化虚为实的写作手法,试作简要分析。

三、李清照是宋代婉约词派的重要代表作家,其词作被称为"易安体"。认真体味这首词所表现的"婉约"的特征,分析形成这种审美特征的因素。(题材多写国破家亡的乱离生活,融入家国之恨与身世之感,哀痛入骨;词风凄凉;语言清丽雅洁,创意出奇。)

拓展阅读

一、徐培均等编:《李清照及其作品选》,上海古籍出版社 1999 年版。
二、陈祖美评注:《李清照词》,人民文学出版社 2005 年版。

摸鱼儿①

辛弃疾

淳熙己亥②,自湖北漕移湖南③,同官王正之置酒小山亭④,为赋。

更能消、几番风雨⑤,匆匆春又归去。惜春长怕花开早⑥,何况落红⑦无数。春且住,见说道、天涯芳草无归路⑧。怨春不语⑨。算只有、殷勤画檐蛛网,尽日惹飞絮⑩。　　长门事,准拟佳期又误。蛾眉曾有人妒⑪。千金纵买相如赋,脉脉此情谁诉⑫?君莫舞,君

---

① 《摸鱼儿》:一名《摸鱼子》,唐玄宗时教坊曲名,是民间捕鱼时所歌,本意当为捕鱼,后用为词调。
② 淳熙己亥:宋孝宗淳熙六年,即公元1179年。其时辛弃疾40岁。
③ "自湖北"句:由湖北转运副使调任湖南转运副使。漕:指漕司,官职名,宋朝称转运使为漕司。主管一路(路是当时的一种行政区域)的财经赋税并督察该路的官员。移:调动。
④ 王正之,辛弃疾的旧交王正己,字正之。这里因其接替辛的职务而称同官。小山亭:指鄂州湖北转运副使官署(地在今武汉市)内的一个小亭子。
⑤ "更能消"句:说再也经受不了几番风吹雨打了。更:再。消:经得起。
⑥ "惜春"句:花开得早,就会谢得早。花是春的象征,花早谢了,也就意味着春去得早。这是一种心理推想。长:通"常"。
⑦ 落红:落花。
⑧ "春且住"二句:意思说,春啊,请你暂且留下吧!听说一直绵延到天边的芳草已经遮住了春的归路。见说道,即听说,当时的口语。
⑨ "怨春"句:春并不理会"我"的恳求,竟悄悄地溜走了,令人惆怅懊恼。
⑩ "算只有"二句:看来只有屋下的蜘蛛网在整天粘惹飘飞的柳絮,一心想借此挽留住春天。这当然是徒劳的。飞絮,飞扬的柳絮。这是春将尽时所特有的景象。
⑪ "长门事"三句:司马相如《长门赋序》:"孝武皇帝陈皇后,时得幸,颇妒。别在长门宫,愁闷悲思。闻蜀郡成都司马相如,天下工为文,奉黄金百斤,为相如、文君取酒,因于解悲愁之辞,而相如为文以悟主上,陈皇后复得幸。"但是按史传所载,陈皇后贬于长门宫后,并未再得幸。此处作者将二者结合并反用其意,意思是汉武帝本已决定与陈皇后重归于好的,但是由于陈皇后姿色过人而遭人妒忌谗毁,最终还是没有再度得到亲宠。这是辛弃疾以陈皇后的际遇来比喻自身之政治际遇,抒发自己受奸人打击排挤不能被重用的幽愤之情。蛾眉:借指美人,屈原《离骚》有"众女嫉余之蛾眉兮,谣诼谓予以善淫"之句,此处化用其意。曾:语气副词,竟然。
⑫ "千金"两句:意思更进一层,言陈皇后即使有司马相如的赋,也是无济于事的。暗喻作者的满腔衷情无人可诉。纵:即使,纵然。脉脉:含情的样子。

不见、玉环飞燕皆尘土①。闲愁②最苦!休去倚危栏,斜阳正在,烟柳断肠处③!

(选自唐圭璋编《全宋词》,中华书局1965年版)

阅读提示

辛弃疾(1140—1207),字幼安,号稼轩,历城(今山东济南)人。出生于金沦陷区,21岁参加抗金义军,不久率众归南宋。曾任江阴签判、建康通判等职。在任期间,多方设法招集流亡,训练军队,奖励耕战,打击贪污豪强,注意安抚民生,并上《美芹十论》、《九议》等奏疏,详细分析当时的政治军事形势,驳斥主和派,坚决主张抗金,但未被朝廷采纳,反遭主和派的打击。淳熙八年(1181)被弹劾离职,闲居江西上饶一带。淳熙十四年(1187),起任福建提点刑狱,数年后再度离职。嘉泰三年(1203),复起知绍兴府兼浙东安抚使。开禧三年(1207)卒,终年68。辛弃疾善诗文,尤以词名世,是豪放派的杰出代表。其词题材广泛,表现手法丰富,善于以诗、以文为词,突破诗、词、文的界限,喜用典故,艺术风格多样,而以豪放为主,向来被人称为"英雄之词"。代表作有《青玉案》(东风夜放)、《摸鱼儿》(更能消几番风雨)等。有《稼轩词》(一作《稼轩长短句》)。

本词表面上写伤春及男女情事,实际上表达作者对国势衰微的忧虑及政治上屡受排挤、壮志难酬的悲愤,寄托遥深。

上片惜春,伤风雨之无情;下片咏怀,哀时局之可悯。身世之悲与伤时忧国之情,蕴积其中。

上片写暮春景致。以一问句"更能消几番风雨"发端,惜春之情喷薄而出,继而百转千回,层层深入。"惜春长怕花开早",将作者曲折深隐的心情表达得细腻妥帖,花开得早就谢得早,春天也就归去得早,故用"长怕"二字。花犹未开即"未雨绸缪",百般怜惜的词人如今面对满地落红,情何以堪!词人无计挽留,无奈之下,竟以天涯芳草丛生,遮断归路为由,一片深情缱绻。

---

① "君莫舞"二句:玉环:杨玉环,唐玄宗之宠妃杨贵妃。安史之乱爆发后,玄宗仓惶幸蜀,途中发生兵变,杨被赐缢死于马嵬坡。飞燕:赵飞燕,汉成帝宠幸的皇后,成帝死后,被废为庶人,自杀而终。杨、赵都是好妒之人,且均以善舞而博取皇帝的欢心。此处是用玉环、飞燕比喻谗佞小人。

② 闲愁:无端无谓的忧愁。此处用反讽,实指对国家民族的大忧大愁。

③ "休去"三句:大意说,千万不要去靠在高栏上放眼远望,因为这样一望,就必然会看到,落日的余晖正照着如烟的柳丛,令人伤心肠断。危:高。

然而春归已成定局,辜负词人厚意,不免由怜生怨。惜春、留春、怨春的愁绪直泻而下。

下片以男女之事喻君臣遇合,情辞愤切,指斥颇露锋芒。

象征、暗喻是本词的一大特点。上片对春光逝去的无尽伤心,实是自己壮志未酬而时不淹留的满腔愤懑。下片以陈皇后自比,而以玉环、飞燕指逸佞小人,感伤自己屡遭逸毁的际遇,并警告小人终不会有好下场。最后以斜阳烟柳象征国势萎靡不振,日渐衰微。沈际飞曰:"稼轩中年被劾,凡十六章,自况凄楚。结拍'斜阳烟柳'之句,隐指时局日危,寓意尤深。"

辛词善用典,方式多样,达意妥帖。本词用事典如陈阿娇蛾眉见妒事,暗指自己受小人打击排挤,英雄无用武之地。又如"准拟佳期又误",脱胎于《离骚》中的"初既与余成言兮,后悔遁而有他";"蛾眉曾有人妒"亦变化自《离骚》"众女嫉予之蛾眉兮"。

辛弃疾南归之后,逸毁不断,屡遭排挤。这次移官湖南,虽未明言其因,当亦与此有关。其同年所作《论盗贼札子》中亦有言:"生平刚拙自信,年来不为众人所容,恐言未脱口而祸不旋踵",可见长门数句确有事实依据。罗大经《鹤林玉露》卷四说宋孝宗"见此词,颇不悦",大约看出其中讽及国事的内涵。

总之,此词字面上春愁宫怨,骨子里忧国忧时,摧刚为柔,沉郁顿挫。夏承焘先生曾以"肝肠似火,色貌如花"八字赞誉此词,推为词中极品。

问题与思考

一、分析《摸鱼儿》的隐喻和用典。

二、夏承焘先生曾以"肝肠似火,色貌如花"八字赞誉此词。结合你的阅读感受,谈谈你对这一评价的理解。

三、背诵这首词。

拓展阅读

一、吴熊和:《唐宋词通论》,浙江古籍出版社1985年版。

二、刘乃昌、朱德才选注:《宋词选》,人民文学出版社2003年版。

【中吕】卖花声①(怀古二首)

张可久

其一

阿房舞殿翻罗袖②,金谷名园起玉楼③,隋堤古柳缆龙舟④。不堪回首,东风还又,野花开暮春时候。

其二

美人自刎乌江岸⑤,战火曾烧赤壁山⑥,将军空老玉门关⑦。伤心秦汉,生民⑧涂炭,读书人一声长叹!

(选自任中敏等选编《元曲三百首注评》,凤凰出版社 2005 年版)

阅读提示

张可久,生卒年不详,约活动于 1280 年至 1348 年,字小山,庆元(今属

---

① 中吕:宫曲调。卖花声:又名升平乐、秋云冷,曲牌名。
② 阿房舞殿翻罗袖:指秦始皇在骊山建造阿房宫以享乐。阿房(ē páng)宫:秦代著名宫殿。
③ 金谷名园起玉楼:指西晋官僚豪富石崇在金谷涧建筑园馆以行乐。金谷名园:晋代豪富石崇的别业,《晋书》卷三三《石崇传》:"崇有别馆在河阳之金谷,名梓泽。"
④ 隋堤古柳缆龙舟:指隋炀帝筑堤植柳,修大运河下扬州游乐。隋堤:指隋炀帝时沿通济渠、邗沟河岸修筑的御道。
⑤ 美人自刎乌江岸:项羽被困垓下,作歌别姬,姬自刎而死,项羽亦在乌江渡自刎。见《史记·项羽本纪》。美人:指虞姬。乌江:今安徽和县以东。
⑥ 战火曾烧赤壁山:指三国时的赤壁之战。公元 208 年,曹操率军南下,诸葛亮说服孙权联合抗曹,以周瑜为统帅,在赤壁(今湖北省境内)用火攻大败曹兵。见《三国志·吴书·周瑜传》。
⑦ 将军空老玉门关:班超白白在玉门关外耗尽生命。将军:指东汉名将班超,他被任命为西域都护,封为定远侯。在西域生活了三十一年,晚年思念家乡,上疏请求回去,有"臣不敢望到酒泉郡,但愿生入玉门关"的话,"空老玉门关"即指此。玉门关:今甘肃敦煌县西,为通西域要道。见《后汉书·班超传》。
⑧ 生民:指老百姓。

浙江)人。他终生仕途不得意,只做过路吏、典史、幕僚、监税等小官,足迹遍及江、浙、皖、闽、湘、赣等地,一生奔波,晚年久居杭州西湖,以山水声色自娱。他毕生致力于散曲创作,是元代后期最负盛名的散曲家之一。今存散曲,据隋树森《全元散曲》所辑,小令共八百五十五首,套数九套,是作品传世数量最多的元代散曲作家。他的作品多描绘山水以及怀古抒怀,其中也不乏忧国忧民的抒怀之作,风格清丽典雅,华而不艳,对后世影响颇大。有《今乐府》、《苏堤渔唱》、《吴盐》等,可惜近多不传。后人有辑本,诸如《小山乐府》六卷等。

词体的创作衰落下来后,继之而起的一种诗体就是元代的散曲。"散曲"是和"剧曲"相对存在的。剧曲是用于表演的剧本,写各种角色的唱词、道白、动作等;散曲则只是用作清唱的歌词。从形式上看,散曲和词很相近;不过在语言上,词要典雅含蓄,而散曲要通俗活泼;在格律上,词要求得严格,而散曲就更自由些。

以古喻今,是本篇怀古主题的宗旨,借史事以述怀,反映社会历史现实,表现出作者的忧患意识。作者对典故并不细述,只把几个富于暗示和联想的印象记下来;然后是抒情,借以揭示不同画面的内在含义。

在此二首元曲中,前一首前三句用典:一是秦始皇在骊山造阿房宫以宴乐;二是西晋富豪石崇在洛阳建金谷园以行乐;三是隋炀帝"筑堤植柳",修大运河下扬州游乐。而后三句则写的是春意阑珊的凄清景象,这与前三句的繁华盛事形成一番强烈对比,兴与衰、乐与哀,令人生发出无限的感慨,重在揭露和否定历代统治阶级奢侈淫逸的享乐生活。后一首也先选三例:霸王别姬、吴蜀破曹、班超从戎。紧接着指出"伤心秦汉,生民涂炭",写普通老百姓所遭受的痛苦,着眼于战争问题,说明战争的历史都是用血、火、泪写成的,抒发了连年战争造成"生民涂炭"的悲剧情感,对人民痛苦的生活寄予同情。

问题与思考

一、对两首元曲文句的解说,错误的一项是:A."阿房舞殿翻罗袖"一句是指秦始皇在骊山造阿房宫以宴乐。B."野花开暮春时候"一句以春意阑珊的凄清景象与前三句繁华盛世形成鲜明对比。C."美人自刎乌江岸"一句写唐玄宗痛失杨玉环的故事,表达了作者的同情和忧虑。D."伤心秦汉,生民涂炭"揭露了世世代代做牛做马牺牲的都是普通百姓的严酷现实。

二、对这两首元曲,分析不当的一项是:A. 第一首前三句所用典故,不在一时,不在一地,并且只写事情发端而不写结局,意在与后三句形成强烈对比。B. 第二首前三句所用典故,虽然异时异地,却揭示了"石壕村里夫妻别,泪比长生殿上多"的含义。C. 第一首的三个典故意在说明封建统治者穷极奢靡而终不免败亡,第二首的三个典故则表达了对穷途末路的英雄美人的同情。D. 两首元曲的对比手法产生了强烈的艺术效果,但前者以景语作结更含蓄,后者以惊心动魄的一声长叹作结,直抒胸臆,感情强烈。

拓展阅读

任中敏等选编、王星琦注评:《元曲三百首注评》,凤凰出版社 2005 年版。

酒德颂

刘 伶

　　有大人①先生,以天地②为一朝,万期③为须臾,日月为扃牖④,八荒为庭衢⑤。行无辙迹,居无室庐⑥,幕天席地,纵意所如⑦。止则操卮执觚,动则挈榼提壶⑧,唯酒是务,焉知其余⑨?
　　有贵介公子,搢绅处士⑩,闻吾风声,议其所以⑪。乃奋袂攘襟,怒目切齿⑫,陈说礼法,是非锋起⑬。先生于是方捧罂承槽⑭,衔杯漱醪⑮。奋髯踑踞⑯,枕曲藉糟⑰,无思无虑,其乐陶陶⑱。兀然而醉,豁尔而醒⑲。静听不闻雷霆之声,熟视不睹泰山之形,不觉

---

① 大人:古代用以称圣人或有道德的人。
② 天地:指天地开辟以来。
③ 期:周年。
④ 扃牖(yǒu):门窗。
⑤ 八荒:极荒远之地。庭:庭院。衢:大道。"日月"两句谓视宇宙为屋舍里巷。
⑥ 辙迹:车轮辗过的行迹。室庐:居室。
⑦ 幕天:以天为幕。席地:以地为席。纵意:逞情,逞意。所如:所往。
⑧ "止则"两句:谓时刻都离不开酒。卮(zhī)、觚(gū)、榼(kē)、壶,古时四种酒器。
⑨ 务:求。焉知:何知。
⑩ 贵介、搢绅:均为尊贵之意。介:大。搢绅:插笏(hù)垂绅,此指官僚士大夫。
⑪ 风声:作风、名声。所以:所作所为。
⑫ "乃奋袂"两句:形容义愤填膺的样子。奋袂:举袖。攘(rǎng)襟:撩起衣襟。
⑬ 陈说:叙说,指陈。锋起:即"蜂起",纷然而起。
⑭ 捧罂(yīng)承槽:捧着坛子接槽中流出的酒浆。罂:小口瓮。槽:贮酒器。
⑮ 衔杯漱醪(láo):均指饮酒。漱:饮。醪:浊酒。
⑯ 奋髯踑踞:一种轻慢的态度。奋髯:摆动胡子,表示悠闲自适之意。踑踞:亦作箕踞,坐时两腿伸直岔开,形如簸箕。
⑰ 枕曲藉糟:犹言生活在酒的世界里。曲、糟:均为制酒之物。
⑱ 陶陶:欢乐的样子。
⑲ 兀然:浑然无知的样子。豁尔:开朗貌。

寒暑之切肌,利欲之感情①。俯观万物扰扰焉②,如江汉之载浮萍;二豪侍侧焉③,如蜾蠃之与螟蛉④。

(选自萧统编《文选》第四十七,中华书局 2005 年版)

阅读提示

刘伶,生卒年不详,字伯伦,西晋沛国(今安徽宿县西北)人。魏时与嵇康、阮籍等友善,为"竹林七贤人"之一。曾任建威参军。晋武帝泰始初对朝廷策问,主张无为而治,以不合时宜被免官。平生放情肆志,性尤嗜酒。事见《晋书》及《世说新语》。

本篇选自《文选》卷四七。作者采取寓言形式,用夸张手法塑造了一位放浪形骸、唯酒是务的"大人先生"形象。文中所假设的贵介公子与搢绅处士二豪,乃是世俗礼法的代表。通过他们对"大人先生"所作所为的责难和"大人先生"的反应,表现了作者超脱世俗、蔑视礼法的精神境界。这无疑是对西晋司马氏以名教治理天下的一种消极抵抗。文章行文轻灵,笔意恣肆,刻画生动。如写醉后见万物如水中浮萍一节,可谓工妙如画,活现一个酒徒醉眼朦胧的神态。

问题与思考

一、从《晋书》、《世说新语》了解刘伶的生平,学会查阅历史文献的基本方法。

二、阅读这篇志人小传,最好再读几篇《世说新语》,体会其所表达的精神风格,谈谈你对所谓"魏晋风度"的印象。

拓展阅读

一、刘义庆著、刘孝标注、余嘉锡笺疏:《世说新语笺疏》,上海古籍出版社 1993 年版。

二、柳士镇、刘开骅:《〈世说新语〉全译》,贵州人民出版社 1996 年版。

三、王友怀、魏全瑞:《〈昭明文选〉注析》,三秦出版社 2000 年版。

---

① 切肤:袭击皮肤。感情:犹言动心。
② 扰扰焉:纷乱繁杂的样子。
③ "二豪"两句:表示对贵介公子与搢绅处士的轻蔑。二豪:指公子与处士。
④ 蜾蠃(guǒ luǒ):细腰蜂。螟蛉(míng líng):螟蛾的幼虫。

钱塘潮

郦道元

县有武林山①,武林水所出也。阚骃②云:山出钱水③,东入海。《吴兴记》④言:县唯浙江⑤,今无此水⑥。

县东有定、包⑦诸山,皆西临浙江,水流于两山之间。江川急浚⑧,兼涛水昼夜再⑨来,来应时刻,常于月晦⑩及望尤大,至二月、八月最高,峨峨二丈有馀。《吴越春秋》以为子胥、文种之神也⑪。昔子胥亮⑫于吴而浮尸于江,吴人怜⑬之,立祠于江上,名曰"胥

---

① 县:钱塘县。治所在今浙江杭州市。武林山:今灵隐山。在杭州市西湖西北。
② 阚骃:北魏时人。撰有《十三州志》。《十三州志》原为十卷(一说十四卷),今佚,是一部有关西北历史、古地理的史书。
③ 钱水:即武林水。
④ 《吴兴记》:《隋书·经籍志二》载山谦之《吴兴记》三卷。山谦之,南朝宋人。
⑤ 浙江:又称钱塘江。上游常山港源出浙、皖、赣边境的莲花尖,汇江山港后,东北流到杭州市闸口以下注入杭州湾。
⑥ 今无此水:疑《吴兴记》误记。
⑦ 定、包:定山、包山。在杭州市东南。
⑧ 浚(jùn):深。
⑨ 再:两次。
⑩ 晦:阴历每月的最后一天。
⑪ 《吴越春秋》:东汉赵晔撰。今流行本多作六卷,分为十篇。记载春秋时吴越两国历史,编年记事,内容除采自《越绝书》外,多他书所未载。子胥:伍子胥(?—前484),春秋时吴国大夫,名员,字子胥,楚国人。帮助吴王僚夺取王位,不久攻破楚国,封于申,又称申胥。吴王夫差时,劝王拒绝越国求和,渐被疏远。后吴王赐剑命他自杀。文种:春秋越国大夫,字少禽(一作子禽),楚国人。吴王夫差时,越被吴击破,困守会稽(今浙江绍兴)。他献计越王勾践,得免亡国;并助勾践强国,终于灭吴。后勾践听信谗言,赐剑命他自杀。
⑫ 亮:当作"忠"。疑隋朝人为避隋文帝父杨忠讳改。
⑬ 怜:怜惜。

山"①。《吴录》②曰:胥山在太湖边,去江不百里,故曰"江上"。文种诚③于越,而伏剑于山阴④,越人哀之,葬于重山⑤。文种既葬一年,子胥从海上负种俱去,游夫江海,故潮水之前扬波者伍子胥,后重水⑥者大夫种。是以枚乘⑦曰:涛无记焉;然海水上潮,江水逆流,似神而非。于是处焉。

(选自陈庆元《水经注选》,福建教育出版社 1991 年版)

阅读提示

郦道元,字善长,范阳涿县(今河北省涿县)人。生年不详,卒于公元527年(北魏孝明帝孝昌三年)。仕北魏至安南将军、御史中尉等职,后被逸,出为关右大使。时雍州刺史萧宝夤谋反,疑道元奉使袭己,遣将杀之。道元性好学,历览群书,撰《水经注》四十卷。

本篇是钱塘观潮较早的记载。嗣后,《元和郡县图志》卷二十五叙述道:"江涛每日昼夜再上,常以月十日、二十五日最小,月三日、十八日极大,小则水渐涨不过数尺,大则涛涌高至数丈。每年八月十八日,数百里士女,共观舟人渔子泝涛触浪,谓之弄潮。"宋代以后,描述更多。宋初潘阆《酒泉子》写道:"长忆观潮,满郭人争江上望。来疑沧海尽成空,万面鼓声中。"十分壮观。郦道元描绘得较简单,但伍子胥、文种冤死化为波涛的传说,一方面加深了人们对这两位有所作为的历史人物的惋惜和崇敬,另一方面使钱塘潮水带有神话色彩。

这则文字旁征博引,兼采异说。例如"胥山在太湖边"云云,作者不引较常见的《史记集解》张宴说,而取《吴录》。但文末所引《七发》,枚乘所记则在

---

① 胥山:《史记·伍子胥列传》:"吴王闻之大怒,乃取子胥尸盛以鸱夷革,浮之江中。吴人怜之,为立祠于江上,因命曰胥山。"《史记正义》引《吴地记》:"胥山,太湖边胥湖东岸山,西临胥湖,山有古丞胥二王庙。"驳《史记》之误。
② 《吴录》:西晋张勃撰,三十卷,记三国时孙吴史事,纪传体。已佚,有后人辑本。
③ 诚:忠诚。
④ 伏剑:用剑自杀。山阴:治所在今浙江绍兴。
⑤ 重山:即种山,又名卧龙山。《元和郡县图志》卷二十六会稽县条:"大夫种葬处。"在今绍兴城内西南侧。
⑥ 重(chóng)水:重叠的潮水。
⑦ 枚乘(?—前140):西汉辞赋家,字叔,淮阴(今属江苏)人。初为吴王刘濞郎中,后为梁孝王客。吴楚七国反时,上书谏吴王。其《七发》标志着汉大赋的形成。按:以下四句为《七发》的略文。又按:《七发》"观涛乎广陵之曲江",广陵在江苏扬州一带;与观涛钱塘异。

广陵而不是钱塘,显然是郦道元误记。

问题与思考

一、文中穿插写伍子胥、文种冤死化为波涛的传说,有什么作用?
二、将本文翻译成现代汉语。
三、反复阅读本文,体会古代地理志独有的文体韵味。

拓展阅读

一、陈庆元:《水经注选》,福建教育出版社1991年版。
二、赵永复、赵燕敏:《〈水经注〉选评》,上海古籍出版社2005年版。
三、李凭、王振芳:《郦道元与〈水经注〉》,河北教育出版社1988年版。

殿中少监马君墓志①

韩 愈

君讳继祖②,司徒、赠太师北平庄武王③之孙,少府监、赠太子少傅讳畅④之子。生四岁,以门功⑤拜太子舍人。积三十四年,五转⑥而至殿中少监。年三十七以卒。有男八人,女二人。

始余初冠⑦,应进士,贡在京师⑧,穷不自存,以故人稚弟⑨,拜北平王于马前,王问而怜之,因得见于安邑里第⑩。王轸⑪其寒饥,

---

① 作于长庆元年(821)和二年(822)间。殿中少监:官名,殿中省主管殿中监的副职,从四品上,协助殿中监掌皇帝生活诸事及临朝仪仗等事。墓志:墓志铭一般包括志和铭两部分,志多用散文,铭多用韵文,仅有志而无铭的,称"墓志"。一本"墓志"下有"铭"字。
② 《国史补》卷上曰:"马司徒孙como生,德宗命之曰继祖,退而笑之曰:'此有二义,意谓以索系祖也。'"
③ 司徒、赠太师北平庄武王:指马燧,字洵美,汝州郏城(今河南郏县)人。因征讨藩镇有功,于兴元元年(784)加检校司徒,封北平郡王。贞元十一年八月卒,谥曰庄武。司徒:官名,三公之一,此为加官。赠:死后追赠官爵。太师:官名,三师之一,此为表尊崇的名义上的爵位。
④ 少府监、赠太子少傅讳畅:指马畅,马燧次子,以父荫,累迁至鸿胪少卿,终少府监。少府监:官名,掌御用百工技艺等事。太子少傅:东宫属官,掌教谕太子事。
⑤ 门功:先世的功绩。太子舍人:东宫属官,掌东宫收管文书等事。
⑥ 五转:五次升官。转:勋级官位每升一级叫一转。
⑦ 始余初冠:指贞元三年韩愈二十岁时。初冠:古时男子一般在二十岁时行冠礼,始为成人,故后称男二十岁为"初冠"。
⑧ 贡在京师:指州府将考试及格的士子送往京师应考。
⑨ 故人稚弟:指韩愈以此为名义。故人:指韩愈的从兄韩弇,他是马燧的朋友。贞元三年,吐蕃求和,廷议时马燧极力主和。德宗派浑瑊当会盟使,赴平凉结盟,韩弇以侍御使兼判官同行。不料吐蕃毁盟,伏兵忽发,浑瑊一人逃脱,韩弇殉难。
⑩ 安邑里第:长安皇城东第二街,街东从北第五坊即安邑坊,马燧住宅在此。第:府第。
⑪ 轸(zhěn):怜惜,顾念。

赐食与衣,召二子使为之主①。其季②遇我特厚,少府监、赠太子少傅者也。姆抱幼子立侧,眉眼如画,发漆黑,肌肉玉雪可念③,殿中君也。当是时,见王于北亭④,犹高山深林巨谷⑤,龙虎变化不测⑥,杰魁人也。退见少傅,翠竹碧梧⑦,鸾鹄停峙⑧,能守其业者也。幼子娟好静秀,瑶环瑜珥⑨,兰茁其牙⑩,称其家儿⑪也。

　　后四五年,吾成进士⑫,去而东游⑬,哭北平王于客舍⑭。后十五六年,吾为尚书都官郎,分司东都⑮,而分府少傅卒⑯,哭之。又十余年至今,哭少监焉⑰。呜呼!吾未耄老⑱,自始至今,未四十年⑲,而哭其祖子孙三世,于人世何如也!人欲久不死,而观居此世者,何也⑳?

（选自钱仲联、马茂元校点《韩愈全集》,上海古籍出版社1997年版）

阅读提示

　　韩愈(768—824),字退之,河阳(今河南孟县)人,郡望昌黎,后世称韩昌黎。贞元八年(792)登进士第。历官兵部、吏部侍郎、京兆尹兼御史大夫。曾因谏迎"佛骨"贬潮州刺史;元和中,随从裴度平定淮西藩镇吴元济之乱。

---

① "召二子"句:谓把两个儿子叫来代父亲当主人,接待韩愈。二子:指马燧长子汇和次子畅。
② 其季:指他的次子马畅。
③ "肌肉"句:形容生得丰润洁白,非常可爱。可念:可爱。
④ 北亭:宅中亭馆。
⑤ "犹高山"句:比喻马燧气概伟特。
⑥ "龙虎"句:形容马燧内涵深沉。
⑦ 翠竹碧梧:形容马畅卓立秀美。
⑧ 鸾鹄停峙:形容马畅出类拔萃。鸾:和凤凰同为传说中的一种鸟。鹄:同"鹤"。停峙:停立。
⑨ 瑶环瑜珥(ěr):形容像美玉一样可爱。瑶、瑜:皆为美玉。珥:耳饰。
⑩ 兰茁(chù)其牙:像兰草初生长出芽一样可爱。兰:香草名。茁:草初生。牙:同"芽"。
⑪ 称其家儿:指马继祖幼时的长相与其世家子的身份相称。
⑫ 吾成进士:韩愈于贞元八年(792)25岁时中进士。
⑬ 去而东游:韩愈于贞元十一年(795)五月东归河阳(今河南孟县)。
⑭ "哭北平"句:马燧卒于贞元十一年八月,其时韩愈又由河阳至洛阳,故云哭吊于客舍。
⑮ "吾为"二句:韩愈于元和四年(809)六月至五年冬任都官员外郎,分守东都洛阳。
⑯ 分府少傅卒:马畅卒于元和五年。分府:指分司官,马畅为少府监,是年分司东都,故称"分府"。
⑰ 哭少监焉:马继祖卒于长庆(821—824)初。
⑱ 耄(mào)老:指年老。耄:八九十岁称"耄",一说七十岁称"耄"。老:六十岁称"老"。
⑲ "自始"二句:自贞元三年(787)至长庆(821—824)初,约三十五六年。
⑳ "人欲"三句:谓一个人虽想长生不死,然而看看马氏祖子孙三代相继很快死去的事,又该作何感想?此为表示极度悲痛之语。

韩愈是杰出的散文家和诗人,名列"唐宋八大家"之中,他和柳宗元共同举起古文运动的旗帜,继承前辈文体改革的理论和实践,提倡"文以明道",主张创新,反对当时已经失去生命力的骈文,从而使文体文风改革运动取得巨大成功。代表作有《师说》《张中丞传后叙》《祭十二郎文》等。有《昌黎先生集》。

本文大约作于唐穆宗长庆元年(821)。文中的马君即马继祖。韩愈在初入仕途、于长安求官时,曾得到马继祖的祖父北平庄武王马燧的多方帮助,对马家祖孙三代的情况比较熟悉。马继祖靠祖荫入仕,本人才具平常,37岁因病去世。韩愈在这篇墓志中,采用避实就虚的手法,对马继祖的生平事迹写得不多,而花费大量笔墨,写自己与马家三十多年的交谊,通过哀悼马家祖孙三代之事,写出马家三代人不同的思想性格,勾勒出马家的盛衰荣枯,从中亦可看出唐代世家大族的兴衰走向。通过这样的一种写法,韩愈将本来枯燥乏味的一篇墓志写得饶有兴味,尤其是写人生的短促与无常,充满伤挚之情,读之令人感叹。

问题与思考

一、本文是墓志,其实又是人物小传,在写作手法上有什么特点?

二、古代文学批评常常用点评的方式,抓住特点,用非常简要的文字点到即止。如何焯评点韩愈这篇小传:"如此俯仰淋漓,仍是简古,不觉繁溢。屈指三四十年,写得历历在目,依依如画,真神笔也。无可志,故只世旧为波澜,又一体。"结合阅读体会,领悟这种评点的含义。

三、了解韩愈的生平,试为其作一小传(可用现代汉语,也可以试用文言文来写)。

拓展阅读

一、吴小如、韩嘉祥:《韩愈散文选》,百花文艺出版社2005年版。

二、陈迩冬:《韩愈诗选》,人民文学出版社2000年版。

五代史伶官传序①

欧阳修

呜呼！盛衰之理②，虽曰天命，岂非人事③哉！原庄宗④之所以得天下，与其所以失之者，可以知之矣。

世言晋王⑤之将终也，以三矢⑥赐庄宗，而告之曰："梁⑦，吾仇也；燕王，吾所立⑧；契丹与吾约为兄弟⑨，而皆背晋以归梁。此三者，吾遗恨也。与尔三矢，尔其无忘乃父之志！"庄宗受而藏之于庙⑩。其后用兵，则遣从事⑪以一少牢告庙，请其矢，盛以锦囊，负而前驱，及凯旋而纳之⑫。

---

① 伶官：古代的乐官。此指供奉内廷、授有官职的伶人。传序：史传之前评述其所记人物、事件的议论文字。
② 盛衰之理：国家兴衰的道理。
③ 人事：人的所作所为。
④ 原：推究。庄宗：指后唐庄宗李存勖，西突厥沙陀族人。原姓朱邪，其祖父归唐后，赐姓李。于公元923年灭后梁，入主中原，建立后唐。
⑤ 晋王：李存勖的父亲李克用。因镇压黄巢起义有功而被封为晋王。
⑥ 三矢：三支箭羽。
⑦ 梁：指后梁太祖朱温。原黄巢部将，叛变归唐后赐名全忠，封梁王。后篡唐称帝，建立后梁。他曾经企图谋害李克用，屡相攻伐，结下世仇。
⑧ 燕王：指刘仁恭，他原是幽州的低级军官，后借助李克用之力，得任卢龙军节度使，所以说"吾所立"。但后来刘叛李克用归附于梁，朱温封他的儿子刘守光为燕王。这里称刘仁恭为燕王，是追叙之辞。
⑨ 契丹：古民族名，曾建立辽国。李克用曾与契丹首领耶律阿保机拜为兄弟，约定联合出兵，消灭朱全忠，后阿保机背约与梁通好。
⑩ 庙：宗庙。
⑪ 从事：官职名。原指三公及州郡长官的僚属，这里泛指一般的属吏。
⑫ 纳之：把它们收放好。

方其系燕王父子以组①,函梁君臣之首②,入于太庙,还矢先王③,而告以成功,其意气之盛,可谓壮哉！及仇雠④已灭,天下已定,一夫⑤夜呼,乱者四应⑥,苍皇东出⑦,未及见贼,而士卒离散,君臣相顾,不知所归;至于誓天断发⑧,泣下沾襟,何其衰也！岂得之难而失之易欤？抑本其成败之迹而皆自于人欤⑨？《书》⑩曰:"满招损,谦受益。"忧劳可以兴国,逸豫⑪可以亡身,自然之理也。故方其盛也,举⑫天下之豪杰莫能与之争;及其衰也,数十伶人困之,而身死国灭⑬,为天下笑。

　　夫祸患常积于忽微⑭,而智勇多困于所溺,岂独伶人也哉！作《伶官传》。

(选自李逸安点校《欧阳修全集》,中华书局2001年版)

阅读提示

　　欧阳修(1007—1072),字永叔,自号醉翁、六一居士,庐陵(今属江西)人。北宋杰出文学家、史学家。宋仁宗天圣八年(1030)进士,曾任枢密副使、参知政事等职。欧阳修是北宋诗文革新运动领袖,主张文章应"明道"、"致用"、"事信"、"言文",反对宋初浮艳文风,倡导效法韩愈。他在散文诗词创作及评论等方面都有很高成就。其散文叙事简括得法,说理畅达透辟,抒

---

① 系燕父子以组:用绳索捆绑燕王父子。
② 函梁君臣之首:把梁君臣的头装在盒子里。公元923年,后唐庄宗李存勖领兵攻破后梁,末帝朱友贞怕自己死于仇人之手,命部将皇甫麟把自己杀死,后皇甫麟也自杀。庄宗命令漆其首级,装在木匣中,献于太庙。
③ 先王:指死去的晋王李克用。
④ 仇雠:仇敌。
⑤ 一夫:指皇甫晖。公元926年,皇甫晖勾结党羽作乱。
⑥ 乱者四应:皇甫晖作乱后,驻扎在邢州、沧州的驻军也相继叛变。
⑦ 苍皇东出:苍皇又作仓皇,指李存勖慌忙进兵汴京,又被迫折回,派李克用养子李嗣源率兵讨伐,后来李嗣源也叛变。
⑧ 誓天断发:割下头发,对天发誓。
⑨ 抑:或。本:推本,考察。迹:事迹,轨迹。这里指道理。
⑩ 书:指《尚书》。
⑪ 逸豫:安逸享乐。
⑫ 举:全部,所有。
⑬ 身死国灭:李嗣源叛变时,李存勖宠爱的伶官郭从谦跟着作乱,李存勖因此中乱箭而死。
⑭ 忽微:古代两个极小的度量单位,忽是寸的十万分之一,微是寸的百万分之一,此处比喻极小的事物。

情委婉纡徐,章法曲折变化,语句圆融畅达。为"唐宋八大家"之一。曾与宋祁等合撰《新唐书》,并独撰《新五代史》。代表作有《醉翁亭记》、《五代史伶官传序》等。有文集《欧阳文忠公集》传世。

本文是《五代史·伶官传》的序文,是一篇论证严密的史论。

五代李存勖灭后梁,建立后唐,此后骄纵淫逸,宠信伶官。公元926年,伶人郭从谦率军作乱,李存勖中流矢而亡,在位仅三年。文章便是从李存勖的兴衰成败中总结历史教训,提出深刻的历史观点:国家的盛衰、事业的成败,主要取决于人事。

文章第一段开门见山,提出中心论点:"盛衰之理,虽曰天命,岂非人事哉!"第二、三自然段正反两面运用事实论据,叙述庄宗奉父遗命发奋复仇、破敌兴国的壮举以及后来为伶人所困而穷途对泣的史实。清代沈德潜《唐宋八大家文读本》卷十谓之"抑扬顿挫,得《史记》精髓"。盛与衰、兴与亡、得与失、成与败的鲜明对比映衬,突现出庄宗先盛后衰的历史悲剧之根源,总结出"忧劳可以兴国,逸豫可以亡身"的历史教训和规律,不仅令人信服,而且文章意脉前后贯通,抑扬有致。

本文作为一篇史论,论点的提出建立在历史事实基础之上,并结合理论论据,论证充分,说服力强。文章叙事与说理紧密结合,叙事简洁生动,说理深入透彻。"忧劳可以兴国,逸豫可以亡身"、"祸患常积于忽微,而智勇多困于所溺",这些警戒性断语,概括精警,思辨深刻。又能以感慨淋漓之句,置于文章的筋络关键之处,如"岂非人事哉!""可谓壮哉!"等,这些都增强了这篇史论的艺术感染力。

问题与思考

一、分析本文论证的技巧。(在运用事实论据进行论证时,以"成败由人"为中心,先赞庄宗创业时意气之"壮",后感叹他在失败时形势之"衰",通过盛与衰、兴与亡、成与败、得与失的对比,揭示"盛衰之理"的根由。在进行理论推导时,也常提炼出两两对比、正反相形的警戒性断语,如:"谦受益,满招损","忧劳可以兴国,逸豫可以亡身"等。)

二、"盛衰之理,虽曰天命,岂非人事哉"与"忧劳可以兴国,逸豫可以亡身",何者为中心论点?为什么?

三、熟读本文,体会欧阳修散文中说理与抒情融合的意味。(欧阳修散文善于把精辟的论述、深沉的感慨与委婉的语调结合在一起,使文章既以理服人,又婉转曲折、抑扬动人。篇末一声长叹:"岂独伶人也哉!"更振聋发瞆,具有强烈的艺术感染力。从具体的一件历史事实推及所有同类性质的人事,总结出具有普遍历史意义和社会人生意义的道理,发人深省。)

拓展阅读

一、欧阳修等著:《唐宋八大家散文》,北京出版社2006年版。
二、王水照、王宜媛:《欧阳修散文选集》,百花文艺出版社2005年版。

前赤壁赋

苏　轼

壬戌①之秋，七月既望②，苏子与客泛舟，游于赤壁③之下。清风徐来，水波不兴。举酒属客④，诵"明月"之诗⑤，歌"窈窕"之章⑥。少焉⑦，月出于东山之上，徘徊于斗牛之间⑧。白露横江，水光接天。纵一苇之所如⑨，凌⑩万顷之茫然。浩浩乎如冯虚御风⑪，而不知其所止；飘飘乎如遗世⑫独立，羽化⑬而登仙。

于是饮酒乐甚，扣舷而歌之。歌曰："桂棹兮兰桨⑭，击空明兮溯流光⑮；渺渺⑯兮予怀，望美人兮天一方⑰。"客有吹洞箫⑱者，倚

---

① 壬戌：即宋神宗元丰五年(1082)，岁次壬戌。
② 既望：指旧历的十六日。望：十五日。
③ 赤壁：关于赤壁古战场的位置有多种说法，一般认为在今湖北省赤壁市西北的赤壁山(位于长江南岸)一带。苏轼所在的赤壁，地处长江北岸的黄州城外，又称赤鼻矶。
④ 属(zhǔ)客：给客人斟酒。
⑤ "明月"之诗：指《诗经·陈风·月出》。
⑥ "窈窕"之章：《诗经·陈风·月出》有云："舒窈纠兮。"倾吐思慕美人之情。
⑦ 少(shǎo)焉：不多时，一会儿。焉：语气词。
⑧ 徘徊：往返回旋的样子。斗牛：斗、牛都是星宿名。斗：也称"南斗"。
⑨ 纵：放任，听凭。一苇：指小舟。如：往。
⑩ 凌：越过。
⑪ 冯(píng)虚御风：在天空中乘风而行。冯：同"凭"，乘。
⑫ 遗世：遗弃人世。
⑬ 羽化：古人称得道之仙能身生羽翼，变化飞行。
⑭ 桂棹(zhào)：以桂木制成的船桨，与"兰桨"都是划船工具的美称。
⑮ 击空明兮溯(sù)流光：击，摇桨。空明：月亮映照在水中的澄明之色。溯：逆水而上。流光：月光随着水波闪动。本句形容小船在江月中行驶，好像在空际顺着流淌的月华飞升。
⑯ 渺渺：悠远的样子。
⑰ 美人：指所思念的人。《诗经·邶风·简兮》："云谁之思，西方美人。"
⑱ 洞箫：单管直吹的箫。

歌①而和之。其声呜呜然，如怨如慕，如泣如诉；余音袅袅②，不绝如缕，舞幽壑之潜蛟③，泣孤舟之嫠妇④。

苏子愀然⑤，正襟危坐⑥，而问客曰："何为其然也？"客曰："'月明星稀，乌鹊南飞'，此非曹孟德⑦之诗乎？西望夏口⑧，东望武昌⑨，山川相缪⑩，郁乎苍苍⑪，此非孟德之困于周郎⑫者乎？方其破荆州⑬，下江陵⑭，顺流而东也，舳舻⑮千里，旌旗蔽空，酾酒⑯临江，横槊赋诗⑰，固一世之雄也，而今安在哉！况吾与子渔樵于江渚之上，侣鱼虾而友麋⑱鹿，驾一叶之扁舟，举匏樽以相属⑲。寄蜉蝣于天地⑳，渺沧海之一粟㉑。哀吾生之须臾㉒，羡长江之无穷。挟飞仙以遨游，抱明月而长终㉓。知不可乎骤得，托遗响于悲风㉔。"

苏子曰："客亦知夫水与月乎？逝者如斯㉕，而未尝往也㉖；盈

---

① 倚歌：按着歌声。
② 余音：尾声。袅袅：形容声音婉转悠长。
③ 舞幽壑之潜蛟：使藏在深渊里的蛟龙起舞。舞：这里作动词，使动用法。
④ 泣：使……哭泣，用法同"舞"。嫠(lí)妇：寡妇。
⑤ 愀(qiǎo)然：忧伤的样子。
⑥ 正襟危坐：理好衣服端正地坐着，表示严肃或尊敬。
⑦ 曹孟德：曹操，字孟德。
⑧ 夏口：故城在今湖北省武汉市。
⑨ 武昌：今湖北省鄂州市。
⑩ 缪(liáo)：通"缭"，环绕。
⑪ 郁乎苍苍：树木茂密，一片苍翠的颜色。郁：茂密的样子。
⑫ 孟德之困于周郎：指东汉献帝建安十三年(公元208年)，吴将周瑜在赤壁击溃曹操大军一事。周郎：周瑜，字公瑾。
⑬ 荆州：治所在今湖北省襄樊市。
⑭ 江陵：县名，今属湖北省。
⑮ 舳(zhú)舻(lú)：战船。
⑯ 酾(shi)酒：斟酒。
⑰ 横槊(shuò)赋诗：指军旅之暇于马上赋诗。槊：长矛，便于横持，所以说横槊。
⑱ 麋(mí)：鹿的一种。
⑲ 匏(páo)樽：酒器。匏：葫芦的一种。相属：相互劝酒。
⑳ 寄蜉(fú)蝣(yóu)于天地：比喻人类生存于世间极其短暂。蜉蝣：一种朝生暮死的小虫。
㉑ 渺沧海之一粟：比喻人的渺小。
㉒ 须臾：片刻，形容极其短暂。
㉓ 长终：至于永远。
㉔ 遗响：余音，这里指箫声。悲风：凄厉的秋风。
㉕ 逝者如斯：《论语·子罕》："子在川上曰：逝者如斯夫，不舍昼夜。"斯：这里指水。
㉖ 未尝往：不曾流逝。认为江水虽然昼夜不停地流去，但始终还是一江的水。

虚者如彼①,而卒莫消长②也。盖将自其变者而观之,则天地曾不能以一瞬③;自其不变者而观之,则物与我④皆无尽也。而又何羡乎?且夫天地之间,物各有主,苟⑤非吾之所有,虽一毫而莫取。惟江上之清风,与山间之明月,耳得之而为声,目遇之而成色;取之无禁,用之不竭。是造物者之无尽藏也⑥,而吾与子之所共适。"

客喜而笑,洗盏更酌。肴核⑦既尽,杯盘狼藉⑧。相与枕藉⑨乎舟中,不知东方之既白。

(选自傅成、穆俦标点《苏轼全集》,上海古籍出版社2000年版)

阅读提示

苏轼(1037—1101),字子瞻,自号东坡居士,眉州眉山(今属四川)人。嘉祐元年(1056)随父出蜀入京,翌年进士及第。嘉祐六年,应制科考试,名列三等。任命为大理评事,签书凤翔府判官。在新旧两党斗争中,由于政见的不同,多次受到排斥打击。苏轼一生从政,但更是一位典型的文人。他为人坦荡,有风节,在坎坷的生命历程中,对人生世态渐渐有了独特的感悟,文学创作也因之而更有特点。苏轼与父苏洵、弟苏辙皆擅长散文创作,并称"三苏",同预"唐宋八大家"之列。苏轼继欧阳修之后成为北宋文宗,他在散文、诗、词各方面均取得很高的成就。代表作有《前赤壁赋》、《喜雨亭记》等。有《苏东坡集》。

《前赤壁赋》、《后赤壁赋》是苏轼散文中影响最为深远的作品,尤其是《前赤壁赋》。

宋神宗元丰三年(1080)苏轼被贬黄州,这是他有生以来第一次遭受如此重大的打击,原来就潜伏在他思想中的老庄哲学渐渐抬头,他开始对现实采取有意忽略弃置乃至鄙视态度,以抵抗、消解来自各方面对于自己的迫

---

① 盈虚者如彼:像月亮一样有圆有缺。彼:这里指月亮。
② 卒莫消长:指月亮本身始终没有缺损或增长。卒:最终。
③ 一瞬:一眨眼的工夫,极言变化的迅速。
④ 物与我:指物和人的整体而言。
⑤ 苟:如果,假设。
⑥ 无尽藏(zàng):佛家用语,意为无尽的宝藏。
⑦ 肴核:菜肴和果品。
⑧ 狼藉:杂乱的样子。
⑨ 相与枕藉(jiè):彼此交错相枕。

害。这种以消极方式来表达积极感情的手段是苏轼创作上的重要特征之一。元丰五年(1082),即谪居黄州的第三年,苏轼写下了前、后《赤壁赋》。在《前赤壁赋》中,苏轼运用赋体传统的对话手法,通过主客问答形式,塑造了两个不同的形象:一个是面对现实清醒的形象(客),带着悲壮的情调;另一个是遗世独立的高洁形象(主),带着放旷的情调。通过"抑客伸主"的表现方式,苏轼将自己超然的思想和旷达的胸怀都融会在饱含诗情理趣的一席对话之中。

  作者艺术手法高超,本文把情、景、理三者巧妙地结合起来,熔为一炉。江上的清风,山间的明月,还有月光下的泛舟纵饮,无不让人心驰神往。作者毫不费力地将我们引进了一个美妙的境界。主与客的对话,含有浓厚的哲学意味,而语言却充满艺术性,富有诗情画意,寓情于景,借景明理,并同感情的变化紧密配合,行文波澜起伏。其次,在体裁上,作者在欧阳修《秋声赋》所开创的文赋创作道路上继续前进,写作技巧比《秋声赋》更为成熟,此赋是宋代文赋中最出色的作品。它突破了传统赋文的表现手法、章法结构和语言模式,注入了更多散文因素,尤显流畅自如。

  宋人谢枋得《文章轨范》评《前赤壁赋》云:"此赋学《庄》、《骚》文法,无一句与《庄》、《骚》相似,非超人之才,绝伦之识,不能为也。潇洒神奇,出尘绝俗,如乘云御风而立于九霄之上,俯视六合,何物茫茫,非惟不挂之于齿牙,亦不足以入其灵台丹府也。"过琪、黄越评选《详订古文评注全集》云:"坡公此赋写得落落飘飘,真有御风遗世之致。"

问题与思考

  一、熟读本文,体会赋体文在汉语表达方面发挥的特有的语感。想想在用现代汉语书写的文章中,有时适当使用赋体文的表达方式,会达到什么效果。

  二、为什么说《前赤壁赋》是宋代文赋中最出色的作品?(体裁上继承欧阳修《秋声赋》的艺术传统。写作技巧上突破了传统赋的表现手法、章法结构和语言模式,注入了更多的散文因素,比《秋声赋》更为成熟。内容上在对自然景物的描写与感悟中,精确地传达了主人公超脱、旷达,不为环境所屈的精神状态。)

  三、翻译本文的第四自然段。

拓展阅读

一、王水照:《苏轼选集》,上海古籍出版社 1984 年版。
二、崔承运:《苏轼散文选集》,百花文艺出版社 2005 年版。
三、王水照、朱刚:《苏轼评传》,南京大学出版社 2004 年版。

湖心亭看雪

张　岱

崇祯五年①十二月,余住西湖。大雪三日,湖中人鸟声俱绝。是日更定②矣,余拏③一小舟,拥毳衣④炉火,独往湖心亭看雪。雾凇沉砀⑤,天与云、与山、与水,上下一白。湖上影子,惟长堤一痕、湖心亭一点、与余舟一芥、舟中人两三粒而已。到亭上,有两人铺毡对坐,一童子烧酒,炉正沸。见余大喜曰:"湖中焉得更有此人!"拉余同饮。余强饮三大白⑥而别。问其姓氏,是金陵⑦人,客此⑧。及下船,舟子喃喃曰:"莫说相公痴,更有痴似相公者!"

（选自夏咸淳校点《张岱诗文集》,上海古籍出版社1991年版）

阅读提示

张岱(1597—1679),字宗子,又字石公,号陶庵,又号蝶庵,山阴(今浙江省绍兴市)人,明末散文家。侨寓杭州。自曾祖以来,历代显官,自幼爱繁华,喜山水,通晓音乐戏剧,鲜衣美食,弹琴吟诗,过的是贵公子的生活。明亡,无所归依,避居山中,从事著述。现存著述有《陶庵梦忆》、《西湖梦寻》、《娜嬛文集》等。

---

① 崇祯五年:即1632年。崇祯:明思宗朱由检的年号(1628—1644)。
② 更定:更尽天明。古代一夜分五更,一更入夜,五更天亮。
③ 拏(ná):本意为牵引,此处为乘船之意。
④ 毳(cuì)衣:皮衣。毳:鸟兽之细毛。
⑤ 雾凇:寒冷天雾气在树枝等物上凝结成的白色松散冰晶。沆(hàng)砀(dàng):白气弥漫貌。
⑥ 三大白:即三大杯。大白:大酒杯。
⑦ 金陵:今南京市。
⑧ 客此:客寓于此。

文中的湖心亭在杭州西湖中,原为湖心寺,后被毁。嘉靖中,知府孙孟在遗址上建亭。本文写作者清晨冒寒踏雪,欣赏湖中雪景的雅兴逸情,以"湖中人鸟声俱绝"为反衬,以亭中两人品酒观雪为陪衬,可用"痴"字概括。作者选用几个"一"字,别具匠心地运用了几个表示微小的量词"痕"、"点"、"芥"、"粒",不仅新奇,而且以极小反衬天地之极大,写尽湖山雪景的朦胧混茫,传尽西子雪妆的风韵神姿。

问题与思考

一、本文用字极其简练,而情景、雅兴和逸情都给人很突出的印象,为什么?(注意分析总体风格,简洁生动、情趣为主以及反衬等手法。)

二、结合自己的经验,抓住特点,用 200 字左右写一篇欣赏雨景的短文。

拓展阅读

一、夏咸淳:《张岱散文选集》,百花文艺出版社 2005 年版。

二、张岱:《陶庵梦忆·西湖梦寻》,史念林等注,华夏出版社 2006 年版。

村姥姥是信口开河① 情哥哥偏寻根究底

曹雪芹

话说众人见平儿来了,都说:"你们奶奶做什么呢?怎么不来了?"②平儿笑道:"他那里得空儿来。因为说没有好生吃得,又不得来,所以叫我来问还有没有,叫我要几个,拿了家去吃罢。"湘云道:"有,多着呢。"忙令人拿了十个极大的。平儿道:"多拿几个团脐的。"众人又拉平儿坐,平儿不肯。

李纨拉着他笑道:"偏要你坐。"拉着他身旁坐下,端了一杯酒送到他嘴边。平儿忙喝了一口就要走。李纨道:"偏不许你去!显见得只有凤丫头,就不听我的话了。"说着又命嬷嬷们:"先送了盒子去,就说我留下平儿了。"那婆子一时拿了盒子回来说:"二奶奶说,叫奶奶和姑娘们别笑话要嘴吃。这个盒子里是方才舅太太那里送来的菱粉糕和鸡油卷儿,给奶奶姑娘们吃的。"又向平儿道:"说使你来你就贪住顽不去了。劝你少喝一杯儿罢。"平儿笑道:"多喝了又把我怎么样?"一面说,一面只管喝,又吃螃蟹。

李纨揽着他笑道:"可惜这么个好体面模样儿,命却平常,只落得屋里使唤。不知道的人,谁不拿你当作奶奶太太看?"平儿一面和宝钗湘云等吃喝,一面回头笑道:"奶奶,别只摸的我怪痒的。"李氏道:"嗳哟!这硬的是什么?"平儿道:"钥匙。"李氏道:"什么钥匙?要紧梯己东西怕人偷了去,却带在身上。我成日家和人说笑,有个唐僧取经,就有个白马来驮他③。刘智远

---

① 信口开河:一作"信口开合"。
② 上回《林潇湘魁夺菊花诗 薛蘅芜讽和螃蟹咏》中,王熙凤是大观园螃蟹宴上的活跃人物,酒席未散,就陪贾母先回去了。
③ 有个唐僧取经,就有个白马来驮他:唐代僧人玄奘,曾去天竺(即印度)取经。龙王三太子化成白马,驮着唐僧去西天取经的故事,见明代吴承恩的《西游记》第十五回。

打天下,就有个瓜精来送盔甲①,有个凤丫头,就有个你。你就是你奶奶的一把总钥匙,还要这钥匙做什么?"平儿笑道:"奶奶吃了酒,又拿了我来打趣着取笑儿了。"宝钗笑道:"这倒是真话。我们没事评论起人来,你们这几个,都是百个里头挑不出一个来,妙在各人有各人的好处。"李纨道:"大小都有个天理。譬如老太太屋里,要没那个鸳鸯如何使得。从太太起,那一个敢驳老太太的回,现在他敢驳回。偏老太太只听他一个人的话。老太太那些穿戴的,别人不记得,他都记得,要不是他经管着,不知叫人诓骗了多少去呢。那孩子心也公道,虽然这样,倒常替人说好话儿,还倒不倚势欺人的。"惜春笑道:"老太太昨儿还说呢,他比我们还强呢!"平儿道:"那原是个好的,我们那里比得上他?"宝玉道:"太太屋里的彩霞,是个老实人。"探春道:"可不是,外头老实,心里有数儿。太太是那么佛爷似的,事情上不留心,他都知道。凡百一应事都是他提着太太行。连老爷在家出外去的一应大小事,他都知道。太太忘了,他背地里告诉太太。"李纨道:"那也罢了。"指着宝玉道:"这一个小爷屋里要不是袭人,你们度量到个什么田地!凤丫头就是楚霸王,也得这两只膀子好举千斤鼎②。他不是这丫头,就得这么周到了!"

平儿笑道:"先时陪了四个丫头,死的死,去的去,只剩下我一个孤鬼了。"李纨道:"你倒是有造化的。凤丫头也是有造化的。想当初你珠大爷在日,何曾也没两个人。你们看我还是那容不下人的?天天只见他两个不自在。所以你珠大爷一没了,趁年轻我都打发了。若有一个守得住,我倒有个膀臂。"说着滴下泪来。众人都道:"又何必伤心,不如散了倒好。"说着便都洗了手,大家约往贾母王夫人处问安。众婆子丫头打扫亭子,收拾杯盘。袭人和平儿同往前去,让平儿到房里坐坐,再喝一杯茶。平儿说:"不喝茶了,再来罢。"说着便要出去。袭人又叫住问道:"这个月的月钱,连老太太和太太还没放呢,是为什么?"平儿见问,忙转身至袭人跟前,见方近无人,才悄悄说道:"你快别问,横竖再迟几天就放了。"

袭人笑道:"这是为什么,唬得你这样?"平儿悄悄告诉他道:"这个月的月钱,我们奶奶早已支了,放给人使呢。等别处的利钱收了来,凑齐了才放呢。因为是你,我才告诉你,你可不许告诉一个人去。"袭人道:"难道他还短

---

① 刘智远打天下,就有个瓜精来送盔甲:刘智远,五代时后汉王朝的建立者。"瓜精来送盔甲"见明初无名氏的南戏《白兔记》第十五回"看瓜"。
② 楚霸王举千斤鼎:楚霸王即项羽,名籍,战国末楚国贵族之后,参加了秦末农民起义,秦亡后,自立为西楚霸王。《史记·项羽本纪》说:"籍长八尺余,力能抗鼎。"

钱使,还没个足厌?何苦还操这心。"平儿笑道:"何曾不是呢。这几年拿着这一项银子,翻出有几百来了。他的公费月例又使不着,十两八两零碎攒了放出去,只他这梯己利钱,一年不到,上千的银子呢。"

袭人笑道:"拿着我们的钱,你们主子奴才赚利钱,哄的我们呆呆的等着。"平儿道:"你又说没良心的话。你难道还少钱使?"袭人道:"我虽不少,只是我也没地方使去,就只预备我们那一个。"平儿道:"你倘若有要紧的事用钱使时,我那里还有几两银子,你先拿来使,明儿我扣下你的就是了。"袭人道:"此时也用不着,怕一时要用起来不够了,我打发人去取就是了。"

平儿答应着,一径出了园门,来至家内,只见凤姐儿不在房里。忽见上回来打抽丰^①的那刘姥姥和板儿又来了,坐在那边屋里,还有张材家的、周瑞家的陪着,又有两三个丫头在地下倒口袋里的枣子、倭瓜并些野菜。

众人见他进来,都忙站起来了。刘姥姥因上次来过,知道平儿的身分,忙跳下地来问"姑娘好",又说:"家里都问好。早要来请姑奶奶的安,看姑娘来的,因为庄家忙。好容易今年多打了两石粮食,瓜果菜蔬也丰盛。这是头一起摘下来的,并没敢卖呢,留的尖儿^②孝敬姑奶奶姑娘们尝尝。姑娘们天天山珍海味的也吃腻了,这个吃个野意儿,也算是我们的穷心。"平儿忙道:"多谢费心。"又让坐,自己也坐了。又让张婶子周大娘坐,又令小丫头倒茶去。

周瑞张材两家的因笑道:"姑娘今儿脸上有些春色,眼圈儿都红了。"平儿笑道:"可不是。我原是不吃的,大奶奶和姑娘们只是拉着死灌,不得已喝了两盅,脸就红了。"张材家的笑道:"我倒想着要吃呢,又没人让我。明儿再有人请姑娘,可带了我去罢。"说着大家都笑了。周瑞家的道:"早起我就看见那螃蟹了,一斤只好秤两个三个。这么三大篓,想是有七八十斤呢。若是上上下下只怕还不够。"平儿道:"那里够?不过都是有名儿的吃两个子。那些散众的,也有摸得着的,也有摸不着的。"

刘姥姥道:"这样螃蟹,今年就值五分一斤。十斤五钱,五五二两五,三五一十五,再搭上酒菜,一共倒有二十多两银子。阿弥陀佛!这一顿的钱够我们庄家人过一年的了。"平儿因问:"想是见过奶奶了?"刘姥姥道:"见过

---

① 打抽丰:也叫"打秋风",旧时利用各种关系取得有钱人的赠与。本含"分肥"的意思。明代郎瑛《七修类稿》:"米芾札中有'抽丰'二字,即世云'秋风'之意,盖彼处丰稔,往抽分之耳。"一说旧时衙役于秋风起时以作棉衣为名向富户募钱。

② 尖儿:上好的,也称"尖子"。

了,叫我们等着呢。"说着又往窗外看天气,说道:"天好早晚了,我们也去罢,别出不去城才是饥荒呢。"周瑞家的道:"这话倒是,我替你瞧瞧去。"说着一径去了,半日方来,笑道:"可是你老的福来了,竟投了这两个人的缘了。"

平儿等问怎么样,周瑞家的笑道:"二奶奶在老太太的跟前呢。我原是悄悄的告诉二奶奶,'刘姥姥要家去呢,怕晚了赶不出城去。'二奶奶说,'大远的,难为他扛了那些沉东西来,晚了就住一夜明儿再去。'这可不是投上二奶奶的缘了。这也罢了,偏生老太太又听见了,问刘姥姥是谁。二奶奶便回明白了。老太太说,'我正想个积古的老人家说话儿,请了来我见一见。'这可不是想不到天上缘分了?"说着,催刘姥姥下来前去。刘姥姥道:"我这生像儿怎好见?好嫂子,你就说我去了罢。"平儿忙道:"你快去罢,不相干的。我们老太太最是惜老怜贫的,比不得那个狂三诈四的那些人。想是你怯上,我和周大娘送你去。"说着,同周瑞家的引了刘姥姥往贾母这边来。

二门口该班的小厮们见了平儿出来,都站了起来,又有两个又跑上来,赶着平儿叫"姑娘"。平儿问:"又说什么?"那小厮笑道:"这会子也好早晚了,我妈病了,等着我去请大夫。好姑娘,我讨半日假可使的?"平儿道:"你们倒好,都商议定了,一天一个告假,又不回奶奶,只和我胡缠。前儿柱儿去了,二爷偏生叫他,叫不着,我应起来了,还说我作了情。你今儿又来了。"周瑞家的道:"当真的他妈病了,姑娘也替他应着,放了他罢。"平儿道:"明儿一早来。听着,我还要使你呢,再睡的日头晒着屁股再来!你这一去,带个信儿给旺儿,就说奶奶的话,问着他那剩的利钱。明儿若不交了来,奶奶也不要了,就爽性送他使罢。"那小厮欢天喜地答应去了。

平儿等来至贾母房中。彼时大观园中姊妹们都在贾母前承奉。刘姥姥进去,只见满屋里珠围翠绕,花枝招展,并不知都系何人。只见一张榻上歪着一位老婆婆,身后坐着一个纱罗裹的美人一般的一个丫鬟在那里捶腿,凤姐儿站着正说笑。刘姥姥便知是贾母了,忙上来陪着笑,福①了几福,口里说:"请老寿星安。"贾母亦忙欠身问好,又命周瑞家的端过椅子来坐着。那板儿仍是怯人,不知问候。

贾母道:"老亲家,你今年多大年纪了?"刘姥姥忙立身答道:"我今年七十五了。"贾母向众人道:"这么大年纪了,还这么健朗。比我大好几岁呢。我要到这么大年纪,还不知怎么动不得呢。"刘姥姥笑道:"我们生来是受苦

---

① 福:这里指旧时女子与人相见时的一种礼节,也叫"万福"。行礼时上身略弯,两手抱拳在胸前右上方上下移动,句中前一福字作动词,后一福字作名词。

的人,老太太生来是享福的。若我们也这样,那些庄家活也没人做了。"贾母道:"眼睛牙齿都还好?"刘姥姥道:"都还好,就是今年左边的槽牙活动了。"贾母道:"我老了,都不中用了,眼也花,耳也聋,记性也没了。你们这些老亲戚,我都不记得了。亲戚们来了,我怕人笑我,我都不会。不过嚼得动的吃两口,睡一觉,闷了时和这些孙子孙女儿顽笑一回就完了。"刘姥姥笑道:"这正是老太太的福了。我们想这么着也不能。"贾母道:"什么福,不过是个老废物罢了。"说的大家都笑了。

　　贾母又笑道:"我才听见凤哥儿说,你带了好些瓜菜来,叫他快收拾去了,我正想个地里现撷的瓜儿菜儿吃。外头买的,不像你们田地里的好吃。"刘姥姥笑道:"这是野意儿,不过吃个新鲜。依我们想鱼肉吃,只是吃不起。"贾母又道:"今儿既认着了亲,别空空儿的就去。不嫌我这里,就住一两天再去。我们也有个园子,园子里头也有果子,你明日也尝尝,带些家去,也算看亲戚一趟。"

　　凤姐儿见贾母喜欢,也忙留道:"我们这里虽不比你们的场院大,空屋子还有两间。你住两天罢,把你们那里的新闻故事儿说些与我们老太太听听。"贾母笑道:"凤丫头,别拿他取笑儿。他是乡屯里的人,老实,那里搁得住你打趣他。"说着,又命人去先抓果子与板儿吃。板儿见人多了,又不敢吃。贾母又命拿些钱给他,叫小幺儿们带他外头顽去。刘姥姥吃了茶,便把些乡村中所见所闻的事情说与贾母,贾母益发得了趣味。正说着,凤姐儿便令人来请刘姥姥吃晚饭。贾母又将自己的菜拣了几样,命人送过去与刘姥姥吃。

　　凤姐知道合了贾母的心,吃了饭便又打发过来。鸳鸯忙令老婆子带了刘姥姥去洗了澡,自己挑了两件随常的衣服令给刘姥姥换上。那刘姥姥那里见过这般行事,忙换了衣裳出来,坐在贾母榻前,又搜寻些话出来说。彼时宝玉姊妹们也都在这里坐着,他们何曾听见过这些话,自觉比那些瞽目先生说的书还好听。

　　那刘姥姥虽是村野人,却生来的有些见识,况且年纪老了,世情上经历过的,见头一个贾母高兴,第二见这些哥儿姐儿们都爱听,便没了说的也编出些话来讲。因说道:"我们村庄上种地种菜,每年每日,春夏秋冬,风里雨里,那有个坐着的空儿,天天都是在地头子上坐歇马凉亭①,什么奇奇怪怪

---

① 歇马凉亭:本指旧时驿路上供人歇马休息的亭子,这里是说农民把地头当做"歇马凉亭"来休息。

的事不见呢。就象去年冬天,接连下了几天雪,地下压了三四尺深。我那日起的早,还没出房门,只听外头柴草响。我想着必定是有人偷柴草来了。我巴着窗户眼儿一瞧,却不是我们村庄上的人。"贾母道:"必定是过路的客人们冷了,见现成的柴,抽些烤火去也是有的。"刘姥姥笑道:"也并不是客人,所以说来奇怪。老寿星当个什么人?原来是一个十七八岁的极标志的一个小姑娘,梳着溜油光的头,穿着大红袄儿,白绫裙儿——"

刚说到这里,忽听外面人吵嚷起来,又说:"不相干的,别唬着老太太。"贾母等听了,忙问怎么了,丫鬟回说"南院马棚里走了水①,不相干,已经救下去了。"贾母最胆小的,听了这个话,忙起身扶了人出至廊上来瞧,只见东南上火光犹亮。贾母唬的口内念佛,忙命人去火神跟前烧香。王夫人等也忙都过来请安,又回说"已经下去了,老太太请进房去罢。"贾母足的②看着火光熄了方领众人进来。宝玉且忙着问刘姥姥:"那女孩儿大雪地作什么抽柴草?倘或冻出病来呢?"贾母道:"都是才说抽柴草惹出火来了,你还问呢。别说这个了,再说别的罢。"宝玉听说,心内虽不乐,也只得罢了。

刘姥姥便又想了一篇,说道:"我们庄子东边庄上,有个老奶奶子,今年九十多岁了。他天天吃斋念佛,谁知就感动了观音菩萨夜里来托梦说,'你这样虔心,原本你该绝后的,如今奏了玉皇,给你个孙子。'原来这老奶奶只有一个儿子,这儿子也只一个儿子,好容易养到十七八岁上死了,哭的什么似的。后果然又养了一个,今年才十三四岁,生的雪团儿一般,聪明伶俐非常。可见这些神佛是有的。"这一席话,实合了贾母王夫人的心事,连王夫人也都听住了。

宝玉心中只记挂着抽柴的故事,因闷闷的心中筹划。探春因问他:"昨日扰了史大妹妹,咱们回去商议着邀一社,又还了席,也请老太太赏菊花,何如?"宝玉笑道:"老太太说了,还要摆酒还史妹妹的席,叫咱们作陪呢。等着吃了老太太的,咱们再请不迟。"探春道:"越往前去越冷了,老太太未必高兴。"宝玉道:"老太太又喜欢下雨下雪的。不如咱们等下头场雪,请老太太赏雪岂不好?咱们雪下吟诗,也更有趣了。"林黛玉忙笑道:"咱们雪下吟诗?依我说,还不如弄一捆柴火,雪下抽柴,还更有趣儿呢。"说着,宝钗等都笑了。宝玉瞅了他一眼,也不答话。

一时散了,背地里宝玉足的拉了刘姥姥,细问那女孩儿是谁。刘姥姥只

---

① 走了水:即"失火"的意思。旧时迷信,忌讳说"失火",故用"走水"来代替,取水能灭火的意思。
② 足的:足足的,到底的。

得编了告诉他道:"那原是我们庄北沿地埂子上有一个小祠堂里供的,不是神佛,当先有个什么老爷。"说着又想名姓。宝玉道:"不拘什么名姓,你不必想了,只说原故就是了。"刘姥姥道:"这老爷没有儿子,只有一位小姐,名叫茗玉。小姐知书识字,老爷太太爱如珍宝。可惜这茗玉小姐生到十七岁,一病死了。"宝玉听了,跌足叹息,又问后来怎么样。刘姥姥道:"因为老爷太太思念不尽,便盖了这祠堂,塑了这茗玉小姐的像,派了人烧香拨火。如今日久年深的,人也没了,庙也烂了,那个像就成了精。"宝玉忙道:"不是成精,规矩这样人是虽死不死的。"刘姥姥道:"阿弥陀佛!原来如此。不是哥儿说,我们都当他成精。他时常变了人出来各村庄店道上闲逛。我才说这抽柴火的就是他了。我们村庄上的人还商议着要打了这塑像平了庙呢。"宝玉忙道:"快别如此。若平了庙,罪过不小。"刘姥姥道:"幸亏哥儿告诉我,我明儿回去告诉他们就是了。"

  宝玉道:"我们老太太、太太都是善人,就是合家大小也都好善喜舍,最爱修庙塑神的。我明儿做一个疏头①,替你化些布施,你就做香头②,攒了钱,把这庙修盖,再装潢了泥像,每月给你香火钱烧香岂不好?"刘姥姥道:"若这样,我托那小姐的福,也有几个钱使了。"宝玉又问他地名、庄名、来往远近,坐落何方。刘姥姥便顺口胡诌了出来。

  宝玉信以为真,回至房中,盘算了一夜。次日一早,便出来给了茗烟几百钱,按着刘姥姥说的方向地名,着茗烟去先踏看明白,回来再做主意。那茗烟去后,宝玉左等也不来,右等也不来,急的热锅上的蚂蚁一般。

  好容易等到日落,方见茗烟兴兴头头的回来。宝玉忙问:"可有庙了?"茗烟笑道:"爷听的不明白,叫我好找。那地名、坐落不似爷说的一样,所以找了一日,找到东北田埂子上才有一个破庙。"宝玉听说,喜的眉开眼笑,忙说道:"刘姥姥有年纪的人,一时错记了也是有的。你且说你见的。"茗烟道:"那庙门却倒是朝南开,也是稀破的。我找的正没好气,一见这个,我说'可好了',连忙进去。一看泥胎,唬的我又跑出来了,活似真的一般。"宝玉喜得笑道:"他能变化人了,自然有些生气。"茗烟拍手道:"那里有什么女孩儿,竟是一位青脸红发的瘟神爷。"宝玉听了,啐了一口,骂道:"真是一个无用的杀材!这点子事也干不来。"茗烟道:"二爷又不知看了什么书,或者听了谁的

---

① 疏头:旧时称分条陈述事情的文字及僧道拜忏所焚化的祝文等叫"疏",也称"疏头"。这里指宝玉要替刘姥姥写一个修庙募捐的"启事"。
② 香头:庙中管理香火杂务的头儿。

混话,信真了,把这件没头脑的事派我去碰头,怎么说我没用呢?"宝玉见他急了,忙抚慰他道:"你别急。改日闲了你再找去。若是他哄我们呢,自然没了;若竟是有的,你岂不也积了阴骘①。我必重重的赏你。"正说着,只见二门上的小厮来说:"老太太房里的姑娘们站在二门口找二爷呢。"

(选自曹雪芹、高鹗《红楼梦》,人民文学出版社1997年版)

阅读提示

《红楼梦》的作者曹雪芹(约1715—1763),名霑,字梦阮,号雪芹,又号芹圃、芹溪。曹家先世原是汉人,明末编入满洲正白旗,因军功而发迹。从曹雪芹的曾祖父曹玺起,曹家三代担任江宁织造。曹雪芹的祖父曹寅深得康熙信任,康熙六次南巡,四次由曹家接驾,并驻跸(帝王出行途中停留暂住)织造府。雍正即位后,曹家开始失势。雍正五年(1727),曹𫖯以"织造款亏空"等罪名被革职抄家。曹雪芹生长在南京,少年时代曾经历过一段钟鸣鼎食的贵族生活,家败后境遇潦倒,晚年移居北京西郊,在"举家食粥酒常赊"的境遇中写作《红楼梦》。乾隆二十七年,幼子夭亡,曹雪芹伤痛过度,"壬午除夕书未成,芹为泪尽而逝"。《红楼梦》最初以八十回手抄本的形式在社会上流传,本名《石头记》。高鹗与程伟元增补后四十回,书名《红楼梦》,通称"程甲本"。鲁迅曾言:"总之自有《红楼梦》出来以后,传统的思想和写法都打破了。"《红楼梦》深刻地揭示了封建贵族阶级衰败的必然性和内在原因。全书洋溢着对"闺阁女子"理想人格的崇尚与讴歌,寄寓着对人与人关系比较合理之社会的幻想与希望。

本回主要描写了螃蟹宴散场、平儿会客、贾母会客等日常生活场景,情节并不复杂。但"小题目中寓大意",作者曹雪芹以其深刻的人生体察、深厚的人道情怀,看到了笑颜中的眼泪、热闹中的悲凉,揭破了生活常态中貌似正常的不正常、看似合理的不合理。作者批判的矛头直指封建社会弱肉强食的阶级压迫,其间传达出对底层不幸者的深切同情。

首先,曹雪芹写出了"王道乐土"中奴婢们的悲哀与不幸。贾府号称"富而好礼"、"从不作践下人"。奴婢们也的确插金戴银,穿着华丽。有才干者,如平儿、鸳鸯,还能得到主子的赏识和信任,甚至可以在螃蟹宴中坐到主子的席上。然而,奴婢们真的是一群"幸运儿"吗?平儿笑道:"先时陪了四个丫头,死的死,去的去,只剩下我一个孤鬼了。"笑颜中流露的是深深的悲凉

---

① 阴骘:阴德。

和无奈。此后四回,平儿即成为贾琏偷情、凤姐泼醋的牺牲品。亦奴亦妾所谓通房丫头的身份,注定"极聪明、极清俊的上等女孩"平儿要与"贾琏之俗,凤姐之威"周旋一生,在痛苦与尴尬中艰难求活。贾母的贴身奴婢鸳鸯也是百里挑一。在螃蟹宴后不久的第四十六回,鸳鸯即遭遇好色大老爷贾赦的逼婚,作为家生子奴婢,鸳鸯无路可逃,只能用老死不嫁的毒誓作为反抗的武器。从小说的结局看,鸳鸯最终亦未能摆脱悲剧的命运。螃蟹宴中提到的彩霞,小说着墨不多,据说她为人老实,服侍夫人尽职尽责。然而,三十二回"含耻辱情烈"而死的金钏,也曾与彩霞一样,尽心伺候过同一个"佛爷似的"太太,金钏的下场让人不免为彩霞的未来担心。"一支王道曲,千红无孑遗",在"王道乐土"中哭泣,是贾府的奴婢们无法挣脱的历史宿命。

其次,硬着头皮"打抽丰"的刘姥姥,与"白玉为堂金做马"的贾府之间,贫富的反差之大不言而喻。揭破这一反差的形成原因,足以颠覆封建贵族阶级存在的合理性。早在第六回"刘姥姥一进荣国府"中,读者就已见识过王熙凤对刘姥姥居高临下的施舍。当二进荣国府的刘姥姥得知,一顿螃蟹宴要吃掉二十多两银子,震惊之下,迅速准确地得出了经济学意味的结论:"阿弥陀佛!这一顿的钱够我们庄家人过一年了。"紧接的下回中,刘姥姥还见识了一两银子一个的鸽子蛋,感叹"也没见声响就没了"。其实鸽子蛋的价值下落,只能从政治经济学中去寻找。贾府高消费所需的银两出自何处?《红楼梦》里回答得清清楚楚。五十三回乌进孝缴租那张令人咂舌的进单就是最好的答案。这张在连年灾害与歉收中产生的血泪单,使贾府钟鸣鼎食的豪华、"富而好礼"的名声充满了讽刺意义,甚至让贾母接见刘姥姥时看似真诚的"惜老怜贫"也显得苍白无力。毕竟,对于一生含辛茹苦的刘姥姥来说,所谓想不到的"天上缘分",不过是打起笑脸,引逗比自己还小好几岁的养尊处优的"老寿星"、"老福星"贾母开心。

本回的思想主旨深刻而丰富。富于戏剧色彩的情节中,表现出作者十分严肃的情感倾向——关爱天下的薄命女子。对刘姥姥虚构的一个处境未知、命运未知的农村女孩,贾宝玉寻根究底,派人寻找,这证明他是一个真正的"爱博而心劳"的"情哥哥"。这种情,是人与人之间的温情,与情欲、占有无关。与此相呼应,作者还写出了以平儿、鸳鸯为代表的奴婢们,虽"身为下贱",却天资聪颖,心地善良,的确荟萃了天地之精华。同时,用墨尽管不多,本回还描写了王熙凤利用职权放高利贷、挖贾家墙角的细节。这形象地诠释了贾探春的理论:这么大的家族,外人杀来一时是杀不尽的,自己人杀起来才一败涂地呢。堡垒总是从内部攻破,这也是贾府必然衰落的一个重要原因。

　　本回在叙事上颇见功力。叙述中既有对前面情节的呼应,也为后面情节埋下伏笔。例如,每一个叙事单元都有情节的生长功能,叙事过程环环相扣,不仅自身浑然一体,还与全书有机相连。叙事的视角富于变化,从平儿到刘姥姥再到贾宝玉,以每个人物的经历、见闻以及心理活动为线索,移步换景,推进情节,从不同的角度揭示了主题。语言描写的个性化臻于完美,闻其言,听其声,便可知其人。人物描写亦虚实得当。王熙凤贪得无厌的性格,在平儿、袭人的对话中跃然纸上;鸳鸯等人的行止见识,则在螃蟹宴众人的评说中活灵活现。

问题与思考

　　一、试分析平儿形象的社会内涵。(通过平儿的命运,揭示了封建社会伦理关系的压迫性,深刻批判了这种阶级关系的残酷与不合理。揭示出贾府"富而好礼"的虚伪性,所谓大善不善,在温情脉脉的面纱之后,是"千红一哭,万艳同悲"的悲剧。写出了为奴隶者,特别是"好奴隶"的可悲;鲁迅讲过的两种悲剧,一种是想做奴隶而不得,另一种是暂时坐稳了奴隶,并为此万分欢喜,后一种是封建制度加之于被压迫者的更为残酷的精神戕害。)

　　二、结合"情哥哥偏寻根究底"的情节,分析《红楼梦》作者的"女性观"。(描写贾宝玉对雪中抽柴女孩的关心,体现了作者对女性生存境遇的关怀,贾宝玉的情,是真情、纯情、博爱之情,包含着平等、自由的人道主义精神。"昭传闺阁",是作者写作《红楼梦》的重要意图。"水做的骨肉"的女子,是贾宝玉的感觉,也是《红楼梦》要表现的女性纯洁的想象,暗含有对封建文化歧视妇女观念的某种反驳。)

　　三、举例说明本回在叙事及人物语言描写上的特点。

　　四、你读过《三国演义》《水浒传》和武侠小说吗? 如果读过,试比较一下你读《红楼梦》的感觉和其他几种小说有何不同。能说说为什么吗?

拓展阅读

　　一、曹雪芹:《红楼梦》,人民文学出版社1956年版 。

　　二、蔡义江:《红楼梦诗词曲赋鉴赏》(修订重排本),中华书局2004年版。

谋 攻

孙 武

孙子曰:凡用兵之法,全国为上,破国次之①;全军②为上,破军次之;全旅③为上,破旅次之;全卒④为上,破卒次之;全伍⑤为上,破伍次之。是故百战百胜,非善之善者也;不战而屈人之兵⑥,善之善者也。

故上兵伐谋⑦,其次伐交⑧,其次伐兵⑨,其下攻城。攻城之法,为不得已。修橹轒辒⑩,具器械⑪,三月而后成;距堙⑫,又三月而后已。将不胜其忿而蚁附之⑬,杀士三分之一,而城不拔者,此攻之灾也。故善用兵者,屈人之兵而非战也,拔人之城而非攻也,毁人之国而非久⑭也。必以全⑮争于天下,故兵不顿⑯而利可全,此谋攻

---

① 全国为上,破国次之:意为完整地使敌国屈服为上策,经过交战击破敌国就次一等。
② 军:古代军队最大的编制单位。《管子·小匡》:"万人为一军。"但实际上春秋各国及后代历朝"一军"人数多少不一。
③ 旅:古代军队的编制单位。五百人为一旅。
④ 卒:古代军队的编制单位。一百人为一卒。
⑤ 伍:古代军队的编制单位。五人为一伍。
⑥ 不战而屈人之兵:无须作战而使敌人的军队屈服。
⑦ 上兵伐谋:最高明的用兵方法是以谋略打败敌人。
⑧ 伐交:通过外交手段打败敌人。
⑨ 伐兵:使用武力打败敌人。
⑩ 修:修造。橹:大盾牌。轒辒(fén wēn):古代一种攻城用的战车,用粗大的木头制作,外面蒙上牛皮,车中可容纳十人。
⑪ 具器械:准备攻城的器械。
⑫ 距堙:靠近敌人城墙修筑的土丘,便于侦察或攻城。
⑬ 将不胜其忿而蚁附之:将领克制不住他们的愤怒,驱使士兵像蚂蚁一样去攻城。
⑭ 久:指长期与敌军对峙。
⑮ 全:指全胜。
⑯ 顿:同"钝",疲惫受损的意思。

之法也。

　　故用兵之法，十则围之①，五则攻之②，倍则分之③，敌④则能战之，少则能逃之，不若⑤则能避之。故小敌之坚，大敌之擒也⑥。

　　故知胜有五：知可以战与不可以战者胜，识众寡之用⑦者胜，上下同欲⑧者胜，以虞待不虞⑨者胜，将能而君不御⑩者胜。此五者，知胜之道也。

　　故曰：知彼知己，百战不殆⑪；不知彼而知己，一胜一负⑫；不知彼不知己，每战必殆。

（选自骈宇骞等译注《孙子兵法·孙膑兵法》，
中华书局2006年版）

阅读提示

　　《孙子兵法》是我国古代最为著名的一部兵书，简称《孙子》，又称《吴孙子兵法》《孙武兵法》，作者是春秋时期的著名军事家孙武。孙武，字长卿，齐国人，生卒年不详，约活动于公元前6世纪末至公元前5世纪初。孙武后来自齐入吴，携兵法求见吴王阖闾，被任为将，率军攻破楚国，对吴国的崛起发挥了重要作用。

　　《孙子兵法》也堪称世界上现存最古老的军事理论著作。它全面总结了殷周以来特别是春秋时期的战争经验，形成了系统的军事思想体系，揭示了一系列具有普遍意义的战争规律，具有丰富的朴素唯物论和辩证法因素。古往今来的众多军事家都曾经从这部书中汲取丰富的营养；后代的兵书，也大多是在继承它的思想理论的基础上形成的，因此《孙子兵法》被誉为"兵

---

① 十则围之：兵力大大超过敌人就包围它。十：泛指数量多。
② 五：指兵力数倍于敌人。这里的"五"也不一定是确数。
③ 倍则分之：兵力比敌人多一倍，就设法分散敌人的兵力。
④ 敌：指兵力与敌人相当。
⑤ 不若：指各种条件不如敌方。
⑥ 小敌之坚，大敌之擒：弱小的军队如果只知硬拼，就会成为强大敌人的俘虏。
⑦ 识众寡之用：意为懂得根据兵力大小而采取不同战术。
⑧ 同欲：齐心同德。
⑨ 虞：意料，这里是事先考虑准备的意思。
⑩ 御：驾驭，这里是牵制干预的意思。
⑪ 殆：危险。
⑫ 一胜一负：意为有时胜有时负。

经"、"兵法之祖"。该书还被翻译成英、日、法、俄、德、捷等数十种文字,流传世界各地,一些国家的军校甚至把它列为教材。

　　《孙子兵法》有十三篇文章,《谋攻》是其第三篇,内容主要论述如何进攻敌方。这篇文章体现了孙子某些很有价值和很有启发的战争思想,同时还揭示了战争取胜的重要规律。首先,他认为使敌国敌军不战而降服为上策,经过交战而击败敌人,效果就差一些。这是因为交战时自己一方必然也会有人员伤亡和财产损失。不靠硬攻,无需久战,以尽可能小的代价,去争取最大的战果,力求"不战而屈人之兵",孙子认为这是最理想的结果。其次,为了实现"不战而屈人之兵"的目标,孙子强调要用谋略取胜。这里所说的谋略,主要是指政治谋略。以政治手段取胜,这是用兵的上策;其次是以外交手段取胜;使用武力,攻打城池,属于下策。孙子的上述这两个观点,对用兵者有重要启示。不过我们也应该看到,战争毕竟是综合实力的较量,"不战而屈人之兵"、"伐谋"、"伐交",都必须具备一定的条件,最关键的是要有强大实力做后盾。再次,孙子提出了敌我双方兵力对比不同时所应采取的战术策略,即"十则围之,五则攻之,倍则分之;敌则能战之,少则能逃之,不若则能避之",主张兵力处于优势时主动与敌人作战,处于劣势的情况下则不要硬拼。尽管历史上不乏以少胜多的成功战例,但弱小的军队避免与强敌硬拼,注意保存实力,无疑是明智的选择。最后,孙子强调指出,"谋攻"不仅需要知道自己的实力,还要了解对方的情况。"知彼知己,百战不殆"这句至理名言,揭示出了一条普遍而重要的规律。孙子在两千多年前就能认识到这一点,是非常了不起的。它不仅可以用于指导战争,所展现的深刻哲理和高度智慧,也为从事其他事业的人们提供了有益的启迪。

问题与思考

　　一、为什么说"不战而屈人之兵,善之善者也"?

　　二、在敌我双方兵力对比各不相同的情况下,孙子主张分别采取什么样的战术?

　　三、分析"知彼知己,百战不殆"的哲学意义。

雁荡山

沈 括

温州雁荡山①,天下奇秀。然自古图牒②,未尝有言者。祥符③中,因造玉清宫④,伐山取材,方有人见之,此时尚未有名。按西域⑤书,阿罗汉诺矩罗居震旦东南大海际雁荡山芙蓉峰龙湫⑥。唐僧贯休为《诺矩罗赞》⑦,有"雁荡经行云漠漠,龙湫宴坐雨濛濛"之句⑧。此山南有芙蓉峰,峰下芙蓉驿⑨,前瞰⑩大海,然未知雁荡⑪、龙湫所在。后因伐木,始见此山。山顶有大池,相传以为雁荡;下有二潭水,以为龙湫。又有经行峡、宴坐峰,皆后人以贯休诗名之

---

① 温州:州名,今浙江温州市。雁荡山:温州境内的著名山峰。分南北两山:南雁荡山在温州平阳县西;北雁荡山在温州乐清市东北,其第二高峰名雁湖岗,山顶原有湖泊,芦苇丛生,结草成荡,秋季常有大雁来此栖息,故称雁荡。北雁荡山遍布奇峰、怪石、异洞、飞瀑等胜迹,通常所称雁荡山,即指北雁荡。作者于宋神宗熙宁六年(1073)察访浙东时,曾到过此地。
② 图牒(dié):地图文籍。
③ 祥符:大中祥符的简称,宋真宗年号(1008—1016)。
④ 玉清宫:全称玉清昭应宫。宋真宗于大中祥符元年至七年(1008—1014)在原昭应宫的基础上扩建而成。
⑤ 按:考查。西域书:泛指佛经。
⑥ 阿罗汉:梵文 Arhat 的音译,简称罗汉,意为"尊者"。诺矩罗:唐代僧人。原名罗尧运,眉州青神(今四川青神)人。后被列为十八罗汉之一。震旦:古代印度人对中国的称呼。芙蓉峰:雁荡山峰之一,在雁荡山南部。龙湫(qiū):雁荡山瀑布名。有大龙湫、小龙湫,大龙湫为雁荡山最著名的瀑布。
⑦ 贯休(832—912):唐代著名僧人。本姓姜,字德隐,婺州兰溪(今浙江兰溪)人。工书画,善诗,著有《禅月集》。赞:古代的一种文体,用于赞美或评述。
⑧ 经行:行程中经过。漠漠:形容云雾弥漫。宴坐:悠闲静坐。
⑨ 驿:古代供旅行的官员和递送公文者暂住的处所。
⑩ 瞰(kàn):俯视。
⑪ 雁荡:这里指雁湖岗顶的湖泊。

也。谢灵运为永嘉守①，凡永嘉山水，游历殆②遍，独不言此山，盖当时未有雁荡之名。

予观雁荡诸峰，皆峭拔崄怪③，上耸千尺，穿④崖巨谷，不类他山，皆包在诸谷中，自岭外望之，都无所见；至谷中，则森然干霄⑤。原⑥其理，当是为谷中大水冲激⑦，沙土尽去，唯巨石岿然挺立耳。如大小龙湫、水帘、初月谷之类⑧，皆是水凿⑨之穴。自下望之，则高岩峭壁；从上观之，适与地平，以至诸峰之顶，亦低于山顶之地面。世间沟壑中水凿之处，皆有植土龛岩⑩，亦此类耳。今成皋、陕西⑪大涧中，立土⑫及百尺，迥然⑬耸立，亦雁荡具体而微⑭者，但此土彼石耳。既非挺出地上，则为深谷林莽⑮所蔽，故古人未见，灵运所不至，理不足怪也。

（选自胡道静校证《梦溪笔谈校证》，上海古籍出版社1987年版）

阅读提示

《梦溪笔谈》是我国古代一部笔记体著作。作者沈括（1031—1095），字存中，钱塘（今浙江杭州）人。北宋嘉祐元年进士，曾任提举司天监等职。《宋史》本传称他"博学善文，于天文、方志、律历、音乐、医药、卜算，无所不通，皆有所论著"。本书集沈括一生见闻学识之精粹而成，因完成于其晚年所居住的梦溪园（在今江苏镇江），又以笔记的形式写成，故名《梦溪笔谈》。

---

① 谢灵运（385—433）：南朝刘宋著名诗人。陈郡阳夏（今河南太康）人，移籍会稽（今浙江绍兴）。东晋袭封康乐公。刘宋时任永嘉太守，创作了许多吟咏当地名胜的诗歌。永嘉：郡名，今浙江温州市。
② 殆：几乎。
③ 峭拔：峻峭挺拔。崄：同"险"。
④ 穿：高大。
⑤ 森然干霄：形容山峰林立，高耸云天。干（gān）：上冲。
⑥ 原：探究根源。
⑦ 冲激：冲刷侵蚀。
⑧ 水帘：即水帘洞，雁荡山洞穴之一。初月谷：雁荡山的一条峡谷。
⑨ 水凿：水流冲刷。
⑩ 植土：指直立的土柱之类。下文"立土"意同。龛（kān）岩：指表面布满凹洞的直立岩。
⑪ 成皋（gāo）：县名，治所在今河南荥阳市汜水镇西。陕西：路名，今陕西西安市。
⑫ 动：往往，常常。
⑬ 迥然：犹"孑然"，孤立的样子。
⑭ 具体而微：缩影的意思。
⑮ 林莽：茂密的丛林。

全书有二十六卷(另有《补笔谈》三卷、《续笔谈》一卷),分故事、辩证、乐律、象数、人事、官政、权智、艺文、书画、技艺、器用、神奇、异事、谬误、讥谑、杂志、药议十七类,内容包罗万象,涉及典章制度、历史、语言、文学、艺术等众多领域,但其中最主要的是科技方面的内容。《梦溪笔谈》对我国古代科技领域的众多发现和发明创造作了详细的记载。比如毕昇发明活字印刷术,一个名叫高超的水利工程师所创造的巧合龙门的三节压埽(sào)法等,都是由于该书的记载,后人才得以了解。书中同时也有很多沈括本人的科学探索成果。比如作者发明"十二气历",以节气定历,废除了传统阴阳合历中的置闰之法,这是历法上的一个重大变革。又如在数学领域,作者首创隙积术,奠定了高阶等差级数求和问题的基础;物理学方面,他首次发现了地磁偏角现象,作了关于球面镜成像的实验等;在化学上,他最早提出"石油"的名称,并预言"此物后必大行于世"。这些成就都处于当时世界科技领域的领先水平,充分反映出沈括的超群卓识和不凡才能。《梦溪笔谈》一书具有重要的科学价值,是我国科技史上里程碑式的著作,英国著名的科学史学者李约瑟也称赞它是"中国科学史上的坐标"。

本文选自沈括《梦溪笔谈》卷二十四《杂志一》,是一篇有关地质地貌学的文章。文章首先介绍了雁荡山胜景被发现的经过和命名的由来,接着描述雁荡山特殊的地质地貌,并科学地分析了它的成因。

雁荡山位于浙江温州乐清市境内,面积450平方公里,是我国东南沿海的一处风景胜地。景区内到处可见奇峰怪石、异洞飞瀑,主要景点有素称"雁荡三绝"的灵峰、灵岩和大龙湫瀑布等。雁荡山不仅山水奇秀,还被联合国教科文组织授予了"世界地质公园"的称号,因为它的地质构造和地貌形态十分特殊典型,被地质学界称作白垩纪破火山的立体模型。

雁荡山形成于距今约1亿2000万年的白垩纪,由火山喷发的流纹质岩构成。数千万年前,这里的地表被风和水流逐渐夷为平地。后来由于地壳运动的影响,又抬升为高达千米且山顶呈平坦状态的山地。与此同时,山地的流纹岩受到流水的长期侵蚀,其表面的众多裂缝不断扩大加深,逐渐变成了山沟河谷,这时沟谷之间质地坚硬的岩体便相对突显出来,成为耸立的山峰,于是就有了今天我们所看到的峰峦耸拔、坡麓陡峭、岩洞密布、峰谷高低相映成趣的奇特景观。作者通过雁荡山的实地考察,不仅具体描述了其特殊地貌,更明确指出雁荡山峰的形成"当是为谷中大水冲激,沙土尽去,唯巨石岿然挺立耳"。他还进一步联想到成皋、陕西等地那些高耸百尺的"立土"乃至世间的"植土龛岩",推断它们同样也都是"水凿"即流水侵蚀的结果。

西方地质学界最早提出流水侵蚀学说的是英国学者郝登(James Hutton)的《地球理论》(1788)一书,而沈括对雁荡山地貌的科学解释,比郝登的论述早了约七百年。

沈括还观察到,雁荡山"自下望之则高岩峭壁,从上观之,适与地平,以至诸峰之顶,亦低于山顶之地面"。这种奇特现象,现代地貌学称作"夷平面",它是地貌发育过程的一个显著标志,对地貌学乃至地质学、古地理学的研究都有重要价值。作者对这一特殊地貌现象的认识,也比西方科学界要早得多。这既反映出他对自然界的观察认真细致,也说明他有独到的科学眼光。

这篇文章除了记述自然现象和科学知识,文字也很流畅自然,特别是描述雁荡奇特景观时,言简意赅,准确而又不失形象。文章开头介绍雁荡山胜景的发现经过和命名由来时,旁征博引,足见作者不仅对自然科学有深入的了解研究,也精通人文历史,学识渊博。从中我们可以体会到,一个人具有丰富的文史知识,对从事科学研究是大有裨益的。

问题与思考

一、结合本文了解流水对地貌的形成作用。("原其理,当是为谷中大水冲激,沙土尽去,唯巨石岿然挺立耳。如大小龙湫、水帘、初月谷之类,皆是水凿之穴。世间沟壑中水凿之处,皆有植土龛岩。"山谷中的大水冲刷地表,对沙土形成强烈的侵蚀搬运能力,因此造就了雁荡山峰"峭拔崄怪"、"穹崖巨谷"相映的奇特景观。自然界有许多类似的地貌,也都是流水侵蚀的结果。)

二、在老师指导下查找相关文献,了解并简述沈括对地理学的主要贡献。

拓展阅读

一、胡道静:《〈梦溪笔谈〉导读》,巴蜀书社1988版。
二、祖慧:《沈括评传》,南京大学出版社2004年版。

现代文

伤 逝

鲁 迅

如果我能够,我要写下我的悔恨和悲哀,为子君,为自己。

会馆①里的被遗忘在偏僻里的破屋是这样地寂静和空虚。时光过得真快,我爱子君,仗着她逃出这寂静和空虚,已经满一年了。事情又这么不凑巧,我重来时,偏偏空着的又只有这一间屋。依然是这样的破窗,这样的窗外的半枯的槐树和老紫藤,这样的窗前的方桌,这样的败壁,这样的靠壁的板床。深夜中独自躺在床上,就如我未曾和子君同居以前一般,过去一年中的时光全被消灭,全未有过,我并没有曾经从这破屋子搬出,在吉兆胡同创立了满怀希望的小小的家庭。

不但如此。在一年之前,这寂静和空虚是并不这样的,常常含着期待;期待子君的到来。在久待的焦躁中,一听到皮鞋的高底尖触着砖路的清响,是怎样地使我骤然生动起来呵!于是就看见带着笑涡的苍白的圆脸,苍白的瘦的臂膊,布的有条纹的衫子,玄色的裙。她又带了窗外的半枯的槐树的新叶来,使我看见,还有挂在铁似的老干上的一房一房的紫白的藤花。

然而现在呢,只有寂静和空虚依旧,子君却决不再来了,而且永远,永远地!……

子君不在我这破屋里时,我什么也看不见。在百无聊赖中,随手抓过一本书来,科学也好,文学也好,横竖什么都一样;看下去,看下去,忽而自己觉得,已经翻了十多页了,但是毫不记得书上所

---

① 旧时都市中同乡会或同业公会设立的馆舍,供同乡或同业旅居、聚会之用。

说的事。只是耳朵却分外地灵,仿佛听到大门外一切往来的履声,从中便有子君的,而且橐橐地逐渐临近,——但是,往往又逐渐渺茫,终于消失在别的步声的杂沓中了。我憎恶那不像子君鞋声的穿布底鞋的长班①的儿子,我憎恶那太像子君鞋声的常常穿着新皮鞋的邻院的搽雪花膏的小东西!

莫非她翻了车么?莫非她被电车撞伤了么?……

我便要取了帽子去看她,然而她的胞叔就曾经当面骂过我。

蓦然,她的鞋声近来了,一步响于一步,迎出去时,却已经走过紫藤棚下,脸上带着微笑的酒窝。她在她叔子的家里大约并未受气;我的心宁帖了,默默地相视片时之后,破屋里便渐渐充满了我的语声,谈家庭专制,谈打破旧习惯,谈男女平等,谈伊孛生,谈泰戈尔,谈雪莱②……。她总是微笑点头,两眼里弥漫着稚气的好奇的光泽。壁上就钉着一张铜板的雪莱半身像,是从杂志上裁下来的,是他的最美的一张像。当我指给她看时,她却只草草一看,便低了头,似乎不好意思了。这些地方,子君就大概还未脱尽旧思想的束缚,——我后来也想,倒不如换一张雪莱淹死在海里的记念像或是伊孛生的罢;但也终于没有换,现在是连这一张也不知那里去了。

"我是我自己的,他们谁也没有干涉我的权利!"

这是我们交际了半年,又谈起她在这里的胞叔和在家的父亲时,她默想了一会之后,分明地,坚决地,沉静地说了出来的话。其时是我已经说尽了我的意见,我的身世,我的缺点,很少隐瞒;她也完全了解的了。这几句话很震动了我的灵魂,此后许多天还在耳中发响,而且说不出的狂喜,知道中国女性,并不如厌世家所说那样的无法可施,在不远的将来,便要看见辉煌的曙色的。

送她出门,照例是相离十多步远;照例是那鲇鱼须的老东西的

---

① 旧时官员的随身仆人,也用来称呼一般的"听差"。
② 伊孛生(H. Ibsen,1982—1906)通译易卜生,挪威剧作家。泰戈尔(R. Tagore,1861—1941),印度诗人。1924年曾来过中国。当时他的诗作译成中文的有《新月集》、《飞鸟集》等。雪莱(P. B. Shelley,1792—1822),英国诗人。曾参加爱尔兰民族独立运动,因传播革命思想和争取婚姻自由屡遭迫害。后在海里覆舟淹死。他的《西风颂》、《云雀颂》等著名短诗,五四后被介绍到中国。

脸又紧帖在脏的窗玻璃上了,连鼻尖都挤成一个小平面;到外院,照例又是明晃晃的玻璃窗里的那小东西的脸,加厚的雪花膏。她目不邪视地骄傲地走了,没有看见;我骄傲地回来。

"我是我自己的,他们谁也没有干涉我的权利!"这彻底的思想就在她的脑里,比我还透澈,坚强得多。半瓶雪花膏和鼻尖的小平面,于她能算什么东西呢?

我已经记不清那时怎样地将我的纯真热烈的爱表示给她。岂但现在,那时的事后便已模糊,夜间回想,早只剩了一些断片了;同居以后一两月,便连这些断片也化作无可追踪的梦影。我只记得那时以前的十几天,曾经很仔细地研究过表示的态度,排列过措辞的先后,以及倘或遭了拒绝以后的情形。可是临时似乎都无用,在慌张中,身不由己地竟用了在电影上见过的方法了。后来一想到,就使我很愧恧,但在记忆上却偏只有这一点永远留遗,至今还如暗室的孤灯一般,照见我含泪握着她的手,一条腿跪了下去⋯⋯。

不但我自己的,便是子君的言语举动,我那时就没有看得分明;仅知道她已经允许我了。但也还仿佛记得她脸色变成青白,后来又渐渐转作绯红,——没有见过,也没有再见的绯红;孩子似的眼里射出悲喜,但是夹着惊疑的光,虽然力避我的视线,张皇地似乎要破窗飞来。然而我知道她已经允许我了,没有知道她怎样说或是没有说。

她却是什么都记得:我的言辞,竟至于读熟了的一般,能够滔滔背诵;我的举动,就如有一张我所看不见的影片挂在眼下,叙述得如生,很细微,自然连那使我不愿再想的浅薄的电影的一闪。夜阑人静,是相对温习的时候了,我常是被质问,被考验,并且被命复述当时的言语,然而常须由她补足,由她纠正,像一个丁等的学生。

这温习后来也渐渐稀疏起来。但我只要看见她两眼注视空中,出神似的凝想着,于是神色越加柔和,笑窝也深下去,便知道她又在自修旧课了,只是我很怕她看到我那可笑的电影的一闪。但我又知道,她一定要看见,而且也非看不可的。

然而她并不觉得可笑。即使我自己以为可笑,甚而至于可鄙的,她也毫不以为可笑。这事我知道得很清楚,因为她爱我,是这样地热烈,这样地纯真。

去年的暮春是最为幸福,也是最为忙碌的时光。我的心平静下去了,但又有别一部分和身体一同忙碌起来。我们这时才在路上同行,也到过几回公园,最多的是寻住所。我觉得在路上时时遇到探索,讥笑,猥亵和轻蔑的眼光,一不小心,便使我的全身有些瑟缩,只得即刻提起我的骄傲和反抗来支持。她却是大无畏的,对于这些全不关心,只是镇静地缓缓前行,坦然如入无人之境。

寻住所实在不是容易事,大半是被托辞拒绝,小半是我们以为不相宜。起先我们选择得很苛酷,——也非苛酷,因为看去大抵不像是我们的安身之所;后来,便只要他们能相容了。看了二十多处,这才得到可以暂且敷衍的处所,是吉兆胡同一所小屋里的两间南屋;主人是一个小官,然而倒是明白人,自住着正屋和厢房。他只有夫人和一个不到周岁的女孩子,雇一个乡下的女工,只要孩子不啼哭,是极其安闲幽静的。

我们的家具很简单,但已经用去了我的筹来的款子的大半;子君还卖掉了她唯一的金戒指和耳环。我拦阻她,还是定要卖,我也就不再坚持下去了;我知道不给她加入一点股分去,她是住不舒服的。

和她的叔子,她早经闹开,至于使他气愤到不再认她做侄女;我也陆续和几个自以为忠告,其实是替我胆怯,或者竟是嫉妒的朋友绝了交。然而这倒很清静。每日办公散后,虽然已近黄昏,车夫又一定走得这样慢,但究竟还有二人相对的时候。我们先是沉默的相视,接着是放怀而亲密的交谈,后来又是沉默。大家低头沉思着,却并未想着什么事。我也渐渐清醒地读遍了她的身体,她的灵魂,不过三星期,我似乎于她已经更加了解,揭去许多先前以为了解而现在看来却是隔膜,即所谓真的隔膜了。

子君也逐日活泼起来。但她并不爱花,我在庙会①时买来的两盆小草花,四天不浇,枯死在壁角了,我又没有照顾一切的闲暇。然而她爱动物,也许是从官太太那里传染的罢,不一月,我们的眷属便骤然加得很多,四只小油鸡,在小院子里和房主人的十多只在一同走。但她们却认识鸡的相貌,各知道那一只是自家的。还有一只花白的叭儿狗,从庙会买来,记得似乎原有名字,子君却给它

---

① 又称"庙市",旧时在节日或规定的日子,设在寺庙或其附近的集会。

另起了一个,叫作阿随。我就叫它阿随,但我不喜欢这名字。

这是真的,爱情必须时时更新,生长,创造。我和子君说起这,她也领会地点点头。

唉唉,那是怎样的宁静而幸福的夜呵!

安宁和幸福是要凝固的,永久是这样的安宁和幸福。我们在会馆里时,还偶有议论的冲突和意思的误会,自从到吉兆胡同以来,连这一点也没有了;我们只在灯下对坐的怀旧谭中,回味那时冲突以后的和解的重生一般的乐趣。

子君竟胖了起来,脸色也红活了;可惜的是忙。管了家务便连谈天的工夫也没有,何况读书和散步。我们常说,我们总还得雇一个女工。

这就使我也一样地不快活,傍晚回来,常见她包藏着不快活的颜色,尤其使我不乐的是她要装作勉强的笑容。幸而探听出来了,也还是和那小官太太的暗斗,导火线便是两家的小油鸡。但又何必硬不告诉我呢?人总该有一个独立的家庭。这样的处所,是不能居住的。

我的路也铸定了,每星期中的六天,是由家到局,又由局到家。在局里便坐在办公桌前钞,钞,钞些公文和信件;在家里是和她相对或帮她生白炉子,煮饭,蒸馒头。我的学会了煮饭,就在这时候。

但我的食品却比在会馆里时好得多了。做菜虽不是子君的特长,然而她于此却倾注着全力;对于她的日夜的操心,使我也不能不一同操心,来算作分甘共苦。况且她又这样地终日汗流满面,短发都粘在脑额上;两只手又只是这样地粗糙起来。

况且还要饲阿随,饲油鸡,……都是非她不可的工作。

我曾经忠告她,我不吃,倒也罢了;却万不可这样的操劳。她只看了我一眼,不开口,神色却似乎有点凄然;我也只好不开口。然而她还是这样地操劳。

我所豫期的打击果然到来。双十节的前一晚,我呆坐着,她在洗碗。听到打门声,我去开门时,是局里的信差,交给我一张油印的纸条。我就有些料到了,到灯下去一看,果然,印着的就是:

> 奉
> 局长谕史涓生着毋庸到局办事
> 秘书处启　十月九号

　　这在会馆里时，我就早已料到了；那雪花膏便是局长的儿子的赌友，一定要去添些谣言，设法报告的。到现在才发生效验，已经要算是很晚的了。其实这在我不能算是一个打击，因为我早就决定，可以给别人去钞写，或者教读，或者虽然费力，也还可以译点书，况且《自由之友》的总编辑便是见过几次的熟人，两月前还通过信。但我的心却跳跃着。那么一个无畏的子君也变了色，尤其使我痛心；她近来似乎也较为怯弱了。

　　"那算什么。哼，我们干新的。我们……"。她说。

　　她的话没有说完；不知怎地，那声音在我听去却只是浮浮的；灯光也觉得格外黯淡。人们真是可笑的动物，一点极微末的小事情，便会受着很深的影响。我们先是默默地相视，逐渐商量起来，终于决定将现有的钱竭力节省，一面登"小广告"去寻求钞写和教读，一面写信给《自由之友》的总编辑，说明我目下的遭遇，请他收用我的译本，给我帮一点艰辛时候的忙。

　　"说做，就做罢！来开一条新的路！"

　　我立刻转身向了书案，推开盛香油的瓶子和醋碟，子君便送过那黯淡的灯来。我先拟广告；其次是选定可译的书，迁移以来未曾翻阅过，每本的头上都满漫着灰尘了；最后才写信。

　　我很费踌躇，不知道怎样措辞好，当停笔凝思的时候，转眼去一瞥她的脸，在昏暗的灯光下，又很见得凄然。我真不料这样微细的小事情，竟会给坚决的，无畏的子君以这么显著的变化。她近来实在变得很怯弱了，但也并不是今夜才开始的。我的心因此更缭乱，忽然有安宁的生活的影像——会馆里的破屋的寂静，在眼前一闪，刚刚想定睛凝视，却又看见了昏暗的灯光。

　　许久之后，信也写成了，是一封颇长的信；很觉得疲劳，仿佛近来自己也较为怯弱了。于是我们决定，广告和发信，就在明日一同实行。大家不约而同地伸直了腰肢，在无言中，似乎又都感到彼此的坚忍崛强的精神，还看见从新萌芽起来的将来的希望。

外来的打击其实倒是振作了我们的新精神。局里的生活，原如鸟贩子手里的禽鸟一般，仅有一点小米维系残生，决不会肥胖；日子一久，只落得麻痹了翅子，即使放在笼外，早已不能奋飞。现在总算脱出这牢笼了，我从此要在新的开阔的天空中翱翔，趁我还未忘却了我的翅子的扇动。

小广告是一时自然不会发生效力的；但译书也不是容易事，先前看过，以为已经懂得的，一动手，却疑难百出了，进行得很慢。然而我决计努力地做，一本半新的字典，不到半月，边上便有了一大片乌黑的指痕，这就证明着我的工作的切实。《自由之友》的总编辑曾经说过，他的刊物是决不会埋没好稿子的。

可惜的是我没有一间静室，子君又没有先前那么幽静，善于体贴了，屋子里总是散乱着碗碟，弥漫着煤烟，使人不能安心做事，但是这自然还只能怨我自己无力置一间书斋。然而又加以阿随，加以油鸡们。加以油鸡们又大起来了，更容易成为两家争吵的引线。

加以每日的"川流不息"的吃饭；子君的功业，仿佛就完全建立在这吃饭中。吃了筹钱，筹来吃饭，还要喂阿随，饲油鸡；她似乎将先前所知道的全都忘掉了，也不想到我的构思就常常为了这催促吃饭而打断。即使在坐中给看一点怒色，她总是不改变，仍然毫无感触似的大嚼起来。

使她明白了我的作工不能受规定的吃饭的束缚，就费去五星期。她明白之后，大约很不高兴罢，可是没有说。我的工作果然从此较为迅速地进行，不久就共译了五万言，只要润色一回，便可以和做好的两篇小品，一同寄给《自由之友》去。只是吃饭却依然给我苦恼。菜冷，是无妨的，然而竟不够；有时连饭也不够，虽然我因为终日坐在家里用脑，饭量已经比先前要减少得多。这是先去喂了阿随了，有时还并那近来连自己也轻易不吃的羊肉。她说，阿随实在瘦得太可怜，房东太太还因此嗤笑我们了，她受不住这样的奚落。

于是吃我残饭的便只有油鸡们。这是我积久才看出来的，但同时也如赫胥黎①的论定"人类在宇宙间的位置"一般，自觉了我

---

① 赫胥黎(T. Huxley, 1825—1895)英国生物学家。他的《人类在宇宙间的位置》（今译《人类在自然界的位置》），是宣传达尔文的进化论的重要著作。

在这里的位置:不过是叭儿狗和油鸡之间。

后来,经多次的抗争和催逼,油鸡们也逐渐成为肴馔,我们和阿随都享用了十多日的鲜肥;可是其实都很瘦,因为它们早已每日只能得到几粒高粱了。从此便清静得多。只有子君很颓唐,似乎常觉得凄苦和无聊,至于不大愿意开口。我想,人是多么容易改变啊!

但是阿随也将留不住了。我们已经不能再希望从什么地方会有来信,子君也早没有一点食物可以引它打拱或直立起来。冬季又逼近得这么快,火炉就要成为很大的问题;它的食量,在我们其实早是一个极易觉得的很重的负担。于是连它也留不住了。

倘使插了草标①到庙市去出卖,也许能得几文钱罢,然而我们都不能,也不愿这样做。终于是用包袱蒙着头,由我带到西郊去放掉了,还要追上来,便推在一个并不是很深的土坑里。

我一回寓,觉得又清静得多多了;但子君的凄惨的神色,却使我很吃惊。那是没有见过的神色,自然是为阿随。但又何至于此呢?我还没有说起推在土坑里的事。

到夜间,在她的凄惨的神色中,加上冷冰的分子了。

"奇怪。——子君,你怎么今天这样儿了?"我忍不住问。

"什么?"她连看也不看我。

"你的脸色……。"

"没有什么,——什么也没有。"

我终于从她言动上看出,她大概已经认定我是一个忍心的人。其实,我一个人,是容易生活的,虽然因为骄傲,向来不与世交来往,迁居以后,也疏远了所有旧识的人,然而只要能远走高飞,生路还宽广得很。现在忍受着这生活压迫的苦痛,大半倒是为她,便是放掉阿随,也何尝不如此。但子君的识见却似乎只是浅薄起来,竟至于连这一点也想不到了。

我拣了一个机会,将这些道理暗示她;她领会似的点头。然而看她后来的情形,她是没有懂,或者是并不相信的。

天气的冷和神情的冷,逼迫我不能在家庭中安身。但是往那

---

① 旧时在被卖的人身或物品上插置草杆,作为出卖的标志。

里去呢？大道上，公园里，虽然没有冰冷的神情，冷风究竟也刺得人皮肤欲裂。我终于在通俗图书馆里觅得了我的天堂。

那里无须买票；阅书室里又装着两个铁火炉。纵使不过是烧着不死不活的煤的火炉，但单是看见装着它，精神上也就总觉得有些温暖。书却无可看：旧的陈腐，新的是几乎没有的。

好在我到那里去也并非为看书。另外时常还有几个人，多则十余人，都是单薄衣裳，正如我，各人看各人的书，作为取暖的口实。这于我尤为合式。道路上容易遇到熟人，得到轻蔑的一瞥，但此地却决无那样的横祸，因为他们是永远围在别的铁炉旁，或者靠在自家的白炉边的。

那里虽然没有书给我看，却还有安闲容得我想。待到孤身枯坐，回忆从前，这才觉得大半年来，只为了爱，——盲目的爱，——而将别的人生的要义全盘疏忽了。第一，便是生活。人必生活着，爱才有所附丽。世界上并非没有为了奋斗者而开的活路；我也还未忘却翅子的扇动，虽然比先前已经颓唐得多……。

屋子和读者渐渐消失了，我看见怒涛中的渔夫，战壕中的兵士，摩托车①中的贵人，洋场上的投机家，深山密林中的豪杰，讲台上的教授，昏夜的运动者和深夜的偷儿……。子君，——不在近旁。她的勇气都失掉了，只为着阿随悲愤，为着做饭出神；然而奇怪的是倒也并不怎样瘦损……。

冷了起来，火炉里的不死不活的几片硬煤，也终于烧尽了，已是闭馆的时候。又须回到吉兆胡同，领略冰冷的颜色去了。近来也间或遇到温暖的神情，但这却反而增加我的苦痛。记得有一夜，子君的眼里忽而又发出久已不见的稚气的光来，笑着和我谈到还在会馆时候的情形，时时又很带些恐怖的神色。我知道我近来的超过她的冷漠，已经引起她的忧疑来，只得也勉力谈笑，想给她一点慰藉。然而我的笑貌一上脸，我的话一出口，却即刻变为空虚，这空虚又即刻发生反响，回向我的耳目里，给我一个难堪的恶毒的冷嘲。

子君似乎也觉得的，从此便失掉了她往常的麻木似的镇静，虽然竭力掩饰，总还是时时露出忧疑的神色来，但对我却温和得多了。

---

① 当时对小汽车的称呼。

我要明告她,但我还没有敢,当决心要说的时候,看见她孩子一般的眼色,就使我只得暂且改作勉强的欢容。但是这又即刻来冷潮我,并使我失却那冷漠的镇静。

　　她从此又开始了往事的温习和新的考验,逼我做出许多虚伪的温存的答案来,将温存示给她,虚伪的草稿便写在自己的心上。我的心渐被这些草稿填满了,常觉得难于呼吸。我在苦恼中常常想,说真实自然须有极大的勇气的;假如没有这勇气,而苟安于虚伪,那也便是不能开辟新的生路的人。不独不是这个,连这人也未尝有!

　　子君有怨色,在早晨,极冷的早晨,这是从未见过的,但也许是从我看来的怨色。我那时冷冷地气愤和暗笑了;她所磨练的思想和豁达无畏的言论,到底也还是一个空虚,而对于这空虚却并未自觉。她早已什么书也不看,已不知道人的生活的第一着是求生,向着这求生的道路,是必须携手同行,或奋身孤往的了,倘使只知道捶着一个人的衣角,那便是虽战士也难于战斗,只得一同灭亡。

　　我觉得新的希望就只在我们的分离;她应该决然舍去,——我也突然想到她的死,然而立刻自责,忏悔了。幸而是早晨,时间正多,我可以说我的真实。我们的新的道路的开辟,便在这一遭。

　　我和她闲谈,故意地引起我们的往事,提到文艺,于是涉及外国的文人,文人的作品:《诺拉》,《海的女人》①。称扬诺拉的果决……。也还是去年在会馆的破屋里讲过的那些话,但现在已经变成空虚,从我的嘴传入自己的耳中,时时疑心有一个隐形的坏孩子,在背后恶意地刻毒地学舌。

　　她还是点头答应着倾听,后来沉默了。我也就断续地说完了我的话,连余音都消失在虚空中了。

　　"是的。"她又沉默了一会,说,"但是,……涓生,我觉得你近来很两样了。可是的?你,——你老实告诉我。"

　　我觉得这似乎给了我当头一击,但也立即定了神,说出我的意见和主张来:新的路的开辟,新的生活的再造,为的是免得一同

---

① 《诺拉》通译《娜拉》(又译作《玩偶之家》);《海的女人》通译《海的夫人》。都是易卜生的著名剧作。

灭亡。

临末,我用了十分的决心,加上这几句话:

"……况且你已经可以无须顾虑,勇往直前了。你要我老实说;是的,人是不该虚伪的。我老实说罢:因为,因为我已经不爱你了!但这于你倒好得多,因为你更可以毫无挂念地做事……。"

我同时豫期着大的变故的到来,然而只有沉默。她脸色陡然变成灰黄,死了似的;瞬间便又苏生,眼里也发了稚气的闪闪的光泽。这眼光射向四处,正如孩子在饥渴中寻求着慈爱的母亲,但只在空中寻求,恐怖地回避着我的眼。

我不能看下去了,幸而是早晨,我冒着寒风径奔通俗图书馆。

在那里看见《自由之友》,我的小品文都登出了。这使我一惊,仿佛得了一点生气。我想,生活的路还很多,——但是,现在这样也还是不行的。

我开始去访问久已不相闻问的熟人,但这也不过一两次;他们的屋子自然是暖和的,我在骨髓中却觉得寒冽。夜间,便蜷伏在比冰还冷的冷屋中。

冰的针刺着我的灵魂,使我永远苦于麻木的疼痛。生活的路还很多,我也还没有忘却翅子的扇动。我想。——我突然想到她的死,然而立刻自责,忏悔了。

在通俗图书馆里往往瞥见一闪的光明,新的生路横在前面。她勇猛地觉悟了,毅然走出这冰冷的家,而且,——毫无怨恨的神色。我便轻如行云,漂浮空际,上有蔚蓝的天,下是深山大海,广厦高楼,战场,摩托车,洋场,公馆,晴明的闹市,黑暗的夜……。

而且,真的,我豫感得这新生面便要来到了。

我们总算度过了极难忍受的冬天,这北京的冬天;就如蜻蜓落在恶作剧的坏孩子的手里一般,被系着细线,尽情玩弄,虐待,虽然幸而没有送掉性命,结果也还是躺在地上,只争着一个迟早之间。

写给《自由之友》的总编辑已经有三封信,这才得到回信,信封里只有两张书券[①]:两角的和三角的。我却单是催,就用了九分的邮票,一天的饥饿,又都白挨给于己一无所得的空虚了。

[①] 购书用的代价券,可按券面金额到指定书店选购。旧时有的报刊用它代替现金支付稿酬。

然而觉得要来的事,却终于来到了。

这是冬春之交的事,风已没有这么冷,我也更久地在外面徘徊;待到回家,大概已经昏黑。就在这样一个昏黑的晚上,我照常没精打采地回来,一看见寓所的门,也照常更加丧气,使脚步放得更缓。但终于走进自己的屋子里了,没有灯火;摸火柴点起来时,是异样的寂寞和空虚!

正在错愕中,官太太便到窗外来叫我出去。

"今天子君的父亲来到这里,将她接回去了。"她很简单地说。

这似乎又不是意料中的事,我便如脑后受了一击,无言地站着。

"她去了么?"过了些时,我只问出这样一句话。

"她去了。"

"她,——她可说什么?"

"没说什么。单是托我见你回来时告诉你,说她去了。"

我不信;但是屋子里是异样的寂寞和空虚。我遍看各处,寻觅子君;只见几件破旧而黯淡的家具,都显得极其清疏,在证明着它们毫无隐匿一人一物的能力。我转念寻信或她留下的字迹,也没有;只是盐和干辣椒,面粉,半株白菜,却聚集在一处了,旁边还有几十枚铜元。这是我们两人生活材料的全副,现在她就郑重地将这留给我一个人,在不言中,教我借此去维持较久的生活。

我似乎被周围所排挤,奔到院子中间,有昏黑在我的周围;正屋的纸窗上映出明亮的灯光,他们正在逗着孩子玩笑。我的心也沉静下来,觉得在沉重的迫压中,渐渐隐约地现出脱走的路径:深山大泽,洋场,电灯下的盛筵,壕沟,最黑最黑的深夜,利刃的一击,毫无声响的脚步……。

心地有些轻松,舒展了,想到旅费,并且嘘一口气。

躺着,在合着的眼前经过的豫想的前途,不到半夜已经现尽;暗中忽然仿佛看见一堆食物,这之后,便浮出一个子君的灰黄的脸来,睁了孩子气的眼睛,恳托似的看着我。我一定神,什么也没有了。

但我的心却又觉得沉重。我为什么偏不忍耐几天,要这样急急地告诉她真话的呢?现在她知道,她以后所有的只是她父亲——儿女的债主——的烈日一般的严威和旁人的赛过冰霜的冷眼。此外便是虚空。负着虚空的重担,在严威和冷眼中走着所谓人生的路,这是怎么可怕的事呵!而况这路的尽头,又不过是——连墓碑也没有的坟墓。

我不应该将真实说给子君,我们相爱过,我应该永久奉献她我的说谎。如果真实可以宝贵,这在子君就不该是一个沉重的空虚。谎语当然也是一个空虚,然而临末,至多也不过这样地沉重。

我以为将真实说给子君,她便可以毫无顾虑,坚决地毅然前行,一如我们将要同居时那样。但这恐怕是我错误了。她当时的勇敢和无畏是因为爱。

我没有负着虚伪的重担的勇气,却将真实的重担卸给她了。她爱我之后,就要负了这重担,在严威和冷眼中走着所谓人生的路。

我想到她的死……。我看见我是一个卑怯者,应该被摈于强有力的人们,无论是真实者,虚伪者。然而她却自始至终,还希望我维持较久的生活……。

我要离开吉兆胡同,在这里是异样的空虚和寂寞。我想,只要离开这里,子君便如还在我的身边;至少,也如还在城中,有一天,将要出乎意表地访我,像住在会馆时候似的。

然而一切请托和书信,都是一无反响;我不得已,只好访问一个久不问候的世交去了。但是我伯父的幼年的同窗,以正经出名的拔贡①,寓京很久,交游也广阔的。

大概因为衣服的破旧罢,一登门便很遭门房的白眼。好容易才相见,也还相识,但是很冷落。我们的往事,他全都知道了。

"自然,你也不能在这里了,"他听了我托他在别处觅事之后,冷冷地说,"但那里去呢?很难。——你那,什么呢,你的朋友罢,子君,你可知道,她死了。"

我惊得没有话。

---

① 清代科举考试制度:在规定的年限(原定六年,后改为十二年)选拔"文行兼优"的秀才,保送到京师,贡入国子监,称为"拔贡"。此为贡生的一种。

"真的?"我终于不自觉地问。

"哈哈。自然真的。我家的王升的家,就和她家同村。"

"但是,——不知道是怎么死的?"

"谁知道呢。总之是死了就是了。"

我已经忘却了怎样辞别他,回到自己的寓所。我知道他是不说谎话的;子君总不会再来的了,像去年那样。她虽是想在严威和冷眼中负着虚空的重担来走所谓人生的路,也已经不能。她的命运,已经决定她在我所给与的事实——无爱的人间死灭了!

自然,我不能在这里了;但是,"那里去呢?"

四围是广大的空虚,还有死的寂静。死于无爱的人们的眼前的黑暗,我仿佛一一看见,还听得一切苦闷和绝望的挣扎的声音。

我还期待着新的东西到来,无名的,意外的。但一天一天,无非是死的寂静。

我比先前已经不大出门,只坐卧在广大的空虚里,一任这死的寂静侵蚀着我的灵魂。死的寂静有时也自己战栗,自己退藏,于是在这绝续之交,便闪出无名的,意外的,新的期待。

一天是阴沉的上午,太阳还不能从云里面挣扎出来,连空气都疲乏着。耳中听到细碎的步声和咻咻的鼻息,使我睁开眼。大致一看,屋子里还是空虚;但偶然看到地面,却盘旋着一匹小小的动物,瘦弱的,半死的,满身灰尘的……。

我一细看,我的心就一停,接着便直跳起来。

那是阿随。它回来了。

我的离开吉兆胡同,也不单为了房主人们和他家女工的冷眼,大半就为着这阿随。但是,"那里去呢?"新的生路自然还很多,我的约略知道,也间或依稀看见,觉得就在我面前,然而我还没有知道跨进那里去的第一步的方法。

经过许多回的思量和比较,也还只有会馆是还能相容的地方。依然是这样的破屋,这样的板床,这样的半枯的槐树和紫藤,但那时使我希望,欢欣,爱,生活的,却全都逝去了,只有一个虚空,我用真实去换来的虚空存在。

新的生路还很多,我必须跨进去,因为我还活着。但我还不知道怎样跨出那第一步。有时,仿佛看见那生路就像一条灰白的长蛇,自己蜿蜒地向我奔来,我等着,等着,看看临近,但忽然便消失在黑暗里了。

　　初春的夜,还是那么长。长久的枯坐中记起上午在街头所见的葬式,前面是纸人纸马,后面是唱歌一般的哭声。我现在已经知道他们的聪明了,这是多么轻松简截的事。

　　然而子君的葬式却又在我的眼前,是独自负着虚空的重担,在灰白的长路上前行,而又即刻消失在周围的严威和冷眼里了。

　　我愿意真有所谓鬼魂,真有所谓地狱,那么,即使在孽风怒吼之中,我也将寻觅子君,当面说出我的悔恨和悲哀,祈求她的饶恕;否则,地狱的毒焰将围绕着我,猛烈地烧尽我的悔恨和悲哀。

　　我将在孽风和毒焰中拥抱子君,乞她宽容,或者使她快意……。

　　但是,这却更虚空于新的生路;现在所有的只是初春的夜,竟还是那么长。我活着,我总得向着新的生路跨出去,那第一步,——却不过是写下我的悔恨和悲哀,为子君,为自己。

　　我仍然只有唱歌一般的哭声,给子君送葬,葬在遗忘中。

　　我要遗忘;我为自己,并且要不再想到这用了遗忘给子君送葬。

　　我要向着新的生路跨进第一步去,我要将真实深深地藏在心的创伤中,默默地前行,用遗忘和说谎做我的前导……。

一九二五年十月二十一日毕。

（选自《鲁迅全集》,人民文学出版社 1981 年版）

阅读提示

　　鲁迅,原名周树人,字豫才。1881 年生于浙江绍兴。1902 年赴日本留学,曾参加反清革命组织光复会,发表过《文化偏至论》、《摩罗诗力说》等论文,分析西方物质文化发展中人文精神缺失的现象,强调"立人"。新文化运动兴起,1918 年用笔名"鲁迅"发表《狂人日记》,为新文学第一篇白话小说。此后陆续发表《孔乙己》、《药》、《故乡》和《阿 Q 正传》等十多篇小说,结集为《呐喊》出版。1924 年至 1925 年继续创作小说《祝福》、《离婚》、《孤独者》《伤逝》等,编成第二部小说集《彷徨》出版。1924年至1926年是创作旺盛期,作品结集有《野草》(散文诗)、《朝花夕拾》(回忆散文)等。1930年代前期参加无产阶级革命文学论争,译介马克思主义文论,先后参加"左联"和中国民权保障同盟。这一时期创作以杂文为主,抨击时政,剖析社会恶习,批判国民性弱点,编有《而已集》《三闲集》、《二心集》、《南腔北调集》、《伪自由书》等八个集子,还写有多篇借古喻今的历史小说,结集为《故事新编》。1936年10月19日病逝,葬礼上,民众以"民族魂"大旗覆盖其棺木。1940年毛泽东在《新民主主义论》一文中高度评价了鲁迅的人格精神和历史地位:"鲁迅是中国文化革命的主将。他不但是伟大的文学家,而且是伟大的思想家和伟大的革命家。"

鲁迅的《伤逝》发表于1925年,是一篇抒情意味很浓的小说,情节很简单。涓生和子君相爱,勇敢地冲破世俗的偏见,我行我素同居了。但他们的结合为社会所不容,生活也遇到很大的困难。后来涓生的感情发生变化,终于向子君明白说出他已经不爱她了。子君无所依恃,在绝望中默默死去。涓生在悔恨中挣扎,希望能觅得新路,但前途渺茫。类似的写青年男女恋爱题材的小说,在五四时期和20世纪20年代非常流行。但和流行写法大相径庭的是,鲁迅并不讴歌自由恋爱,而是为五四式的爱情唱起了挽歌。这篇小说情节比较简单,但涵义复杂,历来有各种不同的解释。我们可以从中看到现代小说的某些特点,包括结构、叙事角度等方面的特点,并领略鲁迅小说的艺术风采。

应当怎样来读《伤逝》呢?比较常见的读法,是偏重作品思想内涵的发掘。许多研究者认为,《伤逝》写的是五四青年的精神追求及其困境,一方面,揭露了当时黑暗、专制的社会如何迫害子君涓生们;另一方面,又表现了子君涓生们的脱离实际以及心灵的软弱、空虚。过去比较公认的观点是:《伤逝》对五四思想解放潮流有反思。五四时期提倡"易卜生主义",也就是个性解放。但鲁迅考虑更实际一些,认为个性解放终究不能离开现实,所以《伤逝》中才有这句警策之语:"人必生活着,爱才有所附丽。"评论家进一步的解读便是:鲁迅在借《伤逝》来思考——"娜拉出走之后会怎样?"子君涓生故事的意义是在诠释中国式"娜拉"的命运。

以上这种读法的确能看到作品的社会意义,但不一定能结合小说艺术特征对作品的独创性作出更细腻的剖析。这些年来,对于《伤逝》的解读又有许多新的角度与方法,细读是其中一种。所谓细读,一般是在对文本的认真阅读分析过程中,细致体察作品的象征世界,寻找作品情感或思维展开的理路，往往质疑既定的评论，还特别在意那些容易被忽略的缝隙与矛盾。我们可以尝试一下看看这种阅读方式是否更有利于打开思路，深化对作品的了解。

我们就从小说的第一句话开始。这句话是主人公涓生"手记"的开头，也算是他的表白吧："如果我能够，我要写下我的悔恨和悲哀，为子君，为自己。"一般第一遍阅读，对这句话可能不太在意，如果读完全篇回头琢磨，就可能有疑问：写下悔恨与悲哀为什么要以"如果我能够"作为前提呢？难道会有什么原因"不能够"吗？这时，细读就发现"缝隙"了：涓生是否真的完全写下了他的悔恨与悲哀，还要打个问号。当涓生听说子君已经死去时，是痛苦与悔恨的，但悔恨的不是抛弃了子君，结果导致子君的死，而是不该"将真实说给子君"，恨自己"没有负着虚伪的重担的勇气"。从作品描写的事实看，同居之后不过两三个星期，涓生"逐渐清醒地读遍了她的身体，她的灵魂"，感觉就悄悄改变，有"所谓真的隔膜了"。小说中大部分篇幅其实就是涓生回忆他对子君感觉的"变化"，也是感情的淡化。如同他自己所慨叹的："人是多么容易改变呵！"小说情节的发展表明，涓生其实已经不爱子君了，即使他不向子君明确表白，悲剧也要发生的，"只争一个迟早之间"。但涓生始终没有从自己感情变化这个"根"上责怪过自己，而对他的潜意识作些分析，我们看到他是厌倦子君的，所以他的悔恨是有限的、不能完全说出缘由的。小说开头那句话其实早就打了埋伏，暗示了整个悲剧的发展。

如果进一步细读，可以发现悲剧的原因很复杂，起码比前面那种从社会外部原因的解释要复杂得多。这对年轻情侣同居之后，因为失业，经济困难，这确实是促使他们感情破裂的外在因素，所谓"贫贱夫妻百事哀"嘛！但我们是否也可以这样反驳说，真正的爱情不会因为生活拮据而夭折，那么很显然，悲剧起于涓生的情感之变。问题是，导致涓生厌倦子君的原因到底是什么？是同居之后"川流不息"的琐碎生活逐渐淹没了爱的激情？是子君从浪漫走向平庸？是这对年轻人尚未有真正建立家庭的准备？是男人常见的毛病？好像都有一点关系。所以小说是很真实的。再用细读分析涓生这个人物，发现他的厌倦尽管可以找到各种解释，但骨子里还是自私，而且从他的表白看，其悔恨"不能够"彻底，也是因为他终究未能直面这种深藏的私心。只要认真分析，我们不难体味到作品对涓生有一种道德层面的谴责。

非常有意思的是，这种谴责不是由作家直接表露，而是通过作品所精心经营的叙事结构来达致，读者从自己的阅读中可以很自然地去体会和接纳。这也可以作一番对叙事结构的细读。《伤逝》采用的是第一人称"手记"的形式,其中的"我"就是涓生。涓生的悔恨中带有许多他自己的体验和感觉,甚至还有潜意识,而这些都用很"个人化"的手记形式呈现出来。这回忆的过程也可看做是涓生的"表演"吧。整个小说都是"伤逝",是涓生的追忆,重点是回忆感情如何从高峰走向低谷,包括涓生对子君"变化"的细微的感觉。但这全都是涓生自己一人的回忆与感觉,小说中的子君始终是不在场的、被动的、"失语"的。细心的读者会发现,涓生的悔恨显然只是出于涓生的立场,因此是打了折扣的,是不彻底的,他毕竟未能也未敢触及私心。于是,对涓生的道德谴责也就油然而生。这就是为什么读者会更多同情子君的原因。表面上其中的"我"(涓生)是叙述者,其实小说作者是隐藏着的另一叙述者,两者的立场显然是有差别、有距离的。这种距离就可能在阅读中产生观照,引发对涓生行为的观察、思考、批评与谴责。潜隐的叙述者有意让表面的叙述者(涓生)的悔恨记录(手记)不那么"完整",留下某些矛盾与缝隙,让细心的读者再深入发现其中的奥妙,想象涓生到底是什么样的人物,他的内心世界到底怎样,他的所为哪些值得同情、哪些应当批判。这样,我们就走进了人物复杂而鲜活的内心世界。

在道德谴责之余,读者是可能会给涓生一些同情的。如果跳出来想,涓生对同居生活的逐渐厌倦也有可以理解之处。在涓生的感觉中,子君在同居之后变得"俗气"和"粗糙"了,"她早已什么书也不看,已不知道人的生活第一着是求生,向着求生的道路,是必须携手同行,或奋身孤往的了,倘使只知道捶着一个人的衣角,那便是虽战士也难于战斗,只得一同灭亡"。也许涓生的表白是有点"推卸责任",所谓"战士"、"战斗"之类,显得有些空泛。但应当看到,和子君比起来,涓生更加不能适应从恋爱的情感高峰降落到平凡甚至琐碎的日常婚姻(同居)生活这一现实,也就是说,子君可以满足"过日子",但涓生不能。这就是他们的差别。"爱情必须时时更新,生长,创造",我们并不否认这是真理,但这话从涓生口中说出,总使人感觉到某种"性别的差异"——男人情感的多变。小说的隐藏叙述者对这一切都不作直接的评判,而是制造某种距离,让细心的读者有些超越,去发现与体味人生的种种情味,这正是《伤逝》艺术的高妙之处。

这篇小说的细读,让我们领略到现代小说在结构、叙事和语言等诸多方面的特色。像鲁迅《伤逝》这样的内涵丰厚的优秀小说,往往给读者留下许多想象和思考的空间,阅读时只要认真把握其艺术构思的特色,放开思路,总会有自己的发现,有审美的愉悦。

问题与思考

一、你认为《伤逝》对涓生抛弃子君的行为有无谴责？如果有,那么这种谴责是通过什么艺术手法达到的？

二、试结合对《伤逝》的分析,说明细读的方法和一般思想意义归纳的方法之不同。

三、略说鲁迅小说题材、思想、艺术的主要特征及其文学史地位。

拓展阅读

一、林志浩:《鲁迅传》,北京出版社 1981 年版。

二、王晓明:《无法直面的人生:鲁迅传》,上海文艺出版社 1993 年版。

三、钱理群:《鲁迅研究十五讲》,北京大学出版社 1993 年版。

金锁记（节选）

张爱玲

……

众人低声说笑着，榴喜打起帘子，报道："二奶奶来了。"兰仙云泽起身让座，那曹七巧且不坐下，一只手撑着门，一只手撑了腰，窄窄的袖口里垂下一条雪青洋绉手帕，身上穿着银红衫子，葱白线香滚，雪青闪蓝如意小脚裤子，瘦骨脸儿，朱口细牙，三角眼，小山眉，四下里一看，笑道："人都齐了。今儿想必我又晚了！怎怪我不迟到——摸着黑梳的头！谁教我的窗户冲着后院子呢？单单就派了那么间房给我，横竖我们那位眼看是活不长的，我们净等着做孤儿寡妇了——不欺负我们，欺负谁？"玳珍淡淡的并不接口，兰仙笑道："二嫂住惯了北京的屋子，怪不得嫌这儿憋闷得慌。"云泽道："大哥当初找房子的时候，原该找个宽敞些的，不过上海像这样的，只怕也算敞亮的了。"兰仙道："可不是！家里人实在多，挤是挤了点儿——"七巧挽起袖口，把手帕子掖在翡翠镯子里，瞟了兰仙一眼，笑道："三妹妹原来也嫌人太多了。连我们都嫌人多，像你们没满月的自然更嫌人多了！"兰仙听了这话，还没有怎么，玳珍先红了脸，道："玩是玩，笑是笑，也得有个分寸，三妹妹新来乍到的，你让她想着咱们是什么样的人家？"七巧扯起手绢子的一角遮住了嘴唇道："知道你们都是清门净户的小姐，你倒跟我换一换试试，只怕你一晚上也过不惯。"玳珍啐道："不跟你说了，越说你越上头上脸的。"七巧索性上前拉住玳珍的袖子道："我可以赌得咒——这三年里头我可以赌得咒！你敢赌么？"玳珍也撑不住噗嗤一笑，咕哝了一句道："怎么你孩子也有了两个？"七巧道："真的，连我也不知道这孩子是怎么生出来的！越想越不明白！"玳珍摇手道："够了，够了,少说两句罢。就算你拿三妹妹当自己人,没什么避讳,现放着云妹妹在这儿呢,待会儿老太太跟前一告诉,管叫你吃不了兜着走!"

云泽早远远地走开了,背着手站在阳台上,撮尖了嘴逗芙蓉鸟。姜家住的虽然是早期的最新式洋房,堆花红砖大柱支着巍峨的拱门,楼上的阳台却是木板铺的地。黄杨木阑干里面,放着一溜大篾篓子,晾着笋干。敝旧的太阳弥漫在空气里像金的灰尘,微微呛人的金灰,揉进眼睛里去,昏昏的。街上小贩遥遥摇着拨浪鼓,那蓬腾的"不楞登……不楞登"里面有着无数老去的孩子们的回忆。包车叮叮地跑过,偶尔也有一辆汽车叭叭叫两声。

七巧自己也知道这屋子里的人都瞧不起她,因此和新来的人分外亲热些,倚在兰仙的椅背上问长问短,携着兰仙的手左看右看,夸赞了一回她的指甲,又道:"我去年小拇指上养的比这个足足还长半寸呢,掐花给弄断了。"兰仙早看穿了七巧的为人和她在姜家的地位,微笑尽管微笑着,也不大答理她。七巧自觉无趣,蹩到阳台上来,拎起云泽的辫梢来抖了一抖,搭讪着笑着:"哟!小姐的头发怎么这样稀朗朗的?去年还是乌油油的一头好头发,该掉了不少罢?"云泽闪过身去护着辫子,笑道:"我掉两根头发,也要你管!"七巧只顾端详她,叫道:"大嫂你来看看,云姐姐的确瘦多了。小姐莫不是有了心事了?"云泽啪的一声打掉了她的手,恨道:"你今儿个真的发了疯了!平日还不够讨人嫌?"七巧把两手筒在袖子里,笑嘻嘻地道:"小姐脾气好大!"

玳珍探头出来道:"云妹妹,老太太起来了。"众人连忙扯扯衣襟,摸摸鬓角,打帘子进隔壁房里去,请了安,伺候老太太吃早饭。婆子们端着托盘从起坐间里穿了过去,里面的丫头接过碗碟,婆子们依旧退到外间来守候着。里面静悄悄的,难得有人说句把话,只听见银筷子头上的细银链条窸窣颤动。老太太信佛,饭后照例要做两个时辰的功课,众人退了出来,云泽背地里向玳珍道:"二嫂不忙着过瘾去,还挨在里面做什么?"玳珍道:"想是有两句私房话要说。"云泽不由得笑了起来道:"她的话,老太太哪里听得进?"玳珍冷笑道:"那倒也说不定。老年人心思总是活动的,成天在耳边絮聒着,十句里头相信一两句,也未可知。"

兰仙坐着磕核桃,玳珍和云泽便顺着脚走到阳台上来,虽不是存心偷听正房里的谈话,老太太上了年纪,有点聋,喉咙特别高些,有意无意之间不免有好些话吹到阳台上的人的耳朵里来。云泽把脸气得雪白,先是握紧了拳头,又把两只手使劲一撒,便向走廊的另一头跑去。跑了两步,又站住了,身子向前伛偻着,捧着脸呜呜哭了起来。玳珍赶上去扶着劝道:"妹妹快别这么着!快别这么着!犯不着跟她这样的人计较!谁拿她的话当桩事!"云泽甩开了她,一径往自己屋里奔去。玳珍回到起坐间里来,一拍手道:"这可闯出祸来了!"兰仙忙道:"怎么了?"玳珍道:"你二嫂去告诉了老太太,说女大不中留,让老太太写信给彭家,叫他们早早把云妹妹娶过去罢。你瞧,这算什么话!"兰仙也怔了一怔道:"女家说出这种话来,可不是自己打脸么?"玳珍道:"姜家没面子,还是一时的事,云妹妹将来嫁了过去,叫人家怎么瞧得起她?她这一辈子还要做人呢!"兰仙道:"老太太是明白人,不见得跟那一位一般的见识。"玳珍道:"老太太起先自然是不爱听,说咱们家的孩子,决不会生这样的心,她就说:'哟!您不知道现在的女孩子跟您从前做女孩子时候的女孩子,哪儿能够打比呀?时世变了,人也变了,要不怎么天下大乱呢?'你知道,年岁大的人就爱听这一套,说得老太太也有点疑疑惑惑起来。"兰仙叹道:"好端端怎么想起来的,造这样的谣言!"玳珍两肘支在桌子上,伸着小指剔眉毛,沉吟了一会儿,嗤的一笑道:"她自己以为她是特别的体贴云妹妹呢!要她这样体贴我,我可受不了!"兰仙拉了她一把道:"你听——不能是云妹妹罢?"后房似乎有人在那里大放悲声,蹬得铜床柱子一片响。嘈嘈杂杂还有人在那里解劝,只是劝不住。玳珍站起身来道:"我去看看。别瞧这位小姐好性儿,逼急了她,也不是好惹的。"

玳珍出去了,那姜三爷姜季泽却一路打着呵欠进来了。季泽是个结实小伙子,偏于胖的一方面,脑后拖一根三脱油松大辫,生得天圆地方,鲜红的腮颊,往下坠着一点,青湿眉毛,水汪汪的黑眼睛里永远透着三分不耐烦,穿一件竹根青窄袖长袍,酱紫芝麻地一字襟珠扣小坎肩,问兰仙道:"谁在里头喊喊喳喳跟老太太说话?"兰仙道:"二嫂。"季泽抿着嘴摇摇头。兰仙笑道:"你也怕了她?"季泽一声儿不言语,拖过一把椅子,将椅背抵着桌面,把袍子高高的一撩,骑着椅子坐了下来,下巴搁在椅背上,手里只管把核桃仁一个一个拈来吃。兰仙睨了他一眼道:"人家剥了这一晌午,是专诚孝敬你的么?"正说着,七巧掀着帘子出来了,一眼看见了季泽,身不由主的就走了过来,绕到兰仙椅子背后,两手兜在兰仙肚子上,把脸凑了下去,笑道:"这么一个人才出众的新娘子!三弟你还没谢谢我哪!要不是我催着他们早早替你办了这件事,这一耽搁,等打完了仗,指不定要十年八年呢!可不把你急坏了!"兰仙生平最大的憾事便是出阁的日子正赶着非常时期,潦草成了家,诸事都欠齐全,因此一听见这不入耳的话,她那小长瓜子脸便往下沉。季泽望了兰仙一眼,微笑道:"二嫂,自古好心没有好报,谁都不承你的情!"七巧道:"不承情也罢!我也惯了。我进了你姜家的门,别的不说,单只守着你二哥这些年,衣不解带的服侍他,也就是个有功无过的人——谁见我的情来?谁有半点好处到我头上?"季泽笑道:"你一开口就是满肚子的牢骚!"七巧长长地吁了一口气,只管拨弄兰仙衣襟上扣着的金三事儿和钥匙。半晌,忽道:"总算你这一个来月没出去胡闹过。真亏了新娘子留住了你。旁人跪下地来求你也留不住!"季泽笑道:"是吗?嫂子并没有留过我,怎见得留不住?"一面笑,一面向兰仙使了个眼色。七巧笑得直不起腰道:"三妹妹,你也不管管他!这么个猴儿崽子,我眼看他长大的,他倒占起我的便宜来了!"

她嘴里说笑着,心里发烦,一双手也不肯闲着,把兰仙揣着捏着,捶着打着。恨不得把她挤得走了样才好。兰仙纵然有涵养,也忍不住要恼了,一性急,磕核桃使差了劲,把那二寸多长的指甲齐根折断。七巧哟了一声道:"快拿剪刀来修一修。我记得这屋里有一把小剪子的。"便唤:"小双!榴喜!来人哪!"兰仙立起身来道:"二嫂不用费事,我上我屋里铰去了。"便抽身出去。七巧就在兰仙的椅子上坐下了,一手托着腮,抬高了眉毛,斜瞅着季泽道:"她跟我生了气么?"季泽笑道:"她干吗生你的气?"七巧道:"我正要问呀——我难道说错了话不成?留你在家倒不好?她倒愿意你上外头逛去?"季泽笑道:"这一家子从大哥大嫂起,齐了心管教我,无非是怕我花了公账上的钱罢了。"七巧道:"阿弥陀佛,我保不定别人不安着这个心,我可不那么想。你就是闹了亏空,押了房子卖了田,我若皱一皱眉头,我也不是你二嫂了。谁叫咱们是骨肉至亲呢?我不过是要你当心你的身子。"季泽嗤的一笑道:"我当心我的身子,要你操心?"七巧颤声道:"一个人,身子第一要紧。你瞧你二哥弄的那样儿,还成个人吗?还能拿他当个人看?"季泽正色道:"二哥比不得我,他一下地就是那样儿,并不是自己作践的。他是个可怜人,一切全仗二嫂照护他了。"七巧直挺挺地站了起来,两手扶着桌子,垂着眼皮,脸庞的下半部抖得像嘴里含着滚烫的蜡烛油似的,用尖细的声音逼出两句话道:"你去挨着你二哥坐坐!你去挨着你二哥坐坐!"她试着在季泽身边坐下,只搭着他的椅子的一角,她将手贴在他腿上,道:"你碰过他的肉没有?有软的、重的,就像人的脚有时发了麻,摸上去那感觉……"季泽脸上也变了色,然而他仍旧轻佻地笑了一声,俯下腰,伸手去捏她的脚道:"倒要瞧瞧你的脚现在麻不麻!"七巧道:"天哪,你没挨着他的肉,你不知道没病的身子是多好的……多好的……"她顺着椅子溜下去,蹲在地上,脸枕着袖子,听不见她哭,只看见发髻上插的风凉针,针头上的一粒钻石的光,闪闪掣动着。发髻的心子里扎着一小截粉红丝线,反映在金刚钻微红的光焰里。她的背影一挫一挫,俯伏了下去。她不像在哭,简直像在翻肠搅胃地呕吐。

　　季泽先是愣住了,随后就立起来道:"我走。我走就是了。你不怕人,我还怕人呢。也得给二哥留点面子!"七巧扶着椅子站了起来,呜咽道:"我走。"她扯着衫袖里的手帕子揾了揾脸,忽然微微一笑道:"你这样卫护你二哥!"季泽冷笑道:"我不卫护他,还有谁卫护他?"七巧向门走去,哼了一声道:"你又是什么好人?趁早不用在我跟前假撇清!且不提你在外头怎样荒唐,单只在这屋里……老娘眼睛是揉不下沙子去!别说我是你嫂子了,就是我是你奶奶,只怕你也不在乎。"季泽笑道:"我原是个随随便便的人,哪禁得你挑眼儿?"七巧待要出去,又把背心贴在门上,低声道:"我不懂,我有什么地方不如人?我有什么地方不好……"季泽笑道:"好嫂子,你有什么不好?"七巧笑了一声道:"难不成我跟了个残废的人,就过上了残废的气,沾都沾不得?"她睁着眼直勾勾朝前望着,耳朵上的实心小金坠子像两只铜钉把她钉在门上——玻璃匣子里蝴蝶的标本,鲜艳而凄怆。

　　季泽看着她,心里也动了一动。可是那不行,玩尽管玩,他早抱定了宗旨不惹自己家里人,一时的兴致过去了,躲也躲不掉,踢也踢不开,成天在面前,是个累赘。何况七巧的嘴这样敞,脾气这样躁,如何瞒得了人?何况她的人缘这样坏,上上下下谁肯代她包涵一点？她也许是豁出去了，闹穿了也满不在乎。他可是年纪轻轻的，凭什么要冒这个险？他侃侃说道："二嫂，我虽年纪小，并不是一味胡来的人。"

仿佛有脚步声。季泽一撩袍子，钻到老太太屋子里去了，临走还抓了一大把核桃仁。七巧神志还不很清楚，直到有人推门，她方才醒了过来，只得将计就计，藏在门背后，见玳珍走了进来，她便夹脚跟出来，在玳珍背上打了一下。玳珍勉强一笑道："你的兴致越发好了！"又望了望桌上道："咦？那么些个核桃，吃得差不多了。再也没有别人，准是三弟。"七巧倚着桌子，面向阳台立着，只是不言语。玳珍坐了下来，嘟哝道："害人家剥了一早上，便宜他享现成的！"七巧捏着一片锋利的胡桃壳，在红毡条上狠命刮着，左一刮，右一刮，看看那毡子起了毛，就要破了。她咬着牙道："钱上头何尝不是一样？一味的叫咱们省，省下来让人家拿出去大把的花！我就不服这口气！"玳珍看了她一眼，冷冷地道："那可没有办法。人多了，明里不去，暗里也不见得不去。管得了这个，管不了那个。"七巧觉得她话中有刺，正待反唇相讥，小双进来了，鬼鬼祟祟走到七巧跟前，嗫嚅道："奶奶，舅爷来了。"七巧骂道："舅爷来了，又不是背人的事，你嗓子眼里长了疔是怎么着？蚊子哼哼似的！"小双倒退了一步，不敢言语。玳珍道："你们舅爷原来也到上海来了。咱们这儿亲戚倒都全了。"七巧移步出房道："不许他到上海来？内地兵荒马乱的，穷人也一样的要命呀！"她在门槛上站住了，问小双道："回过老太太没有？"小双道："还没呢。"七巧想了一想，毕竟不敢进去告诉一声，只得悄悄下楼去了。

玳珍问小双道："舅爷一个人来的？"小双道："还有舅奶奶，拎着四只提篮盒。"玳珍咯的一笑道："倒破费了他们。"小双道："大奶奶不用替他们心疼。装得满满的进来，一样装得满满的出去。别说金的银的圆的扁的，就连零头鞋面儿裤腰都是好的！"玳珍笑道："别那么缺德了！你下去罢。她娘家人难得上门，伺候不周到，又该大闹了。"

小双赶了出去，七巧正在楼梯口盘问榴喜老太太可知道这件事。榴喜道："老太太念佛呢，三爷趴在窗口看野景，说大门口来了客。老太太问是谁，三爷仔细看了看，说不知是不是曹家舅爷，老太太就没追问下去。"七巧听了，心头火起，跺了跺脚，喃喃呐呐骂道:"敢情你装不知道就算了！皇帝还有草鞋亲呢！这会子有这么势利的,当初何必三媒六聘的把我抬过来？快刀斩不断的亲戚,别说你今儿是装死,就是你真死了,他也不能不到你灵前磕三个头,你也不能不受着他的！"一面说,一面下去了。

她那间房,一进门便有一堆金漆箱笼迎面拦住,只隔开几步见方的空地。她一掀帘子,只见她嫂子蹲下身去将提篮盒上面的一屉酥盒子卸了下来,检视下面一屉里的菜可曾泼出来。她哥哥曹大年背着手弯着腰看着。七巧止不住一阵心酸,倚着箱笼,把脸偎在那沙蓝棉套子上,纷纷落下泪来。她嫂子慌忙站直了身子,抢步上前,两只手捧住她一只手,连连叫着姑娘。曹大年也不免抬起袖子来擦眼睛。七巧把那只空着的手去解箱套子上的纽扣,解了又扣上,只是开不得口。

她嫂子回过头去睃了她哥哥一眼道:"你也说句话呀！成日价念叨着,见了妹妹的面,又像锯了嘴的葫芦似的！"七巧颤声道:"也不怪他没有话——他哪儿有脸来见我！"又向她哥哥道:"我只道你这一辈子不打算上门了！你害得我好！你扔崩一走,我可走不了。你也不顾我的死活！"曹大年道:"这是什么话？旁人这么说还罢了,你也这么说！你不替我遮盖遮盖,你自己脸上也不见得光鲜。"七巧道:"我不说,我可禁不住人家不说。就为你,我气出了一身病在这里。今日之下,亏你还拿这话来堵我！"她嫂子忙道:"是他的不是,是他的不是！姑娘受了委屈了。姑娘受的委屈不止这一件,好歹忍着罢,总有个出头之日。"她嫂子那句"姑娘受的委屈也不止这一件"的话却深深打进她心坎儿里去。七巧哀哀哭了起来,急得她嫂子直摇手道:"看吵醒了姑爷。"房那边暗昏昏的紫楠大床上,寂寂吊着珠罗纱帐子。七巧的嫂子又道:"姑爷睡着了罢？惊动了他,该生气了。"七巧高声叫道:"他要有点人气,倒又好了！"她嫂子吓得掩住她的嘴道:"姑奶奶别！病人听见了,心里不好受！"七巧道:"他心里不好受,我心里好受吗？"她嫂子道:"姑爷还是那软骨症？"七巧道:"就这一件还不够受了,还禁得起添什么？这儿一家子都忌讳痨病这两个字,其实还不就是骨痨！"她嫂子道:"整天躺着,有时候也坐起来一会儿么？"七巧哧哧地笑了起来道:"坐起来,脊梁骨直溜下去,看上去还没有我那三岁的孩子高哪！"她嫂子一时想不出劝慰的话,三个人都愣住了。七巧猛地顿脚道:"走罢,走罢,你们！你们来一趟,就害得我把前因后果重新在心里过一过。我禁不起这么折腾！你快给我走！"

曹大年道:"妹妹你听我一句话。别说你现在心里不舒坦,有个娘家走动着,多少好些,就是你有了出头之日了,姜家是个大族,长辈动不动就拿大帽子压人。平辈小辈一个个如狼似虎的,哪一个是好惹的？替你打算,也得要个帮手。将来你用得着你哥哥你侄儿的时候多着呢。"七巧啐了一声道:"我靠你帮忙,我也倒了霉了！我早把你看得透里透——斗得过他们,你到我跟前来邀功要钱,斗不过他们,你往那边一倒。本来见了做官的就魂都没有了,头一缩,死活随我去。"大年涨红了脸冷笑道:"等钱到了你手里,你再防着你哥哥分你的,也还不迟。"七巧道:"你既然知道钱还没到我手里,你来缠我做什么？"大年道:"远迢迢赶来看你,倒是我们的不是了！走！我们这就走！凭良心说,我就用你两个钱,也是该的。当初我若贪图财礼,问姜家多要几百两银子,把你卖给他们做姨太太,也就卖了。"七巧道:"奶奶不胜似姨奶奶吗？长线放远鹞,指望大着呢！"大年待要回嘴,他媳妇拦住他道:"你就少说一句罢！以后还有见面的日子呢。将来姑奶奶想到你的时候,才知道她就只这一个亲哥哥了！"大年督促他媳妇整理了提篮盒,拎起就待走。七巧道:"我希罕你？等我有了钱了,我不愁你不来,只愁打发你不开！"嘴里虽然硬着,煞不住那呜咽的声音,一声响似一声,憋了一上午的满腔幽恨,借着这因由尽情发泄了出来。

她嫂子见她分明有些留恋之意,便做好做歹劝住了她哥哥,一面半搀半拥把她引到花梨炕上坐下了,百般譬解,七巧渐渐收了泪。兄妹姑嫂叙了些家常。北方情形还算平静,曹家的麻油铺还照常营业着。大年夫妇此番到上海来,却是因为他家没过门的女婿在人家当账房,光复的时候恰巧在湖北,后来辗转跟主人到上海来了,因此大年亲自送了女儿来完婚,顺便探望妹子。大年问候了姜家阖宅上下,又要参见老太太,七巧道:"不见也罢了,我正跟她怄气呢。"大年夫妇都吃了一惊,七巧道:"怎么不淘气呢？一家子都往我头上踩,我要是好欺负的,早给作践死了,饶是这么着,还气得我七病八痛的！"她嫂子道:"姑娘近来还抽烟不抽？倒是鸦片烟,平肝导气,比什么药都强,姑娘自己千万保重,我们又不在跟前,谁是个知疼着热的人？"

七巧翻箱子取出几件新款尺头送与她嫂子,又是一副四两重的金镯子,一对披霞莲蓬簪,一床丝棉被胎,侄女们每人一只金挖耳,侄儿们或是一只金锞子,或是一段貂皮暖帽,另送了她哥哥一只珐琅金蝉打簧表,她哥嫂道谢不迭。七巧道:"你们来得不巧,若是在北京,我们正要上路的时候,带不了的东西,分了几箱给丫头老妈子,白便宜了他们。"说得她哥嫂讪讪的。临行的时候,她嫂子道:"忙完了闺女,再来瞧姑奶奶。"七巧笑道:"不来也罢了,我应酬不起!"

大年夫妇出了姜家的门,她嫂子便道:"我们这位姑奶奶怎么换了个人?没出嫁的时候不过要强些,嘴头子上琐碎些,就连后来我们去瞧她,虽是比前暴躁些,也还有个分寸,不似如今疯疯傻傻,说话有一句没一句,就没一点儿得人心的地方。"

七巧立在房里,抱着胳膊看小双祥云两个丫头把箱子抬回原处,一只一只叠了上去。从前的事又回来了:临着碎石子街的馨香的麻油店,黑腻的柜台,芝麻酱桶里竖着木匙子,油缸上吊着大大小小的铁匙子。漏斗插在打油的人的瓶里,一大匙再加上两小匙正好装满一瓶——一斤半。熟人呢,算一斤四两。有时她也上街买菜,蓝夏布衫裤,镜面乌绫镶滚。隔着密密层层的一排吊着猪肉的铜钩,她看见肉铺里的朝禄。朝禄赶着她叫曹大姑娘。难得叫声巧姐儿,她就一巴掌打在钩子背上,无数的空钩子荡过去锥他的眼睛,朝禄从钩子上摘下尺来宽的一片生猪油,重重的向肉案一抛,一阵温风直扑到她脸上,腻滞的死去的肉体的气味……她皱紧了眉毛。床上睡着的她的丈夫,那没有生命的肉体……

风从窗子里进来,对面挂着的回文雕漆长镜被吹得摇摇晃晃,磕托磕托敲着墙。七巧双手按住了镜子。镜子里反映着的翠竹帘子和一副金绿山水屏条依旧的风中来回荡漾着,望久了,便有一种晕船的感觉。再定眼看时,翠竹帘子已经退了色,金绿山水换了一张她丈夫的遗像,镜子里的人也老了十年。

去年她戴了丈夫的孝,今年婆婆又过世了。现在正式挽了叔公九老太爷出来为他们分家。今天是她嫁到姜家来之后一切幻想的集中点。这些年了,她戴着黄金的枷锁,可是连金子的边都啃不到,这以后就不同了。七巧穿着白香云纱衫,黑裙子,然而她脸上像抹了胭脂似的,从那揉红了的眼圈儿到烧热的颧骨。她抬起手来揾了一揾脸,脸上烫,身子却冷得打颤。她叫祥云倒了杯茶来。(小双早已嫁了,祥云也配了小厮。)茶给喝了下去,沉重地往肚子里流,一颗心便在热茶里扑通扑通跳。她背向镜子坐下了,问祥云道:"九老太爷来了这一下午,就在堂屋里跟马师爷查账?"祥云应了一声是。七巧又道:"大爷大奶奶三爷三奶奶都不在跟前?"祥云又应了一声是。七巧道:"还到谁的屋里去过?"祥云道:"就到哥儿们的书房里兜了一兜。"七巧道:"好在咱们白哥儿的书倒不怕他查考……今年这孩子就吃亏在他爸爸他奶奶接连着出了事,他若还有心念书,他也不是人养的!"她把茶吃完了,吩咐祥云下去看看堂屋里大房三房的人可都齐了,免得自己去早了,显得性急,被人耻笑。恰巧大房里也差了一个丫头出来探看,和祥云打了个照面。

　　七巧终于款款下楼来了。当屋里临时布置了一张镜面乌木大餐台,九老太爷独当一面坐了,面前乱堆着青布面,梅红签的账簿,又搁着一只瓜棱茶碗。四周除了马师爷之外,又有特地邀请的"公亲",近于陪审员的性质。各房只派了一个男子作代表,大房是大爷,二房二爷没了,是二奶奶,三房是三爷。季泽很知道这总清算的日子于他没有什么好处,因此他到得最迟。然而来既来了,他决不愿意露出焦灼懊丧的神气,腮帮子上依旧是他那点丰肥的,红色的笑。眼睛里依旧是他那点潇洒的不耐烦。

　　九老人爷咳嗽了一声,把姜家的经济状况约略报告了一遍,又翻着账簿子读出重要的田地房产的所在与按年的收入。七巧两手紧紧扣在肚子上,身子向前倾着,努力向她自己解释他的每一句话,与她往日调查所得一一印证。青岛的房子,天津的房子,原籍的地,北京城外的地,上海的房子……三爷在公账上拖欠过巨,他的一部分遗产被抵消了之后,还净欠六万,然而大房二房也只得就此算了,因为他是一无所有的人。他所仅有的那一幢花园洋房,他为一个姨太太买的,也已经抵押了出去。其余只有老太太陪嫁过来的首饰,由兄弟三人均分,季泽的那一份也不便充公,因为是母亲留下的一点纪念。七巧突然叫了起来道:"九太爷,那我们太吃亏了!"

　　堂屋里本就肃静无声,现在这肃静却是沙沙有声,直锯进耳朵里去,像电影配音机器损坏之后的锈轧。九老太爷睁了眼望着她道:"怎么?你连他娘丢下的几件首饰也舍不得给他?"七巧道:"亲兄弟,明算账,大哥大嫂不言语,我可不能不老着脸开口说句话。我须比不得大哥大嫂——我们死掉的那个若是有能耐出去做两任官,手头活便些,我也乐得放大方些,哪怕把从前的旧账一笔勾销呢?可怜我们那一个病病哼哼一辈子,何尝有过一文半文进账,丢下我们孤儿寡妇,就指着这两个死钱过活。我是个没脚蟹,长白还不满十四岁,往后苦日子有得过呢!"说着,流下泪来。九老太爷道:"依你便怎样?"七巧呜咽道:"哪儿由得我出主意呢?只求九老太爷替我们做主!"季泽冷着脸只不做声,满屋子的人都觉不便开口。九老太爷按捺不住一肚子的火,哼了一声道:"我倒想替你出主意呢,只怕你不爱听!二房里有田地没人照管,三房里有人没有地,我待要叫三爷替你照管,你多少贴他些,又怕你不要他!"七巧冷笑道:"我倒想依你呢,只怕死掉的那个不依!来人哪!祥云你把白哥儿给我找来!长白,你多好苦呀!一下地就是一身的病,为人一场,一天舒坦日子也没过着,临了丢下你这点骨血,人家还看不得你,千方百计图谋你的东西!长白谁叫你爹拖着一身病,活着人家欺负他,死了人家欺负他的孤儿寡妇!我还不打紧,我还能活个几十年么?至多我到老太太灵前把话说明白了,把这条命跟人拼了。长白你可是年纪小着呢,就是喝西北风你也得活下去呀!"九老太爷气得把桌子一拍道:"我不管了!是你们求爹爹拜奶奶邀了我来的,你道我喜欢自找麻烦么?"站起来一脚踢翻了椅子,也不等人搀扶,一阵风走得无影无踪。众人面面相觑,一个个悄没声儿溜走了。惟有那马师爷忙着拾掇账簿子,落后了一步,看看屋里人全走光了,单剩下二奶奶一个人坐在那里捶着胸脯嚎啕大哭,自己若无其事地走了,似乎不好意思,只得走上前去,打躬作揖叫道:"二太太!二太太!……二太太!"七巧只顾把袖子遮住脸,马师爷又不便把她的手拿开,急得把瓜皮帽摘下来扇着汗。

  维持了几天的僵局,到底还是无声无臭照原定计划分了家。孤儿寡妇还是被欺负了。

  七巧带着儿子长白,女儿长安另租了一幢屋子住下了,和姜家各房很少来往。隔了几个月,姜季泽忽然上门来了。老妈子通报上来,七巧怀着鬼胎,想着分家的那一天得罪了他,不知他有什么手段对付。可是兵来将挡,她凭什么要怕他?她将常穿着佛青实地纱袄子,特地系上一条玄色铁线纱裙,走下楼来。季泽却是满面春风地站起来问二嫂好,又问白哥儿可是在书房里,安姐儿的湿气可大好了,七巧心里便疑惑他是来借钱的,加意防备着,坐下笑道:"三弟你近来又发福了。"季泽笑道:"看我像一点儿心事都没有的人。"七巧笑道:"有福之人不在忙吗! 你一向就是无牵无挂的。"季泽笑道:"等我把房子卖了,我还要无牵无挂呢!"七巧道:"就是你做了押款的那房子,你还要卖?"季泽道:"当初造它的时候,很费了点心思,有许多装置都是自己心爱的,当然不愿意脱手。后来你是知道的,那边地皮值钱了,前年把它翻造了衖堂房子,一家一家收租,跟那些住小家的打交道,我实在嫌麻烦,索性打算卖了它,图个清静。"七巧暗地里说道:"口气好大! 我是知道你的底细的,你在我跟前充什么阔大爷!"

虽然他不向她哭穷,但凡谈到银钱交易,她总觉得有点危险,便岔了开去道:"三妹妹好么? 腰子病近来发过没有?"季泽笑道:"我也有许久没见过她的面了。"七巧道:"这是什么话? 你们吵了嘴么?"季泽笑道:"这些时我们倒也没吵过嘴。不得已在一起说两句话,也是难得的,也没那闲情逸致吵嘴。"七巧道:"何至于这样? 我就不相信!"季泽两肘撑在藤椅的扶手上,交叉着十指,手搭凉棚,影子落在眼睛上,深深地唉了一声。七巧笑道:"没有别的,要不就是你在外头玩得太厉害了。自己做错了事,还唉声叹气的仿佛谁害了你似的。你们姜家就没有一个好人!"说着,举起白团扇,作势要打。季泽把那交叉着的十指往下移了一移,两只大拇指按在嘴唇上,两只食指缓缓抚摸着鼻梁,露出一双水汪汪的眼睛来。那眼珠却是水仙花缸底的黑石子,上面汪着水,下面冷冷的没有表情。看不出他在想什么。七巧道:"我非打你不可!"季泽的眼睛里突然冒出一点笑泡儿,道:"你打,你打!"七巧待要打,又掣回手去,重新一鼓作气道:"我真打!"抬高了手,一扇子劈下来,又在半空中停住了,吃吃笑将起来。季泽带笑将肩膀耸了一耸。凑了上去道:"你倒是打我一下罢! 害得我浑身骨头痒痒着,不得劲儿!"七巧把扇子向背后一靠,越发笑得格格的。

季泽把椅子换了个方向,面朝墙坐着,人向椅背上一靠,双手蒙住了眼睛,又是长长地叹了口气。七巧啃着扇子柄,斜瞟着他道:"你今儿是怎么了? 受了暑吗?"季泽道:"你哪里知道?"半响,他低低的一个字一个字说道:"你知道我为什么跟家里的那个不好,为什么我拼命的在外头玩,把产业都败光了?你知道这都是为了谁?"七巧不知不觉有些胆寒,走得远远的,倚在炉台上,脸色慢慢地变了。季泽跟了过来。七巧垂着头,肘弯撑在炉台上,手里擎着团扇,扇子上的杏黄穗子顺着她的额角拖下来。季泽在她对面站住了,小声道:"二嫂!……七巧!"

　　七巧背过脸去淡淡笑道:"我要相信你才怪呢!"季泽便也走开了,道:"不错。你怎么能够相信我?自从你到我家来,我在家一刻也待不住,只想出去。你没来的时候我并没有那么荒唐过,后来那都是为了躲你。娶了兰仙来,我更玩得凶了,为了躲你之外又要躲她,见了你,说不上两句话我就要发脾气——你哪儿知道我心里的苦楚?你对我好,我心里更难受——我得管着我自己——我不得平白的坑坏了你!家里人多眼杂,让人知道了,我是个男子汉,还不打紧,你可了不得!"七巧的手直打颤,扇柄上的杏黄须子在她额上苏苏磨擦着。季泽道:"你信也罢,不信也罢!信了又怎样?横竖我们半辈子已经过去了,说也是白说。我只求你原谅我这一片心。我为你吃了这些苦,也就不算冤枉了。"

　　七巧低着头,沐浴在光辉里,细细的音乐,细细的喜悦……这些年了,她跟他捉迷藏似的,只是近不得身,原来还有今天!可不是,这半辈子已经完了——花一般的年纪已经过去了。人生就是这样的错综复杂,不讲理。当初她为什么嫁到姜家来?为了钱么?不是的,为了要遇见季泽,为了命中注定她要和季泽相爱。她微微抬起脸来,季泽立在她跟前,两手合在她扇子上,面颊贴在她扇子上。他也老了十年了,然而人究竟还是那个人呵!他难道是哄她么?他想她的钱——她卖掉她的一生换来的几个钱?仅仅这一转念便使她暴怒起来。就算她错怪了他,他为她吃的苦抵得过她为他吃的苦么?好容易她死了心了,他又来撩拨她。她恨他。他还在看着她。他的眼睛——虽然隔了十年,人还是那个人呵!就算他是骗她的,迟一点儿发现不好么?即使明知是骗人的,他太会演戏了,也跟真的差不多罢?

　　不行!她不能有把柄落在这厮手里。姜家的人是厉害的,她的钱只怕保不住。她得先证明他是真心不是。七巧定了一定神,向门外瞧了一瞧,轻轻惊叫道:"有人!"便三脚两步赶出门去,到下房里盼咐潘妈替三爷弄点心去,快些端了来,顺便带把芭蕉扇进来替三爷打扇。七巧回到屋里来,故意皱着眉道:"真可恶,老妈子在门口探头探脑的,见了我抹过头去就跑,被我赶上去喝住了。若是关上了门说两句话,指不定造出什么谣言来呢!饶是独门独户住了,还没个清净。"潘妈送了点心与酸梅汤进来,七巧亲自拿筷子替季泽拣掉了蜜层糕上的玫瑰与青梅,道:"我记得你是不爱吃红绿丝的。"有人在跟前,季泽不便说什么。只是微笑。七巧似乎没话找话说似的,问道:"你卖房子,接洽得怎样了?"季泽一面吃,一面答道:"有人出八万五,我还没打定主意呢。"七巧沉吟道:"地段倒是好的。"季泽道:"谁都不赞成我脱手,说还要涨呢。"七巧又问了些详细情形,便道:"可惜我手头没有这一笔现款,不然我倒想买。"季泽道:"其实呢,我这房子倒不急,倒是咱们乡下你那些田,早早脱手的好。自从改了民国,接二连三的打仗,何尝有一年闲过?把地面上糟蹋得不成样子,中间还被收租的,师爷,地头蛇一层一层勒掯着,莫说这两年不是水就是旱,就遇着了丰年,也没有多少进账轮到我们头上。"七巧寻思着,道:"我也盘算过来,一直挨着没有办。先晓得把它卖了,这会子想买房子,也不至于钱不凑手了。"季泽道:"你那田要卖趁现在就得卖了,听说直鲁又要开仗了。"七巧道:"急切间你叫我卖给谁去?"季泽顿了一顿道:"我去替你打听打听,也成。"七巧耸了耸眉毛笑道:"得了,你那些狐群狗党里头,又有谁是靠得住的?"季泽把咬开的饺子在小碟子里蘸了点醋,闲闲说出两个靠得住的人名,七巧便认真仔细盘问他起来,他果然回答得有条不紊,显然他是筹之已熟的。

七巧虽是笑吟吟的,嘴里发干,上嘴唇黏在牙仁上,放不下来。她端起盖碗来吸了一口茶,舐了舐嘴唇,突然把脸一沉,跳起身来,将手里的扇子向季泽头上滴溜溜掷过去,季泽向左偏了一偏,那团扇敲在他肩膀上,打翻了玻璃杯,酸梅汤淋淋漓漓溅了他一身,七巧骂道:"你要我卖了田去买你的房子?你要我卖田?钱一经你的手,还有得说么?你哄我——你拿那样的话来哄我——你拿我当傻子——"她隔着一张桌子探身过去打他,然而她被潘妈下死劲抱住了。潘妈叫唤起来,祥云等人都奔了来,七手八脚按住了她,七嘴八舌求告着。七巧一头挣扎,一头叱喝着,然而她的一颗心直往下坠——她很明白她这举动太蠢——太蠢——她在这儿丢人出丑。

季泽脱下了他那湿濡的白香云纱长衫,潘妈绞了手巾来代他揩擦,他理也不理,把衣服夹在手臂上,竟自扬长出门去了,临行的时候向祥云道:"等白哥儿下了学,叫他替母亲请个医生来看看。"祥云吓糊涂了,连声答应着,被七巧兜脸给了她一个耳刮子。

　　季泽走了。丫头老妈子也都给七巧骂跑了。酸梅汤沿着桌子一滴一滴朝下滴,像迟迟的夜漏——一滴,一滴……一更,二更……一年,一百年。真长,这寂寂的一刹那。七巧扶着头站着,倏地掉转身来上楼去,提着裙子,性急慌忙,跌跌绊绊,不住地撞到那阴暗的绿粉墙上,佛青袄子上沾了大块的淡色的灰。她要在楼上的窗户里再看他一眼。无论如何,她从前爱过他。她的爱给了她无穷的痛苦。单只这一点,就使他值得留恋。多少回了,为了要按捺她自己,她捱得全身的筋骨与牙根都酸楚了。今天完全是她的错。他不是个好人,她又不是不知道。她要他,就得装糊涂,就得容忍他的坏。她为什么要戳穿他?人生在世,还不就是那么一回事?归根究底,什么是真的,什么是假的?

　　她到了窗前,揭开了那边上缀有小绒环的墨绿洋式窗帘,季泽正在弄堂里往外走,长衫搭在臂上,晴天的风像一群白鸽子钻进他的纺绸裤褂里去,哪儿都钻到了,飘飘拍着翅子。

　　七巧眼前仿佛挂了冰冷的珍珠帘,一阵热风来了,把那帘子紧紧贴在她脸上,风去了,又把帘子吸了回去,气还没透过来,风又来了,没头没脸包住她——一阵凉,一阵热,她只是淌着眼泪。

　　……

　　七巧又把长安唤到跟前,忽然滴下泪来道:"我的儿,你知道外头人把你怎么长怎么短糟踏得一个钱也不值!你娘自从嫁到姜家来,上上下下谁不是势利的,狗眼看人低,明里暗里我不知受了他们多少气。就连你爹,他有什么好处到我身上,我要替他守寡?我千辛万苦守了这二十年,无非是指望你姐儿俩长大成人,替我争回一点面子来,不承望今日之下,只落得这等的收场!"说着,呜咽起来。

　　长安听了这话,如同轰雷掣顶一般。她娘尽管把她说得不成人,外头人尽管把她说得不成人。她管不了这许多。唯有童世舫——他——他该怎么想?他还要她么?上次见面的时候,他的态度有点改变么?很难说……她太快乐了,小小的不同的地方她不会注意到……被戒烟期间身体上的痛苦与这种种刺激两面夹攻着,长安早就有点受不了,可是硬撑着也就撑了过去,现在她突然觉得浑身的骨骼都脱了节。向他解释么?他不比她的哥哥,他不是她母亲的儿女,他决不能彻底明白她母亲的为人。他果真一辈子见不到她母亲,倒也罢了,可是他迟早要认识七巧。这是天长地久的事,只有千年做贼的,没有千年防贼的——她知道她母亲会放出什么手段来?迟早要出乱子,迟早要决裂。这是她的生命里顶完美的一段,与其让别人给它加上一个不堪的尾巴,不如她自己早早结束了它。一个美丽而苍凉的手势……她知道她会懊悔的,她知道她会懊悔的,然而她抬了抬眉毛,做出不介意的样子,说道:"既然娘不愿意结这头亲,我去回掉他们就是了。"七巧正哭着,忽然住了声,停了一停,又抽搭抽搭哭了起来。

　　长安定了一定神,就去打了个电话给童世舫。世舫当天没有空,约了明天下午。长安所最怕的就是中间隔的这一晚,一分钟,一刻,一刻,啃进她心里去。次日,在公园里的老地方,世舫微笑着迎上前来,没跟她打招呼——这在他是一种亲昵的表示。他今天仿佛是特别的注意她,并肩走着的时候,屡屡地望着她的脸。太阳煌煌的照着,长安越发觉得眼皮肿得抬不起来了,趁他不再看她的时候把话说了罢。她用哭哑的喉咙轻轻唤了一声"童先生"。世舫没听见。那么,趁他看她的时候把话说了罢。她诧异她脸上还带着点笑,小声道:"童先生,我想——我们的事也许还是——还是再说罢。对不起得很。"她褪下戒指来塞在他手里,冷涩的戒指,冷湿的手。她放快了步子走去,他愣了一会,便追上来,回道:"为什么呢?对于我有不满意的地方么?"长安笔直向前望着,摇了摇头。世舫道:"那么,为什么呢?"长安道:"我母亲……"世舫道:"你母亲并没有看见过我。"长安道:"我告诉过你了,不是因为你。与你完全没有关系。我母亲……"世舫站定了脚。这在中国是很充分的理由了罢?他这么略一踌躇,她已经走远了。

　　园子在深秋的日头里晒了一上午又一下午,像烂熟的水果一般,往下坠着,坠着,发出香味来。长安悠悠忽忽听见了口琴的声音,迟钝地吹出了"Long, Long Ago"——"告诉我那故事,往日我最心爱的那故事。许久以前,许久以前……"这是现在,一转眼也就变了许久以前了,什么都完了。长安着了魔似的,去找那吹口琴的人——去找她自己。迎着阳光走着,走到树底下。一个穿着黄短裤的男孩骑在树桠枝上颠颠着,吹着口琴,可是他吹的是另一个调子,她从来没听见过的。不大的一棵树,稀稀朗朗的梧桐叶在太阳里摇着像金的铃铛。长安仰面看着,眼前一阵黑,像骤雨似的,泪珠一串串的披了一脸。世舫找到了她,在她身边悄悄站了半响,方道:"我尊重你的意见。"长安举起了她的皮包来遮住了脸上的阳光。

他们继续来往了一些时。世舫要表示新人物交女朋友的目的不仅限于择偶,因此虽然与长安解除了婚约,依旧常常的邀她出去。至于长安呢,她是抱着什么样的矛盾的希望跟着他出去,她自己也不知道——知道了也不肯承认。订着婚的时候,光明正大的一同出去,尚且要瞒了家里,如今更成了幽期密约了。世舫的态度始终是坦然的。固然,她略略伤害了他的自尊心,同时他对于她多少也有点惋惜,然而"大丈夫何患无妻?"男子对于女子最隆重的赞美是求婚。他割舍了他的自由,送了她这一份厚礼,虽然她是"心领璧还"了,他可是尽了他的心。这是惠而不费的事。

无论两人之间的关系是怎样的微妙而尴尬,他们认真的做起朋友来了。他们甚至谈起话来。长安的没见过世面的话每每使世舫笑起来,说:"你这人真有意思!"长安渐渐的也发现了她自己原来是个"很有意思"的人。这样下去,事情会发展到什么地步,连世舫自己也会惊奇。

然而风声吹到了七巧耳朵里。七巧背着长安吩咐长白下帖子请童世舫吃便饭。世舫猜着姜家是要警告他一声,不准他和他们小姐藕断丝连,可是他同长白在那阴森高敞的餐室里吃了两盅酒,说了一回话,天气,时局,风土人情,并没有一个字沾到长安身上,冷盘撤了下去,长白突然手按着桌子站了起来。世舫回过头去,只见门口背着光立着一个小身材的老太太,脸看不清楚,穿一件青灰团龙宫织缎袍,双手捧着大红热水袋,身旁夹峙着两个高大的女仆。门外日色昏黄,楼梯上铺着湖绿花格子漆布地衣,一级一级上去,通入没有光的所在。世舫直觉地感到那是个疯人——无缘无故的,他只是毛骨悚然。长白介绍道:"这就是家母。"

世舫挪开椅子站起来,鞠了一躬。七巧将手搭在一个佣妇的胳膊上,款款走了进来,客套了几句,坐下来便敬酒让菜。长白道:"妹妹呢?来了客,也不帮着张罗张罗。"七巧道:"她再抽两筒就下来了。"世舫吃了一惊,睁眼望着她。七巧忙解释道:"这孩子就苦在先天不足,下地就得给她喷烟。后来也是为了病,抽上了这东西。小姐家,够多不方便哪!也不是没戒过,身子又娇,又是由着性儿惯了的,说丢,哪儿就丢得掉呀?戒戒抽抽,这也有十年了。"世舫不由得变了色。七巧有一个疯子的审慎与机智。她知道,一不留心,人们就会用嘲笑的,不信任的眼光截断了她的话锋,她已经习惯了那种痛苦。她怕话说多了要被人看穿了。因此及早止住了自己,忙着添酒布菜。隔了些时,再提起长安的时候,她还是轻描淡写的把那几句话重复了一遍。她那平扁而尖利的喉咙四面割着人像剃刀片。

长安悄悄地走下楼来,玄色花绣鞋与白丝袜停留在日色昏黄的楼梯上。停了一会,又上去了。一级一级,走进没有光的所在。

七巧道:"长白你陪童先生多喝两杯,我先上去了。"佣人端上一品锅来,又换上了新烫的竹叶青。一个丫头慌里慌张站在门口将席上伺候的小厮唤了出去,嘀咕了一会,那小厮又进来向长白附耳说了几句,长白仓皇起身,向世舫连连道歉,说:"暂且失陪,我去去就来。"三脚两步也上楼去了,只剩下世舫一人独酌。那小厮也觉过意不去,低低地告诉了他:"我们绢姑娘要生了。"世舫道:"绢姑娘是谁?"小厮道:"是少爷的姨奶奶。"

世舫拿上饭来胡乱吃了两口,不便放下碗来就走,只得坐在花梨炕上等着,酒酣耳热。忽然觉得异常的委顿,便躺了下来。卷着云头的花梨炕,冰凉的黄藤心子,柚子的寒香……姨奶奶添了孩子了。这就是他所怀念着的古中国……他的幽娴贞静的中国闺秀是抽鸦片的!他坐了起来,双手托着头,感到了难堪的落寞。

他取了帽子出门,向那小厮道:"待会儿请你对上头说一声,改天我再面谢罢!"他穿过砖砌的天井,院子正中生着树,一树的枯枝高高印在淡青的天上,像瓷上的冰纹。长安静静地跟在他后面送了出来。她的藏青长袖旗袍上有着浅黄的雏菊。她两手交握着,脸上现出稀有的柔和。世舫回过身来道:"姜小姐……"她隔得远远的站定了,只是垂着头。世舫微微鞠了一躬,转身就走了。长安觉得她是隔了相当的距离看这太阳里的庭院,从高楼上望下来,明晰,亲切,然而没有能力干涉,天井,树,曳着萧条的影子的两个人,没有话——不多的一点回忆,将来是要装在水晶瓶里双手捧着看的——她的最初也是最后的爱。

芝寿直挺挺躺在床上,搁在肋骨上的两只手蜷曲着像宰了的鸡的脚爪。帐子吊起了一半。不分昼夜她不让他们给她放下帐子来。她怕。

外面传进来说绢姑娘生了个小少爷。丫头丢下了热气腾腾的药罐子跑出去凑热闹了,敞着房门,一阵风吹了进来,帐钩豁朗朗乱摇,帐子自动地放了下来,然而芝寿不再抗议了。她的头向右一歪,滚到枕头外面去。她并没有死——又挨了半个月光景才死的。

绢姑娘扶了正,做了芝寿的替身。扶了正不上一年就吞了生鸦片自杀了。长白不敢再娶了,只在妓院里走走。长安更是早就断了结婚的念头。

七巧似睡非睡横在烟铺上。三十年来她戴着黄金的枷。她用那沉重的枷角劈杀了几个人,没死的也送了半条命。她知道她儿子女儿恨毒了她,她婆家的人恨她,她娘家的人恨她。她摸索着腕上的翠玉镯子,徐徐将那镯子顺着骨瘦如柴的手臂往上推,一直推到腋下。她自己也不能相信她年轻的时候有过滚圆的胳膊。就连出了嫁之后几年,镯子里也只塞得进一条洋绉手帕。十八九岁做姑娘的时候,高高挽起了大镶大滚的蓝夏布衫袖,露出一双雪白的手腕,上街买菜去。喜欢她的有肉店里的朝禄,她哥哥的结拜弟兄丁玉根,张少泉,还有沈裁缝的儿子。喜欢她,也许只是喜欢跟她开开玩笑,然而如果她挑中了他们之中的一个,往后日子久了,生了孩子,男人多少对她有点真心。七巧挪了挪头底下的荷叶边小洋枕,凑上脸去揉擦了一下,那一面的一滴眼泪她就懒怠去揩拭,由它挂在腮上,渐渐自己干了。

七巧过世以后,长安和长白分了家搬出来住。七巧的女儿是不难解决她自己的问题的。谣言说她和一个男子在街上一同走,停在摊子跟前,他为她买了一双吊带袜。也许她用的是她自己的钱,可是无论如何是由男子的袋里掏出来的。……当然这不过是谣言。

三十年前的月亮早已沉了下去,三十年前的人也死了,然而三十年前的故事还没完——完不了。

1943 年 10 月

(选自《张爱玲文集》,安徽文艺出版社 1993 年版)

阅读提示

张爱玲,祖籍河北丰润,1920年出生于上海。祖父张佩纶曾任清朝御史,祖母系名臣李鸿章之女。张爱玲从小就感受到旧家庭的没落与新旧生活方式的融汇与冲突,养成敏感、寂寞的心性。1939年到香港大学读书,更多地接触到西洋文学与西方现代文化。1943年在鸳鸯蝴蝶派通俗文学杂志《紫罗兰》上发表小说处女作《沉香屑 第一炉香》,此后三年出现创作高峰期,相继发表《茉莉香片》、《倾城之恋》、《金锁记》、《红玫瑰与白玫瑰》等小说,成为当时上海的一位畅销书作家。1945年《流言》出版,使得散文界也有张爱玲的一席之地。张爱玲的"走红"和当时上海"孤岛"远离战争的特殊位置以及消费主义文化氛围大有关系。建国后由于思想追求和时代潮流产生较大差距,于1952年移居香港,就职美国香港新闻处。其间写作出版《秧歌》、《赤地之恋》等有反共倾向的长篇小说,艺术上也不成功。1955年离香港赴美国定居。此后主要致力于文学翻译和考证等工作。1995年9月8日孤身一人寂寞地病逝于美国洛杉矶。

五四以来新文学的小说读者群主要还是学生和新思潮影响下的知识分子,覆盖面不算大,而张爱玲20世纪40年代的小说成就,使得中国现代小说有了贴近新市民的出色的作品。无论内容还是形式,张爱玲的小说既是现代的、先锋的、新潮知识分子可以接纳的,同时又是传统的、通俗的、能够吸引新市民读者群的。张爱玲是创作个性与艺术风格非常鲜明的作家,她在雅俗共享这一点上,取得了前所未有的成功。张爱玲在台港及海外华文文学界有很大影响。20世纪80年代以来,在中国内地也持续出现"张爱玲热"。

张爱玲一生著述丰富。1992年安徽文艺出版社出版的《张爱玲文集》所收作品较全。各种单行本也容易找到。

《金锁记》发表于1943年10月,是张爱玲的代表作,也是她主题挖掘及艺术创造最深刻、人物塑造最成功的小说之一。作品分为两部分。前一部分写了姜公馆二奶奶曹七巧生活中的一天,在情节发展和人物对话中交代了她的婚姻及生存状况。阅读中注意重点从七巧的遭遇中了解七巧心理变态的原因。从丫头的交谈中读者得知,七巧出身贫寒,娘家原是开麻油店的,她哥嫂贪图和有钱人"攀高枝",把她嫁给姜家得了骨痨病的二少爷。七巧是受金钱支配的封建包办婚姻的牺牲品。在旧家族的势利场中,七巧由于出身卑下,做了二奶奶还是没有地位,连丫鬟也瞧不起她。丈夫病入膏肓,长年瘫在床上,七巧这个年轻、粗俗、要强的女人不能过正常的婚姻生活,但封建道德要求她只能终生"照护"二少爷,这是她心理变态的主要原因。从七巧与三少爷季泽的调情与冲突中,可以了解到七巧非常压抑的情欲。她本想在季泽身上得到同情与安慰,但季泽占了便宜又不负责任,对七巧完全是势利的态度,这深深刺伤了七巧。七巧已经陷入这噩梦般的环境不能自拔。为了"熬成婆婆",继承家财,七巧只能压抑自己的情欲,埋葬自己的青春,长年守活寡。七巧不是生来就坏,就变态,小说中写到她与哥嫂的对话,她的委屈和怄气,还有她回想自己当姑娘时的青春朝气和开心,说明她的心理变态是情欲和财欲交并作用的结果:不正常的婚姻以及压抑的情欲使之变态,她只能转向对财产的追求,特别是对季泽失望后,金钱欲望占据了她的整个灵魂。

第二部分写七巧好不容易"熬出了头",丈夫过世了,她自立门户,带着两个儿女牢牢守着用她一生幸福换来的财产。季泽破落了,企图利用昔日的感情来算计七巧的钱,愈加使得七巧产生对男性和所谓感情的幻灭感,她痛苦地只想抓住钱,认为"靠得住的只有钱"。更让人感到吃惊的是她已经变得那样阴鸷残忍,完全不近人情,甚至出现性错乱心理和变态行为。她"恋子",要儿子整夜陪她抽鸦片,猥亵地探听儿子媳妇的私房隐事以取乐,迫使媳妇独守空房;她"妒女",不希望女儿出嫁得到婚姻幸福,甚至不惜在女儿的未婚夫面前编派女儿的毛病,有意断送女儿的姻缘。阅读时注意分析七巧这些变态心理行为。七巧本来也是受虐者,后来变成施虐者,她的人性完全异化,被畸形压抑的婚姻和金钱所逼迫而变态,变成一个没有人性的魔鬼。小说取名为《金锁记》,意味深长。是金钱支配的买卖婚姻让七巧陷入畸形的家庭生活,结果心理变态,转向拼命抓钱;她以青春为代价,卖掉了自己的一生,除了一点钱,她一无所有,整个人生都被金钱掏空,无可奈何地被金钱紧紧锁住。关于金钱对于人性的腐蚀、控制与异化的现象,在小说中被揭示得触目惊心。

《金锁记》的故事扣紧人物命运而展开,情节富于传奇性,同时又织入人物心理变态发展这条线,不只是增加了阅读的吸引力,也深化了作品的思想内涵。小说的心理描写非常到位,许多细节都在刻画人物心理活动方面下功夫。如七巧盘问儿子媳妇的私房隐事,儿子吐露一二,"七巧又是咬牙,又是笑,又是喃喃咒骂,卸下烟斗来狠命磕里面的灰,敲得托托一片响"。这一连串动作,把七巧那种空虚、压抑、恼怒的复杂心态呈现出来。七巧因为自己婚姻不幸,心理扭曲,所以才有这样变态的表现。小说对人物心理剖析时还常常深入到潜意识层面。如七巧向季泽示爱,结果季泽冷淡她,把她晾一边跑了。小说写七巧这时神志有些迷离，别人进来也不知道，"捏着一片锋利的胡桃壳，在红毡子上狠命刮着，左一刮，右一刮，看看那毡子起了毛，就要破了"，这是一种无意识的动作发泄。

小说中给人印象特别深的还有意象的描写。有时用来点染人物的心理。如季泽来算计七巧的钱时，七巧虽然对于她和季泽昔日的欢爱多少还有些留恋，但又看破了季泽这个纨绔子弟不过是在演戏，在骗她。她好容易死了心，季泽又来撩拨她。她恨季泽，狠心把他骂跑了。这时小说写季泽走了，被打翻的"酸梅汤沿着桌子一滴一滴朝下滴，像迟迟的夜漏——一滴，一滴……一更，二更……一年，一百年。真长，这寂寂的一刹那"。这里的"酸梅汤"能引起对于七巧赶走昔日情人时那种复杂心理的联想，酸酸的，而且一滴，一滴，像寂寞的夜漏，时间的感觉被强化了，"刹那"和"一百年"叠合，跟七巧寂寞而漫长的一生融合在一块了。

有时意象描写又用于定格、点题，突出印象，增强联想。如写七巧难讨季泽的欢心，非常失望，"她睁着眼直勾勾朝前望着，耳朵上的实心小金坠子像两只铜钉把她钉在门上——玻璃匣子里蝴蝶的标本，鲜艳而凄怆"。这写的是人物的愣神，而象征意蕴就是七巧悲剧性命运的无可逃脱。另外，小说中每当七巧感情出现大的波澜时往往就写到月亮，共六次写月亮，每次的含义都有所不同。注意分析这自然景物的意象化描写，如何象征地烘托人物的情绪，营造作品的氛围。

最后，应当感受小说语言的特有韵味。张爱玲的语言文白相济、雅俗结合，有些像《红楼梦》的笔致。特别是工笔描绘的写实，带有浓艳、繁复的效果，又往往有某些苍凉的意味。

问题与思考

一、解释《金锁记》这一小说名称的含义。

二、结合《金锁记》的具体描写，分析张爱玲小说的意象艺术。

三、如何理解张爱玲小说的"苍凉的意味"？从互联网上或者其他方面收集近年来关于"张爱玲热"的讨论资料，结合你自己的阅读理解，分析这种热点所反映的社会思潮及其心理背景。

拓展阅读

一、子通编：《张爱玲评说六十年》，华侨出版社2001年版。

二、余彬：《张爱玲传》，海南出版社1993年版。

竹林的故事

废　名

出城一条河,过河西走,坝脚下有一簇竹林,竹林里露出一重茅屋,茅屋两边都是菜园:十二年前,它们的主人是一个很和气的汉子,大家呼他老程。

那时我们是专门请一位先生在祠堂里讲《了凡纲鉴》,为得拣到这菜园来割菜,因而结识了老程,老程有一个小姑娘,非常的害羞而又爱笑,我们以后就借了割菜来逗她玩笑。我们起初不知道她的名字,问她,她笑而不答,有一回见了老程呼"阿三",我才挽住她的手:"哈哈,三姑娘!"我们从此就呼她三姑娘。从名字看来,三姑娘应该还有姊妹或兄弟,然而我们除掉她的爸爸同妈妈,实在没有看见别的谁。

一天我们的先生不在家,我们大家聚在门口掷瓦片,老程家的捏着香纸走我们的面前过去,不一刻又望见她转来,——不笔直的循走原路,勉强带笑的弯近我们:"先生!替我看看这签。"我们围着念菩萨的绝句,问道:"你求的是什么呢?"她对我们诉一大串,我们才知道她的阿三头上本来还有两个姑娘,而现在只要让她有这一个,不再三朝两病的就好了。

老程除了种菜,也还打鱼卖。四五月间,霪雨之后,河里满河山水,他照例拿着摇网走到河边的一个草墩上——这墩也就是老程家的洗衣裳的地方,因为太阳射不到这来,一边一棵树交荫着成一座天然的凉棚。水涨了,搓衣的石头沉在河底,剩现绿团团的坡,刚刚高过水面,老程老像乘着划船一般站在上面把摇网朝水里兜来兜去;倘若兜着了,那就不移地的转过身倒在挖就了的荡里,——三姑娘的小小的手掌,这时跟着她的欢跃的叫声热闹起来,一直等到碰跳碰跳好容易给捉住了,才又坐下草地望着爸爸。

流水潺潺,摇网从水里探起,一滴滴的水点打在水上,浸在水当中的枝条也冲击着查查作响。三姑娘渐渐把爸爸站在那里都忘掉了,只是不住的抠土,嘴里还低声的歌唱;头毛低到眼边,才把脑壳一扬,不觉也就瞥到那滔滔水流上的一堆白沫,顿时兴奋起来,然而立刻不见了,偏头又给树叶子遮住了——使得眼光回复到爸爸的身上,是突然一声"啊呀"!这回是一尾大鱼!而妈妈也沿坝走来,说盐钵里的盐怕还够不了一飧饭。

老程由街转头,茅屋顶上正在冒烟,叱咤一声,躲在园里吃菜的猪飞奔的跑,——三姑娘也就出来了,老程从荷包里掏出一把大红头绳:"阿三,这个打辫好吗?"三姑娘抢在手上,一面还接下酒壶,奔向灶角里去。"留到端午扎艾蒿,别糟蹋了!"妈妈这样答应着,随即把酒壶伸到灶孔烫。三姑娘到房里去了一会又出来,见了妈妈抽筷子,便赶快拿出杯子——家里只有这一个,老是归三姑娘照管——站着脚送在桌上;然而老程终于还是要亲自朝中间挪一挪,然后又取出壶来。"爸爸喝酒,我吃豆腐干!"老程实在用不着下酒的菜,对着三姑娘慢慢的喝了。

三姑娘八岁的时候,就能够代替妈妈洗衣。然而绿团团的坡上,从此也不见老程的踪迹了——这只要看竹林的那边河坝倾斜成一块平坦的上面,高耸着一个不毛的同教书先生(自然不是我们的先生)用的戒方一般模样的土堆,堆前竖着三四根只有杪梢还没有斩去的枝扭吊着被雨粘住的纸幡残片的竹竿,就可以知道是什么意义。

老程家的已经是四十岁的婆婆,就在平常,穿的衣服也都是青蓝大布,现在不过系鞋的带子也不用那水红颜色的罢了,所以并不现得十分异样。独有三姑娘的黑地绿花鞋的尖头蒙上一层白布,虽然更显得好看,却叫人见了也同三姑娘自己一样懒懒的没有话可说了。

然而那也并非是长久的情形。母子都是那样勤敏,家事的兴旺,正如这块小天地,春天来了,林里的竹子,园里的菜,都一天一天的绿得可爱。老程的死却正相反,一天比一天淡漠起来,只有鹞鹰在屋头上打圈子,妈妈呼喊女儿道,"去,去看坦里放的鸡娃。"三姑娘才走到竹林那边,知道这里睡的是爸爸了。到后来,青草铺平了一切,连曾经有个爸爸这件事实几乎也没有了。

正二月间城里赛龙灯,大街小巷,真是人山人海。最多的还要算邻近各村上的女人,她们像一阵旋风,大大小小牵成一串从这街冲到那街,街上的汉子也借这个机会撞一撞她们的奶。然而能够看得见三姑娘同三姑娘的妈妈吗?不,一回也没有看见!锣鼓喧天,惊不了她母子两个,正如惊不了栖在竹林的雀子。鸡上埘的时候,比这里更西也是住在坝下的堂嫂子们顺便也邀请一声"三姐",三姑娘总是微笑的推辞。妈妈则极力鼓励着一路去,三姑娘送客到坝上,也跟着出来,看到底攀缠着走了不;然而别人的渐渐走得远了,自己的不还是影子一般的依在身边吗?

三姑娘的拒绝,本是很自然的,妈妈的神情反而有点莫名其妙了!用询问的眼光朝妈妈脸上一瞧,——却也正在瞧过来,于是又掉头望着嫂子们走去的方向:

"有什么可看?成群打阵,好像是发了疯的!"

这话本来想使妈妈热闹起来,而妈妈依然是无精打采沉着面孔。河里没有水,平沙一片,现得这坝从远远看来是蜿蜒着一条蛇,站在上面的人,更小到同一颗黑子了。由这里望过去,半圆形的城门,也低斜得快要同地面合成了一起;木桥俨然是画中见过的,而往来蠕动都在沙滩;在坝上分明数得清楚,及至到了沙滩,一转眼就失了心目中的标记,只觉得一簇簇的仿佛是远山上的树林罢了。至于踅踅的喧声,却比站在近旁更能入耳,虽然听不着说的是什么,听者的心早被他牵引了去了。竹林里也同平常一样,雀子在奏他们的晚歌,然而对于听惯了的人只能够增加静寂。

打破这静寂的终于还是妈妈:

"阿三!我就是死了也不怕猫跳!你老这样守着我,到底……"

妈妈不作声,三姑娘抱歉似的不安,突然来了这埋怨,刚才的事倒好像给一阵风赶跑了,增长了一番力气娇恼着:

"到底!这也什么到底不到底!我不欢喜玩!"

三姑娘同妈妈间的争吵,其原因都坐在自己的过于乖巧,比如每天清早起来,把房里的家具抹得干净,妈妈却说,"乡户人家呵,要这样?"偶然一出门做客,只对着镜子把散在额上的头毛梳理一梳理,妈妈却硬从盒子里拿出一枝花来。现在站在坝上,眶子里的眼泪快要进出来了,妈妈才不作声。这时节难为的是妈妈了,皱着眉头不转睛的望,而三姑娘老不抬头!待到点燃了案上的灯,才知道已经走进了茅屋,这其间的时刻竟是在梦中过去了。

灯光下也立刻照见了三姑娘,拿一束稻草,一菜篮适才饭后同妈妈在园里割回的白菜,坐下板凳三棵捆成一把。

"妈妈,这比以前大得多了!两棵怕就有一斤。"

妈妈哪想到屋里还放着明天早晨要卖的菜呢?三姑娘本不依恃妈妈的帮忙,妈妈终于不出声的叹一口气伴着三姑娘捆了。

三姑娘不上街看灯,然而当年背在爸爸的背上是看过了多少次的,所以听了敲在城里响在城外的锣鼓,都能够在记忆中画出是怎样的情境来。"再是上东门,再是在衙门口领赏……"忖着声音所来的地方自言自语的这样猜。妈妈正在做嫂子的时候,也是一样的欢喜赶热闹,那情境也许比三姑娘更记得清白,然而对于三姑娘的仿佛亲临一般的高兴,只是无意的吐出来几声"是"——这几乎要使得三姑娘稀奇得伸起腰来了:"刚才还催我去玩哩!"

三姑娘实在是站起来了,一二三四的点着把数,然后又一把把的摆在菜篮,以便于明天一大早挑上街去卖。

见了三姑娘活泼泼的肩上一担菜,一定要奇怪,昨夜晚为什么那样没出息,不在火烛之下现一现那黑然而美的瓜子模样的面庞的呢?不——倘若奇怪,只有自己的妈妈。人一见了三姑娘挑菜,就只有三姑娘同三姑娘的菜,其余的什么也不记得,因为耽误了一刻,三姑娘的菜就买不到手;三姑娘的白菜原是这样好,隔夜没有浸水,煮起来比别人的多,吃起来比别人的甜了。

我在祠堂里足足住了六年之久,三姑娘最后留给我的印象,也就在卖菜这一件事。

三姑娘这时已经是十二三岁的姑娘,因为是暑天,穿的是竹布单衣,颜色淡得同月色一般——这自然是旧的了,然而倘若是新的,怕没有这样合式,不过这也不能够说定,因为我们从没有看见三姑娘穿过新衣:总之三姑娘是好看罢了。三姑娘在我们的眼睛里同我们的先生一样熟,所不同的,我们一望见先生就往里跑,望见三姑娘都不知不觉的站在那里笑。然而三姑娘是这样淑静,愈走近我们,我们的热闹便愈是消灭下去,等到我们从她的篮里拣起菜来,又从自己的荷包里掏出了铜子,简直是犯了罪孽似的觉得这太对不起三姑娘了。而三姑娘始终是很习惯的,接下铜子又把菜篮肩上。

一天三姑娘是卖青椒。这时青椒出世还不久,我们大家商议买四两来煮鱼吃——鲜青椒煮鲜鱼,是再好吃没有的。三姑娘在用秤称,我们都高兴的了不得,有的说买鲫鱼,有的说鲫鱼还不及鳊鱼。其中有一位是最会说笑的,向着三姑娘道:

"三姑娘,你多称一两,回头我们的饭熟了,你也来吃,好不好呢?"

三姑娘笑了:

"吃先生们的一餐饭使不得?难道就要我出东西?"

我们大家也都笑了;不提防三姑娘果然从篮子里抓起一把掷在原来称就了的堆里。

"三姑娘是不吃我们的饭的,妈妈在家里等吃饭。我们没有什么谢三姑娘,只望三姑娘将来碰一个好姑爷。"

我这样说。然而三姑娘也就赶跑了。

从此我没有见到三姑娘。到今年,我远道回家过清明,阴雾天气,打算去郊外看烧香,走到坝上,远远望见竹林,我的记忆又好像一塘春水,被微风吹起波皱了。正在徘徊,从竹林上坝的小径,走来两个妇人,一个站住了,前面的一个且走且回应,而我即刻认定了是三姑娘!

"我的三姐,就有这样忙,端午中秋接不来,为得先人来了饭也不吃!"

那妇人的话也分明听到。

再没有别的声息:三姑娘的鞋踏着沙土。我急于要走过竹林看看,然而也暂时面对流水,让三姑娘低头过去。

(选自《冯文炳选集》,人民文学出版社1985年版)

阅读提示

废名(1901—1967),出生于湖北黄梅县,原名冯文炳。五四时期在北京大学读书,参加过语丝社,毕业后在北大任教。抗日战争爆发后回到故乡,当过中小学教师。抗战胜利后又回北大任教,1953年调任东北人民大学教授。1920年代开始创作,出版有短篇集《竹林的故事》《桃园》《枣》,以及长篇《桥》《莫须有先生传》,等等。其小说风格独特,多表现牧歌式的田园乡野生活，借日常琐事来展现生活情趣，看重的是诗情和意趣，被称为诗化小说或者散文化小说。废名是现代抒情小说和乡土小说的代表性作家之一。

和许多注重故事情节吸引人的小说不同，《竹林的故事》其实没有什么故事，写的无非是一个农村小姑娘的生活琐事，初读甚至可能有些"无聊"。但仔细品味，进入状态，就会发现这些日常琐事的描写中，总漂浮着某种诗意、某种牧歌情调，有一些特别的意趣之美。读这样的作品不能追求情节，而要寻找和体会那诗一般的意境，或者说，要用读诗的心态来读小说。有几点在阅读中要格外注意，一是田园风光描写，那种质朴恬静；二是三姑娘的少女形象，依水傍竹，美好清纯。人和自然这两者的融会是如此和谐，真有一种天人合一的味道，让人读来如同进入梦境，脱俗、清净，顿时和现实世界拉开了距离，灵魂得到了沐浴。周作人说："我读冯君的小说便是坐在树荫下的时候。"这就领略到小说的韵味了。评论家乐于称废名的作品为"诗化小说"，后来如沈从文、汪曾祺、贾平凹等一些擅以抒情笔法写作的小说家，都是源于这一路数。这篇小说的语言有点"涩"，一方面是新文学初期作品语言的特点，有点文白杂糅；另一方面则是作者有意制造阅读的韵味，有些含蓄与跳跃，又有些书卷气。结果如同读诗，不宜一口气畅读，而要不断停下来体味和想象。废名说他是用写唐人绝句的办法来写小说的，的确，我们只有放松心态，放慢阅读速度，才能仔细体会这种久违了的淡雅而又隽永的古典之美。

问题与思考

一、一般而言，小说和诗是两种不同的文体，而《竹林的故事》被称为"诗化小说"，你是如何理解这种称谓的？这篇小说融合了哪些诗的成分或者手法？（小说的基本元素，如情节、人物、描述等等是具备的，但加入了一些诗的写法，如注重意境、意象，注重抒情，淡化了故事情节。人物描写也偏重传神勾勒。语言的书卷味、跳跃、节奏处理。全篇讲求意趣与韵味。）

二、周作人在给《竹林的故事》作序时说，他读废名的小说"便是坐在树荫下的时候"。对这种评论应当作如何理解？你能结合自己的阅读经验，从审美类型角度作些分析吗？（周作人讲的是阅读姿态和感觉，也是文章的基调。内容情调的朴纳隽永。对自然的向往。对现实的超越。语言的"涩"等。闲适的读书心得。）

拓展阅读

一、钱理群、温儒敏、吴福辉:《中国现代文学三十年》之第三章《小说（一）》,北京大学出版社 1998 年版。

二、周作人:《〈竹林的故事〉序》,《知堂序跋》,岳麓书社 1986 年版。

天　狗

郭沫若

我是一条天狗呀！
我把月来吞了，
我把日来吞了，
我把一切的星球来吞了，
我把全宇宙来吞了。
我便是我了！

我是月底光，
我是日底光，
我是一切星球底光，
我是 X 光线底光，
我是全宇宙底 Energy 底总量！

我飞奔，
我狂叫，
我燃烧。
我如烈火一样地燃烧！
我如大海一样地狂叫！
我如电气一样地飞跑！
我飞跑，
我飞跑，
我飞跑，
我剥我的皮，

我食我的肉,
我吸我的血,
我啮我的心肝,
我在我神经上飞跑,
我在我脊髓上飞跑,
我在我脑筋上飞跑。
我便是我呀!
我的我要爆了!

1920年2月初作
(选自《沫若文集》,人民文学出版社1958年版)

阅读提示

　　郭沫若,原名郭开贞,号鼎堂。1892年生于四川乐山。少年时期就表现出文学才华。1818年留学日本,曾入日本九州帝国大学学习医科,因听力障碍,后弃医从文。留学期间广泛接触欧美文学,同时受到五四新文化运动的激励,尝试用豪放的浪漫主义风格写白话新诗,寄回国内发表。1919年下半年至1920年上半年出现第一个诗歌创作爆发期,后来收在《女神》中的最为出色的诗篇,包括《凤凰涅槃》、《天狗》、《晨安》、《匪徒颂》、《地球,我的母亲》等都是这一时期的作品。1921年与成仿吾、田汉、郁达夫、张资平等组织文学社团"创造社",提倡个性主义的创作。同年《女神》出版,以其崭新的内容和形式,开一代诗风,奠定了郭沫若作为新诗开拓者、奠基者的地位。20年代还出版有《星空》、《瓶》、《恢复》、《前茅》等诗文集。1926年投笔从戎,参加北伐,任国民革命军总政治部宣传科长。1927年参加南昌起义,任主席团成员,南下突围中与起义部队失去联系。后流亡日本十年,从事甲骨文和中国古代社会研究,在历史与考古学领域卓有成就,还创作百余万字的自传《少年时代》、《学生时代》、《革命春秋》、《洪波曲》等。抗战爆发后,又一次投笔请缨。1938年回国,曾出任国共合作的军事委员会三厅厅长等职。40年代创作多部历史剧和大量散文,其中《屈原》影响甚大。新中国建国后出任全国文联主席、中国科学院院长和人大副委员长等职。1978年病逝。

　　学习《天狗》一诗,要知道一点关于《女神》的知识。这本诗集初版于1921年8月,收诗56首,其中许多作品发表的时间正是五四新文化运动的高潮期。如《天狗》就发表于 1920 年 2 月上海《时事新报》的副刊《学灯》。关于《女神》的评论非常多,这里不妨介绍一下周扬的评价,比较有代表性。周扬说,《女神》虽然不是最早的白话诗,却是"比谁都出色地表现了五四战斗精神。在内容上,表现自我,张扬个性,完成所谓人的自觉;在形式上,摆脱旧诗格律的镣铐而趋向自由诗,这就是当时所要求于新诗的。这就是五四精神在文学上的爆发。在诗的魄力和独创性上,他简直是卓然独步的"。周扬还用"暴躁凌厉之气"来概括"五四"精神,认为这也就是《女神》的时代精神和最主要特色。(见周扬《郭沫若和他的〈女神〉》,1941 年 11 月 16 日《解放日报》)这些评论有助于我们理解《女神》包括《天狗》的内容和精神气质。

文学史通常认为《女神》的价值除了开一代诗风,还在于创造了一个"大我",也就是自我抒情主人公形象。这个形象当年曾经那样激动了一代青年,曾拥有无数"燃烧点相等"的读者。这个"大我"首先代表了觉醒的中华民族。如《凤凰涅槃》就是对我们这个古老民族再造新我的期盼与颂赞。《女神》的"大我"形象还是勇于反抗、自由创造的时代新人,其身上体现出觉醒之后大胆地自我剖析、自我否定,又自我尊崇、自我扩张的特点。所以不难理解像《天狗》这样的作品,为何要爆发出那种超越一切、破坏一切、绝端自由、迎对万汇的情绪,为何采用那种自由质直、直抒胸臆的方式,唱出雄强而不免粗野的"男性音调"。

《天狗》写于 1920 年 2 月初,那时五四新文化运动的影响正在全社会辐射,郭沫若也处在他的创作高峰期。后来他回忆说:"在 1919 年与 1920 年之交的几个月间,我几乎每天都在诗的陶醉里。每每有诗的发作袭来就好像生了热病一样,使我作寒作冷,使我提起笔来战颤着写不成字。我曾经说过,诗是写出来的,不是做出来的。便是当时的实感。"这段话可以让我们了解《女神》包括《天狗》的写作状态。我们现在接触《天狗》,可能会感到有些怪异,难于欣赏它的内容和表现形式。这牵涉到如何阅读文学史经典的问题。对于像《女神》这样带有强烈时代色彩的作品,只有尽量"设身处地"地反顾历史现场,消除历史隔膜,才能领略其特有的艺术价值。建议最好用"三步阅读法"。第一步是"直观感受",先不要受到理论干扰,直接用自己的感觉体验去触摸作品,获得最初的整体印象。举《天狗》为例,初读此诗,第一印象可能是狂躁、焦灼。那超验的形象、按捺不住的情绪、反复旋转的急遽的呼喊和那短促的简直让人喘不过气来的句式,都给人一种异乎寻常的冲击:如同热锅上的蚂蚁,恨不得把宇宙的一切全给一口吞了,"我便是我"

了。又仿佛自身储有无穷的精力能量,简直就是拥有"全宇宙 Energy 的总量";这才要飞奔,要燃烧,要狂叫;一时找不到宣泄的渠道,憋得难受,只得匪夷所思,要在自己的脑筋、神经或脊椎上飞跑。这是诗歌所表达的情绪直接造成的对读者的冲击,也是读《天狗》一般能得到的"第一印象"。

获得"第一印象"之后,还不急于作理论的归纳,最好转入第二步,即"设身处地",尽可能与你所想象和理解的"历史现场"融合起来。可以想象自己也正处在五四时期,是刚跳出封建思想牢笼的青年,非常自信,似乎整个世界都是可以按照自我的意志加以改造的;但同时又可能很迷惘,不知"改造"如何着手,一时找不到实现自我、发挥个人潜能的机会;一方面觉得"我"很伟大,威力无穷,另一方面又会发现"我"无所适从,这便产生焦灼感,有一种暴躁的心态。有了一些历史的现场感,对诗中所抒发的那种狂放的情绪与心态,乃至那似乎怪异的表达形式,就会有能够融进去的感觉和认同。这样,原先所得的"第一印象"也就更有了着落,并在与历史想象的融会中调整、升华。

接下来要做的第三步才是"名理分析"——比较理性地思考原先阅读中直接获得的"第一印象",到底跟《天狗》的形象、情绪、节奏等等因素有何关系,并进而分析《天狗》所表达的那种火山爆发式的内发情感,是如何充分代表和满足了"五四"青年的普遍心态的。这样就把郭沫若诗歌产生的历史氛围、思想艺术特征,与同一时代读者迷狂般接受郭诗的热烈状况都结合起来,所作的是整体性的分析。这种分析自然会注意到五四时期那种暴躁凌厉的普遍社会心理,阅读《女神》既找到了情绪的宣泄口,这阅读行为本身也就成为一种时髦、一种反叛。这样,"读者反应"本身也丰富、加强或改变了《女神》和《天狗》所诱发的氛围,并在事实上共同塑造着郭沫若和《女神》的"神话",郭沫若和他的《女神》也就成为一种时代精神的象征。

《女神》中的诗,的确有许多显得散漫、太直、太坦露,是很粗糙的。如果光凭直觉印象,或者径直就作理论分析,可能就进入不了作品的世界,甚至会简单地认为这并不成功。然而着眼于对作品的整体审美,并凭着历史的想象,尽量回到五四当年,感受那种极富时代色彩的阅读风气,那么这些"粗糙"便可能另有一种痛快淋漓的效应,甚至也是一种不可重复的特殊之美了。

问题与思考

一、分析郭沫若《天狗》中"天狗"的象征含义以及这首诗的艺术特色。("天狗"是五四时期个性解放的反叛精神的象征,是"开辟洪荒的大我";借

"天狗"自由、无羁、破坏与反叛的形象,发出气吞一切的绝叫:"我把月来吞了,/我把日来吞了,/我把全宇宙来吞了。"用剥食自己皮肉、心肝等匪夷所思的夸张,表达要扫荡一切、彻底破坏一切,非常自信而又有些惘然的情绪;那是觉醒之后的渴望和焦灼,是典型的五四"暴躁凌厉之气";艺术上想象奇特,句式短促,节奏跳脱,用语粗犷;直截的呼喊和痛快淋漓的宣泄适合表达五四青年的反叛与追求。)

二、郭沫若《女神》在新诗发展史上的贡献与地位。(内容上体现五四时代精神,表现民族的觉醒;如《凤凰涅槃》象征古老民族再造新我,如《天狗》表现彻底告别旧世界,破坏与更新;诗中抒情主人公形象是个性解放的"大我",同时也是民族解放的"大我";结合《天狗》分析自我剖析、自我否定、自我尊崇、自我扩张的形象,以及绝端自由、彻底破坏与反叛的情绪,理解这是五四"暴躁凌厉之气"的表现,在当时充分满足了时代的需要;形式上以质直的方式抒发感情,唱出雄强而粗犷的"男性音调";摆脱旧格律诗的镣铐,创造自由诗的形式,飘逸飞动的意象与奇特壮阔的想象,以自由抒情为主的浪漫主义风格,为新诗开一代新风,是新诗的奠基之作。)

三、对一些有较多时代隔膜的文学史经典作品,应当怎样去阅读评价,才能进入和理解其艺术世界?试举《女神》为例加于说明。

拓展阅读

一、郭沫若:《女神》,《沫若文集》第1卷。有单行本。

二、郭沫若:《我的作诗经过》,《沫若文集》第11卷。

三、刘纳:《论女神的艺术风格》,《中国现代文学研究丛刊》1982年第2辑。

四、孙党伯:《郭沫若评传》,人民文学出版社1987年版。

春天的心

林　庚

春天的心如草的荒芜
随便的踏出门去
美丽的东西到处可以拣起来
少女的心情是不能说的
天上的雨点常是落下
而且不定落在谁的身上
路上的行人都打着雨伞
车上的邂逅多是不相识的
含情的眼睛未必是为着谁
潮湿的桃花乃有胭脂的颜色
水珠斜打在玻璃车窗上
江南的雨天是爱人的

（选自《林庚诗选》，人民文学出版社1985年版）

阅读提示

林庚，原籍福建闽侯，1910年2月生于北京，1928年毕业于北京师范大学附属中学，考入清华大学物理系。1930年转入清华大学中文系，曾参与创办《文学》月刊。1933年清华大学毕业，留校任朱自清先生助教。1934年至1952年先后在北京民国学院、厦门大学、燕京大学任教。1952年院系调整，改任北京大学中文系教授，至1986年退休。2006年逝世。林庚先生是现代文学史上的杰出诗人，1933年出版了他的第一本自由体诗集《夜》。俞平伯在为《夜》所作的序言中称之为"异军突起"。此后，林庚陆续出版了《春野与窗》、《北平情歌》、《冬眠曲及其他》、《林庚诗选》等诗集和诗、论合编的《问路集》及诗性哲理随笔《空间的驰想》。林庚先生在中国文学史研究领域也有突出的贡献,先后出版了《诗人屈原及其作品研究》《诗人李白》《中国文学简史》《中国历代诗歌选》等著作。

　　自古以来写春天的诗歌很多,林庚这首《春天》仍然独具特色。和古诗不同,该诗没有讲求押韵和平仄,句式也长短不一,是非常自由的现代诗,一句赶着一句,很是随意,但读起来随着情感的起伏变化,会有某种很自然的心理韵律生成,就如同春天到来那种蓬勃、自由、跃动的节奏。此诗适合朗读,要把握阅读的语感,体会那种因语感变化所带来的特殊韵味。

　　开头一句用"草的荒芜"来比喻春天的心,给人陌生而又惊讶的感觉。草无论怎样"荒芜",时候一到总要返青,而且是无边无际的,这景象让人有种生命伸展的强烈渴望,也就是"春心"荡漾吧!接下来两句也是写春心的:"随便的踏出门去/美丽的东西到处可以拣起来"。这里的"随便"是一种放松,是春天所独有的"慵懒"和"散漫",人们不必受什么约束,完全可以开放自己,投入大自然当中,那样"美丽的东西"就会到处呈现。用"拣起来"这样很具体的动作,来表达春的发现,本来难于名状的感觉,似乎也可以很现实地捕捉了,这写法很是别致。意犹未尽,又上来一句"少女的心情是不能说的",还是写春心荡漾,那种生机勃发的意味如同少女飘拂不定的心情,如此丰富,却又毕竟只能意会,难于言传。

　　下面的四句似乎也较为具体,写"春雨"和"行人"等等,其实进了一层,是对春的到来所引发的人生感悟。当然,这种感悟不是议论抒发,还是通过感觉来引发。那从天落下的"雨点",不定就落在谁的身上;而春的"召唤"往往不也这样,给人"突然"的感觉吗?习惯于冬天的浑浑噩噩,冷不丁给"雨点"唤醒了,这种感觉有些陌生,有些神秘,你会突然意识到一个美丽的季节到来,人生重新被点亮,又变得新鲜活跃了。春心被唤醒,感觉在变化,世界一下子也变得那么温馨美好,"行人"呀、"雨伞"呀,所有琐碎的事物全都那么美,连车上不相识的人彼此"邂逅",也那样和谐亲切了。这就是春的氛围,也是春心的感发。

　　意犹未尽,顺势又来了"含情的眼睛"和"潮湿的桃花"两句,同样是顺着春雨的描写而来的,但这两个意象的互相映衬,除了继续给人以春的美丽的联想,也许还会有些疑惑。是"少女"的眼睛?是"行人"邂逅的眼睛?还是春心焕发后所有人都变得多情的眼睛?不必拘泥地理解,总之,是换了一副眼睛,是春天给大家带来好心情了。

　　最后两句仍然在写春雨,却用"江南的雨天是爱人的"结束,像是一种说明,又像是一种慨叹,含义有些朦胧,有些歧义,可以作不同的解释。"春心"

本来就是含蓄的、模糊的,是个人的、隐秘的,说得太白反而可能捕捉不了,有些歧义我们会觉得正常,正好可以满足对春天各种层面和角度的理解。看来诗的朦胧有时可以增加阅读想象的空间。

此诗的阅读还有一个特点,就是能调动"通感"的运用,视觉、听觉、味觉、触觉全都在貌似凌乱的、没有逻辑的意象组合中互相融会触发。"潮湿的桃花乃有胭脂的颜色/水珠斜打在玻璃车窗上"——这里有颜色、香味、声音和触感,甚至还有"第六感官"的印象,混在一起给人春天的特殊感觉。春天是什么?每个人都了解,但难于明白表述,这首诗把各种对春天的感觉融会到一起,五光十色,回环往复,那种氛围出来了。诗的长处在于表达丰富复杂的情感,包括潜意识的东西,有时诗歌表现感觉会和惯常的逻辑思维不合,像这首诗东一句西一句,似乎有些凌乱,用逻辑直解的办法是理不清的,只能而用感觉去体味,有时还要靠直觉,如果阅读中把"通感"调动起来了,就能处处发现春天的景象,引发春心的跃动。

问题与思考

一、反复朗读林庚《春天的心》这首诗,体会诗的节奏和自己被唤起的内心的旋律,说说现代自由体诗的体式及其阅读要求和古代诗词有哪些异同。(这是带有实践性的题目,要求反复朗读,读出自己的感觉来。然后再把自己阅读的感觉上升到理论的层面说明。自由体诗虽然不同于古典诗词那样有固定的严格的格律,但也还是有内在的韵律,主要包括感情的变换起伏。注意《春天的心》的句式安排和情绪节奏如何协同,并说明这种主要依仗内容的内在节奏如何影响阅读心理。)

二、在老师指导下查找关于林庚《春天的心》的评论资料,和本课"阅读提示"的读法加以比较,谈谈你对诗歌阅读歧义的看法。

三、分析和体味林庚《春天的心》中意象组合如何表达春心勃发。模仿这首诗的写法,自己也写一首表达春天(或者夏天、秋天和冬天)的感觉的诗。

拓展阅读

一、方长安:《春天的心》简析,见刘祥安编《中国现当代文学作品导引》第二卷,第142页,高等教育出版社2004年版。

二、孙玉石:《中国现代主义诗潮史论》,第106—107页,北京大学出版社1993年版。

北　方

艾　青

一天
那个科尔沁草原上的诗人
对我说：
"北方是悲哀的。"
不错
北方是悲哀的。
从塞外吹来的
沙漠风，
已卷去北方的生命的绿色
与时日的光辉
——一片暗淡的灰黄
蒙上一层揭不开的沙雾；
那天边疾奔而至的呼啸
带来了恐怖
疯狂地
扫荡过大地；
荒漠的原野
冻结在十二月的寒风里，
村庄呀，山坡呀，河岸呀，
颓垣与荒冢呀
都披上了土色的忧郁……
孤单的行人，
上身俯前

用手遮住了脸颊,
在风沙里
困苦地呼吸
一步一步地,
挣扎着前进……
几只驴子
——那有悲哀的眼
　　和疲乏的耳朵的畜生,
载负了土地的
痛苦的重压,
它们厌倦的脚步
徐缓地踏过
北国的
修长而又寂寞的道路……

那些小河早已枯干了
河底也已画满了车辙,
北方的土地和人民
在渴求着
那滋润生命的流泉啊!
枯死的林木
与低矮的住房
稀疏地,阴郁地
散布在灰暗的天幕下;
天上,
看不见太阳,
只有那结成大队的雁群
惶乱的雁群
击着黑色的翅膀
叫出它们的不安与悲苦,
从这荒凉的地域逃亡
逃亡到
绿阴蔽天的南方去了……

北方是悲哀的
而万里的黄河
汹涌着混浊的波涛
给广大的北方
倾泻着灾难与不幸；
而年代的风霜
刻划着
广大的北方的
贫穷与饥饿啊。

而我
——这来自南方的旅客，
却爱这悲哀的北国啊。
扑面的风沙
与入骨的冷气
决不曾使我咒诅；
我爱这悲哀的国土，
一片无垠的荒漠
也引起了我的崇敬
——我看见
我们的祖先
带领了羊群
吹着笳笛
沉浸在这大漠的黄昏里；
我们踏着的
古老的松软的黄土层里
埋有我们祖先的骸骨啊，
——这土地是他们所开垦
几千年了
他们曾在这里
和带给他们以打击的自然相搏斗，
他们为保卫土地

从不曾屈辱过一次,
他们死了
把土地遗留给我们——
我爱这悲哀的国土,
它的广大而瘦瘠的土地
带给我们以淳朴的言语
与宽阔的姿态,
我相信这言语与姿态
坚强地生活在大地上
永远不会灭亡;
我爱这悲哀的国土,
　古老的国土
——这国土
养育了为我所爱的
世界上最艰苦
与最古老的种族。

1938 年 2 月 4 日　潼关

(选自《艾青诗全集》,人民文学出版社 2003 年版)

阅读提示

　　艾青,原名蒋海澄,1910 年 3 月 27 日出生于浙江省金华县畈田蒋村的一个地主家庭。由于算命先生说他是克父母的命,五岁以前一直被迷信的父母寄养在贫苦农民家中。这段生活对艾青后来的人生和创作产生了重大影响,他对淳朴、坚忍的人民大众始终抱着崇敬,他的诗歌深深地浸染着对民众的热爱。由于对绘画的浓厚兴趣,1928 年艾青考入杭州国立西湖艺术院绘画系学习。1929 年,他获得到法国勤工俭学的机会。留学期间,艾青的视野拓宽,接触了大量欧洲古典和现代小说、诗歌,尤其受凡尔哈仑、波德莱尔等现代主义诗人的影响,开始走上文学的道路。留法期间,他参加了"世界反帝大同盟",并在 1932 年发表了第一篇诗作《会合》。1932 年 4 月回国以后,参加中国左翼美术家同盟,并组织春地画社,因参加爱国活动被捕入狱。在狱中写作的《大堰河——我的保姆》一诗,以"艾青"这一笔名发表,轰动文坛,崭露头角。出狱后,于 1936 年出版了第一本诗集《大堰河——我的保姆》,名声在诗坛进一步扩大。抗日战争爆发后,写了《北方》、《复活的土地》、《雪落在中国的土地上》等诗,倾吐国破家亡的深深忧愤。1938年,在桂林和戴望舒合办诗刊《顶点》,这一时期有《吹号者》、《他死在第二次》、《旷野》等诗作,还写了《诗论》,对诗歌的内容和形式各个方面作了系统的评论和阐释。1941年到达延安以后,诗歌的风格转变,主要歌颂光明和鼓动斗争。解放以后,在中外文化交流活动中写了许多诗作。1957年被划为右派,沉默了二十多年,到1979年才彻底平反。重返诗坛以后,代表作有《归来的歌》、《光的赞歌》等,焕发出新的创作激情。1996年5月5日逝世。

艾青一方面是深深植根在中国土地上的诗人,另一方面又批判地吸收西方现代派诗人在新诗艺术探索中取得的成果,他的早期诗歌所显露出来的是世界潮流、民族传统和个人气质的交汇。艾青的自由体诗歌具有风格质朴、意境深邃的突出特征,在肩负诗的艺术生命的同时也承担着历史使命,以雄浑厚重的笔触、如火如炽的诗句,倾诉着对祖国、对人民、对革命的挚爱。艾青的诗歌对后来的"七月派"诗人以及穆旦都产生了影响。

艾青的诗集有《大堰河》(1936)、《北方》(1939)、《他死在第二次》(1939)、《向太阳》(1940)、《旷野》(1940)、《火把》(1941)等。比较常见的版本有《艾青全集》(花山文艺出版社,1994)、《艾青诗全编》(人民文学出版社,2003)、《艾青名著欣赏》(中国和平出版社,1993)。

1938年2月,艾青因为抗日战争爆发正在北方的山西、陕西等地流离,路经潼关之时写下这一首《北方》。诗人通过描写北方土地在寒风、沙雾中的一片萧飒景象,表达了对国土面临沦陷的忧虑、对苦难民众的深深同情。但是在"悲哀"的同时,诗人特别强调这片土地所表现的顽强生命力,他崇敬和热爱具有这种力量的祖国人民。在《北方》粗犷苍莽的气氛中,我们可以感受到诗人对于民族战争必胜的信心。

诗歌一共五节,一至三节主要是景物描写。在诗句中,首先映入眼帘的是莽莽一片失去了生命绿色的土地,在沙雾中不见光辉的太阳,天与地笼罩在晦暗之中。这给人一种抑郁、苍茫的悲凉感。然后是冻结的村庄、山坡、河岸、在风沙中前行的孤单行人、负重的驴子、惊惶的雁群……这些意象构成了一幅在寒风和风沙肆虐下的北方画卷。要注意的是,诗人并不是单纯地写景。艾青擅长捕捉瞬间的感觉和意象,并渗入个人的主观情感,从而创造出具象征意义的视觉形象。这里的景物带有浓厚的感情色彩:村庄、山坡、河岸是如同荒冢的,行人是呼吸困难的,驴子踏着疲倦的脚步。诗人这样描写景物,是为了突出在恶劣的自然环境中,生存是如何困难。诗人在题记和诗歌的第一节中两次说"北方是悲哀的",这些景物的描写就是围绕着这一内心感受而展开的。抑郁、苍凉的景观和诗人的叹息紧密相联,这特别值得细心体会。然而,北方的土地和人民正是在这种寒风肆虐中渴望着生机。这种充满低沉、忧郁情绪的景物描写,为诗歌后面的内容进行了铺垫,读了这三节以后,我们可以先在心里留下一种预设,注意诗人在后面是怎么来转变诗歌的整体情绪氛围的。

　　第四节一开始又重复了"北方是悲哀的"这一句,这构成了反复吟唱的效果,加重了诗歌的悲凉感。同时这又是一个过渡句,这一节诗歌不再是客观的景物描写,由此诗人开始直接地抒情。为什么北方如此悲哀?自然环境的恶劣是外在的,关键是生活在这片土地上的广大民众,他们承受着灾难和不幸,挣扎在贫穷和饥饿中。读到这里,可以试着体会,其实在前面三节中寒风、狂沙给北方土地带来的恐怖是有暗含的比喻的。诗人此时因为抗战爆发而飘零,他内心充满了对侵略者的愤怒和痛恨。他不仅同情北方的人民生活在这样的恶劣自然环境中,更同情他们所遭受的蹂躏和侵略。

　　诗歌的第五节是最长的,也是全诗的中心和重点。在这一节中,前四节诗歌中"北方是悲哀的"低沉叹息一变为昂扬的信念,全诗进入高潮。诗人五次表达了"我爱这悲哀的北国"的情感。这和前面四节诗中重复出现的"北方是悲哀的"形成一种对应关系。前几节诗歌奠定的悲凉甚至有些执拗的情感,在这里拓展为一种阔大的"悲壮"。在阅读第五节诗歌的时候,要特别注意诗人的表达,为何他偏偏对这片悲哀的北方土地爱得深沉?诗人说他不诅咒"扑面的风沙",因为"无垠的荒漠"引起了他的崇敬。这种恶劣的环境正衬托了与之斗争的人的高贵品质。诗人所敬佩的是生活在这里的人们的顽强精神,他们几千年以来都和自然相搏斗,为保卫土地,从来没有接受过屈辱。这里还隐含了更深一层的意思。所谓"风沙"、"荒漠"都是具有象征意义的,一方面指恶劣的自然生存环境,另一方面也暗指中华民族所面临的残暴侵略。在诗人看来,祖祖辈辈生活在北方土地上的人们,有着惊人的与恶劣自然环境抗争的毅力和勇气,即使是死去了也把骸骨埋在这里。生于斯、死于斯,"——这土地是他们开垦的"。诗人其实也在强调,这片土地是生死于此、勤劳耕种的劳动人民的,是我们中华儿女的。"他们死了,把土地遗留给我们",祖先除了给我们留下生存的土地,更留给我们顽强的抗争精神、永不低头的高贵品质。像几千来为生存、保卫土地而抗争的祖先一样,面临侵略,此时生活在这片土地上的人们也同样不会屈服。诗人又一次饱含深情地说:"我爱这悲哀的国土",他所爱的是这片土地上的人们"淳朴的言语"、"宽阔的姿态"。诗人用"言语"和"姿态"借喻中华民族的艰苦不懈、不屈不挠的抗争精神,坚信只要保持这种宝贵品质,中华儿女在自己的土地上,就永远不会灭亡。爱国主义的精神在这里升华,诗人深爱的更是一个具有顽强生命力、艰苦奋斗精神的民族。诗歌的最后一句"我爱这悲哀的国土"和我爱世界上最艰苦、最古老民族的情感交融在一起。总体看来,诗歌前四节的低沉、忧郁情绪和第五节所表达的坚持、乐观信念形成对照,加上苍莽的北国风光的描写,整个诗歌具有一种雄浑、厚重的抒情风格。

艾青是自由体诗歌的提倡者,他认为自由诗受到的制约少,适应激烈动荡和变化的时代。《北方》就是艾青典型的自由体诗歌。这首诗基本不押韵,也没有特别地注意字数和行数。最长的第五节有三十八行,而较短的第一节、第四节则分别只有四行、九行。诗歌中既有一二十字的长句,又有两个字的短句。但是艾青擅长在变化中取得统一,在参差错落中取得和谐。《北方》的诗体看似自由,其实采用了有规律的排比、复沓,如"北方是悲哀的"、"我爱这悲哀的国土"等句子在诗中反复出现,既突出诗歌的主题,又通过循环、反复,增加了诗歌悠长、苍莽的意蕴。

问题与思考

一、结合阅读感受,谈谈艾青诗歌的"绘画美"。(艾青的诗歌从"感觉"出发,捕捉瞬间的印象,然而渗入自己的主观情感,创造出具有象征意义的视觉形象。结合《北方》中的"土地"意象来说明,尤其在诗歌的前三节中,分析诗人是怎样通过一个个具体的景物描写,画出一副寒风和风沙肆虐下的北方土地画卷的。)

二、分析艾青诗歌中的"土地"意象的内涵。("土地"意象在诗歌中具有双重意蕴。首先凝聚着诗人对祖国——大地母亲深沉的爱。《北方》体现了诗人深厚的爱国主义情感,他坚信我们的国家一定可以在抵御侵略的战争中获胜。其次,"土地"意象还凝聚着诗人对生活在这片土地上的劳动者的崇敬和热爱,因为这片贫瘠而伟大的土地孕育了他们顽强、坚忍,不向困难低头的高贵品质。可以结合诗歌的第五节中诗人说"我爱这悲哀的国土",称颂这片土地上人们"淳朴的言语"、"宽阔的姿态"的句子,以及这些句子暗含的对顽强、坚韧的生命力的赞扬来回答。)

三、简要评述艾青前期诗歌的成就。(艾青前期的诗歌是世界潮流、民族传统和个人气质的交汇。艾青的诗歌一方面深深植根在中国的土地上,一方面吸收了西方现代主义的绘画、诗歌技巧。他的自由体诗歌具有风格质朴、意境深邃的突出特征,在肩负诗的艺术生命的同时也承担着历史使命,以雄浑厚重的笔触,倾诉着对祖国、对人民、对革命的挚爱。这些可以通过《北方》体现的对祖国、对人民的诚挚热爱之情,注重诗歌的画面感来具体说明。《北方》不讲究押韵、字数、行数,但是有规律的排比、复沓的形式,则说明艾青在自由诗体方面的探索。)

拓展阅读

一、钱理群等:《中国现代文学三十年》第二十五章《艾青》,北京大学出版社1998年版。

二、海涛、金汉编:《艾青专集》,江苏人民出版社1982年版。

三、《艾青诗全编》,人民文学出版社2003年版。

赞 美

穆 旦

走不尽的山峦的起伏,河流和草原,
数不尽的密密的村庄,鸡鸣和狗吠,
接连在原是荒凉的亚洲的土地上,
在野草的茫茫中呼啸着干燥的风,
在低压的暗云下唱着单调的东流的水,
在忧郁的森林里有无数埋藏的年代。
它们静静地和我拥抱:
说不尽的故事是说不尽的灾难,沉默的
是爱情,是在天空飞翔的鹰群,
是干枯的眼睛期待着泉涌的热泪,
当不移的灰色的行列在遥远的天际爬行;
我有太多的话语,太悠久的感情,
我要以荒凉的沙漠,坎坷的小路,骡子车,
我要以槽子船,漫山的野花,阴雨的天气,
我要以一切拥抱你,你
我到处看见的人民呵,
在耻辱里生活的人民,佝偻的人民,
我要以带血的手和你们一一拥抱。
因为一个民族已经起来。

一个农夫,他粗糙的身躯移动在田野中,
他是一个女人的孩子,许多孩子的父亲,
多少朝代在他的身边升起又降落了

而把希望和失望压在他身上，
而他永远无言地跟在犁后旋转，
翻起同样的泥土溶解过他祖先的，
是同样的受难的形象凝固在路旁。
在大路上多少次愉快的歌声流过去了，
多少次跟来的是临到他的忧患；
在大路上人们演说，叫嚣，欢快，
然而他没有，他只放下了古代的锄头，
再一次相信名词，溶进了大众的爱，
坚定地，他看着自己溶进死亡里，
而这样的路是无限的悠长的
而他是不能够流泪的，
他没有流泪，因为一个民族已经起来。

在群山的包围里，在蔚蓝的天空下，
在春天和秋天经过他家园的时候，
在幽深的谷里隐着最含蓄的悲哀：
一个老妇期待着孩子，许多孩子期待着
饥饿，而又在饥饿里忍耐，
在路旁仍是那聚集着黑暗的茅屋，
一样的是不可知的恐惧，一样的是
大自然中那侵蚀着生活的泥土，
而他走去了从不回头诅咒。
为了他我要拥抱每一个人，
为了他我失去了拥抱的安慰，
因为他，我们是不能给以幸福的，
痛哭吧，让我们在他的身上痛哭吧，
因为一个民族已经起来。

一样的是这悠久的年代的风，
一样的是从这倾圮的屋檐下散开的
无尽的呻吟和寒冷，
它歌唱在一片枯槁的树顶上，

它吹过了荒芜的沼泽,芦苇和虫鸣,
　　一样的是这飞过的乌鸦的声音。
　　当我走过,站在路上踯躅,
　　我踯躅着为了多年耻辱的历史
　　仍在这广大的山河中等待,
　　等待着,我们无言的痛苦是太多了,
　　然而一个民族已经起来,
　　然而一个民族已经起来。

1941 年 12 月

(选自《穆旦诗全集》,中国文学出版社 1997 年版)

阅读提示

　　穆旦,原名查良铮,曾用笔名梁真。祖籍浙江海宁。1918 年 4 月 5 日生于天津。在南开中学上学时开始写诗。1935 年考入清华大学外文系。因抗日战争爆发,1938 年清华、北大与南开大学迁往昆明,组成西南联合大学,穆旦与三校师生由长沙步行 68 天至昆明,目睹了底层人民的贫穷、艰难与愚昧,这些体验对他后来的诗作产生了影响。在西南联大期间系统接触英美现代派诗歌和理论,参加联大师生的文学社团,写有《防空洞里的抒情诗》《在寒冷的腊月的夜里》《赞美》等一批诗作。1942 年 2 月,已经留校当教员的穆旦胸怀"国家兴亡,匹夫有责"之志,参加中国远征军,出征缅甸抗日战场,任司令部(杜聿明将军)随军翻译,亲历了惨烈的野人山战役,在往印度撤退时又历经九死一生的劫难。回国后颠沛于西南各地,生活困顿。坎坷的岁月强化了诗人对社会人生的关注与思考,此时也是他诗作的多产期,《诗八首》《春》《自然底梦》等都写于 1943 前后。1949 年赴美留学,攻读英美文学与俄罗斯文学。1953 年回国,分配到南开大学外文系任副教授。除了教学外,主要精力用于翻译。有译作二十多种,包括《普希金抒情诗集》《拜伦抒情诗集》和《文学原理》(季摩菲耶夫)等,后来又译有拜伦的《唐璜》。在五六十年代几次政治运动和"文革"中历经磨难,仍然坚持翻译和创作,1977 年病逝。

　　穆旦是现代中国最杰出的诗人与翻译家之一,也是 40 年代现代派诗歌流派"九叶派"的领衔诗人。他的诗歌具有强烈的现代意识和爱国情怀,富于深厚凝重的情感和思辨,对诗歌如何表达现代人的生存处境也作出了出色的探索。在现代文学史上,穆旦属于那种艺术个性独特、思想超越、手法前卫,而又能扎根现实的现代派诗人,在当代诗坛也有相当大的影响。

穆旦的诗作结集有《探险队》(1945)、《穆旦诗集(1939—1945)》(自选集,1947)、《旗》(1948)等,比较常见的版本还有《九叶集》(与八位诗友合集)(江苏人民出版社,1981)、《穆旦诗选》(人民文学出版社,1986)、《穆旦诗全集》(中国文学出版社,1996)。

《赞美》写于1941年底。这首诗比较长,共四节,每一节结尾都用"一个民族已经起来"这一句收束,可以理解为这就是全诗所表达的感情与信念的核心。但这不是空洞的口号,而是承载着非常丰富复杂的含义;诗人通过鲜活具体的体验和想象去体现这个信念,引发深远的思考。阅读时注意把握诗中的意象,也就是那些饱含情感体验的具体事物的形象,体会多个意象并置所形成的情感氛围以及诗人的冥想,一层层去品味,去理解。

第一节是整体感悟,是对民族历史与现实的整个印象的呈现,当然,这是带着诗人独特体验的印象,从时间和空间两个维度展开的。开头六句如同电影的长镜头,掠过河流与草原、土地和村庄,展现那种开阔、寂寞而又荒凉的景象。其中"底压的暗云"、"呼啸着干燥的风"、"唱着单调的东流的水"和"忧郁的森林"等意象,共同创造出广袤、悠远和沉郁的氛围。这是对我们民族历史与现实的直观的整体感觉,有些惝恍迷离,说不出的那种丰富和深邃。你可以使用诸如"伟大"呀、"悠久"呀、"苦难深重"呀、"勤劳勇敢"呀这一类常见的词语,对民族的历史与现实作出一些概括,但这只是理性的概括,不容易让人感动;而像《赞美》这种用独特体验的意象群所形成的"感性的整体呈现",就能让人"进入状态",调动感官体验与想象,甚至能唤起某种莫名的怅惘、冥思和感动。阅读全诗时都要注意这种特点。

第六句"无数埋葬的年代"是个复合意象。"年代"是指历史,"无数"意味久远和沉重,"埋葬"这个词能唤起寂寞、悲哀等感觉。现代诗歌常有这种把复杂多层的感觉或印象叠和、融汇在一起的写法。从这一句起,把读者引入对历史的体验,拥抱历史。其中"说不尽的灾难"显然是对民族命运的感慨,但同时又有"爱情"、"鹰群"、期待着热泪的"干枯的眼睛"以及在地平线上爬行的"行列"等等,乍一看似乎有些乱,不同质感的事物凑到一块;其实就是要用这组意象群表达出复杂的历史感:不光是痛苦与哀伤,还有那对自由、幸福的艰难却执著的追求。更重要的是,从中可以读出某种在苦难面前要扬起的信念与力量。

后面八句把对历史和现实的那种复杂感觉再作一归拢。先是叠用诸如

"荒凉的沙漠"、"坎坷的小路"、"满山的野花"、"骡子车"、"槽子船"之类意象,调动各种不同质感的体验来整合对祖国的印象。接下来,将这一切感觉与印象都集中到一点,就是对底层人民的观察与同情:这是"屈辱里生活"的"佝偻的人民"!显然,同情中又带有惋惜和悲哀。诗人感觉中情不自禁要用"带血的手"与人民——"拥抱"。"带血的手"意味着苦难,也意味着这是一种彻骨的感情,是与人民患难与共的深挚的感情。

以上对第一节的分析比较细致。我们要注意体味其中不同的意象所蕴涵的各种感情以及意象群的并置、转换如何形成特殊的情绪氛围。整首诗都可以用这种方法阅读,最重要的是直接去感觉和体味,充分展开自己的想象。这也是阅读比较晦涩、难懂的现代派诗歌的方法之一。其余三节这里不再详析,只就几个问题略加提示。

第二、三节写一个"农夫"和一个"老妇",他们的劳作、家庭、生育、饥饿、忧患、欢快、恐惧、希望、失望以至死亡等等,这些描写都不只是个人的遭遇,而是通过两个受难者各种生活化的意象,呈现对民族历史与现实的认知与感觉。"农夫"一节偏重表达无限悠长的"忧患"。"多少朝代在他身边升起而又降落了/而把希望和失望压在他身上/他永远无言地跟在犁后旋转",这是写历史的重复与沉重。

注意象征的手法。"犁"翻开田地如同破浪,有"旋转"的感觉;"农夫"跟在犁后面,也会有随着泥土的破浪"旋转"的感觉。但诗歌不止于写这种劳作中的体验,而是在暗示民族苦难历史的不断重复,暗示"希望"一次次转为"失望"的那种重压感、晕眩感。这就是比较典型的象征的手法。"农夫"和"犁田"等事物是具体可感的景或象,关于历史的感觉体验则是融注其中的情或意,前者与后者两相融汇,藉有形寓无形,藉有限表无限。阅读时不断发现、体会有形的事物所含蓄表达的无限的意味,实际上也就参与了艺术的再创造,会获得特别的审美阅读快感。

第三节与上一节有联系。如果说第二节主要写历史,这一节就是现实,其中"老妇"可以理解为国家民族现实的象征,偏重表达的是含蓄的悲哀。那许多母亲与孩子在"饥饿"里的"忍耐"与"期待",也是诗人想象中整个国家人民的精神状态。"农夫"与"老妇"两个受难者都是民族苦难的象征。阅读时注意体会诸多复杂的意象表现中所突出的基调,就是"受难"和"期待"。诗中每一节最后都落实到"一个民族已经起来"这一句,如同歌曲后面反复吟唱的部分,加深对主旋律的印象。于是诗中所表达的对国家民族的各种复杂情感,也就借此凝集和提升,表现为自信与希望。也可以理解为这是诗人在期盼通过战争的洗礼,我们的国家民族重新站立起来,获得新生。

这首诗题为《赞美》,是赞美我们民族生生不息的强大生命力,赞美那承受着苦难的历史重压却又始终不放弃希望的坚韧的民族精神,赞美"一个民族已经起来"的坚定信念。要注意诗人并非毫无保留地赞美,诗中也写到"荒凉"、"单调"、"黑暗",写到人民的愚昧、保守。"人民"并没有被美化或英雄化,而是在"耻辱里生活"。但全诗总的是充满对人民的同情和热爱,即使有批评和警惕,那也是发自内心的对自己民族国家的关切与期盼,是亲情般的复杂、丰富的感情。唯其如此,这赞美的内涵才更加饱满,是带血性的,能让人感觉到汗味、泥土味的最真挚的赞美。

问题与思考

一、分析《赞美》一诗中"农夫"与"老妇"的象征含义。

二、以《赞美》为例,评述穆旦诗歌艺术的主要特征。("现实、象征与玄思的结合"是九叶诗派也是穆旦诗歌艺术的基本特色。"现实"指诗人对现实人生的把握与关怀,如《赞美》对民族历史与人间苦难的正视与承担;"象征"主要指暗示与含蓄,藉有形寓无形。可以结合《赞美》的一两个意象分析。"玄思"指深邃的哲理性的沉思。分析《赞美》那种融会于诗人感觉和体验中的智性与超越感。)

三、试结合作品,分析《赞美》中"赞美"的内涵。

拓展阅读

一、杜运燮等编:《一个民族已经起来》,江苏人民出版社1987年版。

二、温儒敏等主编:《中国现当代文学专题研究》,北京大学出版社2002年版。

三、李方编:《穆旦诗全集》,中国文学出版社1997年版。

白玉苦瓜[①]

余光中

似醒似睡,缓缓的柔光里
似悠悠醒自千年的大寐
一只瓜从从容容在成熟
一只苦瓜,不再是涩苦
日磨月磋琢出深孕的清莹
看茎须缭绕,叶掌抚抱
哪一年的丰收像一口要吸尽
古中国喂了又喂的乳浆
完美的圆腻啊酣然而饱
那触觉,不断向外膨胀
充实每一粒酪白的葡萄
直到瓜尖,仍翘着当日的新鲜
茫茫九州只缩成一张舆图
小时候不知道将它叠起
一任摊开那无穷无尽
硕大似记忆母亲,她的胸脯
你便向那片肥沃匍匐
用蒂用根索她的恩液
苦心的悲慈苦苦哺出
不幸呢还是大幸这婴孩
钟整个大陆的爱在一只苦瓜

---

① 白玉苦瓜系由台北"故宫博物院"收藏的一件古代玉器。

皮靴踩过,马蹄踩过
重吨战车的履带踩过
一丝伤痕也不曾留下
只留下隔玻璃这奇迹难信
犹带着后土依依的祝福
在时光以外奇异的光中
熟着,一个自足的宇宙
饱满而不虞腐烂,一只仙果
不产在仙山,产在人间
久朽了,你的前身,唉,久朽
为你换胎的那手,那巧腕
千眄万睐巧将你引渡
笑对灵魂在白玉里流转
一首歌,咏生命曾经是瓜而苦
被永恒引渡,成果而甘

1974年2月11日

(选自《台湾现代诗选》,春风文艺出版社1987年版)

阅读提示

余光中,1928年生于福建永春。1946年毕业于南京青年会中学,考取北京大学外文系,因故未能就学,改读南京金陵大学。1949年转入厦门大学外文系,开始发表诗歌、评论和翻译作品。1950年辗转入台湾大学外文系,继续创作诗歌。1952年翻译海明威的小说《老人与海》,并以此译文作为毕业论文,后在台湾《大华晚报》上连载,此为《老人与海》第一个中译版。1952年大学毕业前,结集出版了第一本诗集《舟子的悲歌》,收录诗作31首。1958年,赴美国爱荷华大学学习,后获得硕士学位。在美期间乡愁萌发,大量地写下诗作。先后在台湾师范大学、政治大学、密歇根州立大学、香港中文大学、高雄中山大学等校任教。至今共出版诗集、散文集、评论集和翻译作品等五十余种。

余光中写诗、评诗、译诗,算得上一个诗歌方面的全才。他最负盛名的就是乡愁诗。诗人自己曾说:"中国对于我,几乎像一个情人的名字。想北回归线上的朋友是多么的自在。我的灵魂冬眠与此,我的怀乡症已告不治……"他的怀乡,既是地域之乡,也是历史之乡和文化之乡,与中华民族的传统血脉相连。他的乡愁诗语言纯净,意象清晰,有如童谣,却意味隽永,颇有余音绕梁之美。

余光中主要的诗集有《莲的联想》(1964)、《白玉苦瓜》(1974)、《天狼星》(1976)、《与永恒拔河》(1976)。其中《乡愁》、《当我死时》、《等你,在雨中》、《白玉苦瓜》等名篇脍炙人口,收入各种选本或教材。还有散文集《望乡的牧神》(1968)、《记忆像铁轨一样长》(1987),评论集《掌上集》(1964),译作《凡·高传》等。2004年百花文艺出版社出版了九卷本的《余光中集》。

《白玉苦瓜》是余光中的代表作之一,写于1974年2月11日。诗中所写的白玉苦瓜,是台北故宫博物院收藏的一件古代玉器,在诗人的想象中又是民族历史与文化的象征。全诗不长,分三节,每节十二行。第一节描写白玉苦瓜成熟饱满的外形,第二节想象白玉苦瓜孕育成长的过程,第三节赞叹白玉苦瓜不朽的永恒之美。这不是一首简单的描写工艺品的"咏物诗",而是蕴涵了对艺术品、诗人自我乃至整个民族文化的成长、成熟的吟咏和感叹。

第一节应该注意到一、二行。首先为白玉苦瓜的"出场"营造了一个似梦似真的意境。可以想象,"似醒似睡"的"柔光"是怎样一个环境。在这个梦幻般的柔光之下的白玉苦瓜,又将是怎样温润、亮泽和饱满。"缓缓"、"悠悠"这两个重叠词的使用,酝酿出宁静、悠远的感觉,令整首诗起于舒缓的节奏中。"千年的大寐"一句将白玉苦瓜的诞生时间人为地拉长变形,同时赋予丰富的文化意蕴:是一块璞玉经过千年的淘洗等待被雕琢成器?是一只苦瓜经过千年的成长等待脱胎换骨?还是一个民族经过千年的沉睡等待饱满壮大?虽然这一节诗中还没有提到民族的苦难与成长,但由于大家比较熟悉"沉睡的雄狮"、"昏睡百年"这些近代以来经常用作民族自况的意象,结合第二节诗的内容,还是不难发现这些叠加在其中的复合含义的。

从第三句开始,诗人转入了对白玉苦瓜的细腻描绘。"日磨月磋"包含了这件艺术品一点一滴被雕琢的苦心,不过经过诗人的点染,玉器的诞生过程被转化为苦瓜的成长与成熟过程。"乳浆"和"酪白"则让人联想着苦瓜纯净温润的色泽,"缭绕"、"抚抱"、"膨胀"、"翘着"几个动词则突出了白玉苦瓜成长的动态,给人以呼之欲出、栩栩如生的感觉。"吸"和"喂"这两个动词更多体现了苦瓜孕育的过程,如果结合后两节诗来读,这里其实也有诗人的自况。诗人的艺术生命从古中国的文化获得充足的养分,就如这只清莹、圆腻的苦瓜一般逐渐饱满健康,诗人为自己深得古中国文化的浸润而充满着感恩之情。

诗的第二节转为描写白玉苦瓜成长的过程,延伸为对苦瓜蕴涵的民族性的想象。"婴儿"的比喻是有双层指向的,既可以看做是"苦瓜",也可以看做是诗人的自称。而"九州"、"母亲"、"大陆"都是非常明显的民族代名词,其间还有一个从"舆图"(地图)到"(母亲的)胸脯"再到"肥沃(土地)"的层层转喻。表面上看,这些意象只是重复了第一节关于古中国哺育之恩的描写,但是接下来"皮鞋踩过,马蹄踩过/重吨战车的履带踩过",就从古老灿烂的文明过渡到祖国近代所受的屈辱与伤害上来了。这也可以理解为诗人在联想一个屈辱的事实,就是近代之后中国的大批珍贵文物遭受列强的洗劫,有的被毁,有的流散海外。诗人重复使用三次"踩"这个仄声字,音律凝重铿锵,把读者引入对我们民族这段屈辱史的回忆,"白玉苦瓜"的象征意义就进一步丰富化了,它不仅是一件反映民族智慧的工艺品,更是民族灾难的见证,是苦难洗礼之后民族日渐成熟、饱满的投射。

第三节诗要注意"时间"主题的引入。余光中自己在《白玉苦瓜·自序》中曾说:"瓜而曰苦,正象征生命的现实。神匠当年临摹的那只苦瓜,像所有的苦瓜,所有的生命一样,终必枯朽,但是经过了白玉,也就是艺术的转化,假的苦瓜不仅延续了,也更提升了真苦瓜的生命。生命的苦瓜成了艺术的正果,这便是诗的意义。短暂而容易受伤的,在一首歌里,变成恒久而不可侵犯的,这便是诗的胜利。"这段话有助于我们理解这首诗的最后一节。很多艺术家和诗人对时间的流逝都会非常敏感,对挣脱时间的束缚而得到永恒都会非常渴望。不过这首诗并没有表达对时间流逝的恐惧,诗中仍然流动着静谧、雍容之气。

真实的苦瓜已经"久朽",但它的"灵魂"却注入白玉之中,转化为艺术的生命而得到永恒。最后两行"咏生命曾经是瓜而苦/被永恒引渡,成果而甘"是全诗的点睛之笔:充满苦难的现实经过艺术的洗礼而化蛹为蝶,挣脱时间之手而成为永恒。

问题与思考

一、分析体会《白玉苦瓜》一诗的意境美。

二、简要分析白玉苦瓜的多重象征意义。(首先,白玉苦瓜象征生命的现实。瓜而曰苦,正是充满苦难的现实人生的写照。诗人没有选择翠玉白菜和青玉莲藕等其他巧夺天工的玉器,而单单选择了白玉苦瓜,就是因其有更丰富的人生内涵。其次,白玉苦瓜也包涵了诗人艺术生命的自况。诗人在第三节的第三句巧妙地将自己的名字嵌入诗中,他自己也如白玉苦瓜般经历长久的打磨、历练,蜕去青涩与稚嫩而终成正果。再次,白玉苦瓜也是整个民族文化的象征。它由中华民族灿烂的文化哺育出来,又经历了近代血与火的洗礼,是整个民族脱胎换骨的历史见证。)

三、《白玉苦瓜》怎样表现了现代诗的"三度空间"。(余光中认为,现代诗的三度空间,就是纵的历史感、横的地域感,加上纵横相交而成的现实感。进入民族特有时空,实际上是诗人向民族传统皈依的一种表现。这首《白玉苦瓜》就很好地融合了这"三度空间":对古中国悠久的文明的吟咏,对大陆母亲千丝万缕的恩情,以及生命现实经由艺术脱苦而甘的永恒等等。可结合自己的感受和前面的论述回答。)

拓展阅读

一、《余光中谈诗歌》,江西高校出版社2003年版。
二、徐学:《火中龙吟:余光中评传》,花城出版社2002年版。
三、曹文轩等主编:《现代诗歌名篇导读》,山西教育出版社1994年版。

会唱歌的鸢尾花

舒　婷

我的忧伤因为你的照耀
升起一圈淡淡的光轮
　　　　　　——题记

一

在你的胸前
我已变成会唱歌的鸢尾花
你呼吸的轻风吹动我
在一片丁当响的月光下

用你宽宽的手掌
暂时
覆盖我吧

二

现在我可以做梦了吗
雪地，大森林
古老的风铃和斜塔
我可以要一株真正的圣诞树吗
上面挂满
溜冰鞋、神笛和童话
焰火、喷泉般炫耀欢乐
我可以大笑着在街上奔跑吗

三

我那小篮子呢
我的丰产田里长草的秋收啊
我那旧水壶呢
我的脚手架下干渴的午休啊
我的从未打过的蝴蝶结
我的英语练习:I love you love-you
我在街灯下折叠而又拉长的身影啊
我那无数次
　　流出来又咽进去的泪水啊

还有
还有
不要问我
为什么在梦中微微转侧
往事,像躲在墙角的蛐蛐
小声而固执地呜咽着

四

让我做个宁静的梦吧
不要离开我
那条很短很短的街
我们已走了很长很长的岁月
让我做个安详的梦吧
不要惊动我
别理睬那盘旋不去的鸦群
只要你眼中没有一丝阴云

让我做个荒唐的梦吧
不要笑话我
我要葱绿地每天走进你的诗行
又绯红地每晚回到你的身旁

让我做个狂悖的梦吧
原谅并且容忍我的专制
当我说：你是我的！你是我的
亲爱的，不要责备我……
我甚至渴望
　　　涌起热情的千万层浪头
　　　千万次把你淹没

五

当我们头挨着头
像乘着向月球去的高速列车
世界发出尖锐的啸声向后倒去
时间疯狂地旋转
　　　雪崩似地纷纷挥落

当我们悄悄对视
灵魂像一片画展中的田野
一涡儿一涡儿阳光
吸引我们向更深处走去
　　寂静、充实、和谐

六

就这样
握着手坐在黑暗里
听任那古老而又年轻的声音
在我们心中穿来穿去
即使有个帝王前来敲门
你也不必搭理

但是……

七

等等！那是什么？什么声响

唤醒我血管里猩红的节拍
　　　在我晕眩的时候
　　　永远清醒的大海啊
那是什么？谁的意志
使我肉体和灵魂的眼睛一齐睁开
　　　"你要每天背起十字架
跟我来"

八

伞状的梦
蒲公英一般飞逝
四周一片环形山

九

我情感的三角梅啊
你宁可生生灭灭
回到你风风雨雨的山坡
不要在花瓶上摇曳

我天性中的野天鹅啊
你即使负着枪伤
也要横越无遮拦的冬天
不要留恋带栏杆的春色
然而，我的名字和我的信念
已同时进入跑道
代表民族的某个单项纪录
我没有权利休息
生命的冲刺
没有终点，只有速度

十

向
将要做出最高裁决的天空

我扬起脸

风啊,你可以把我带去
但我还有为自己的心
承认不当幸福者的权利

十一

亲爱的,举起你的灯
照我上路
让我同我的诗行一起远播吧
理想之钟在沼地后面敲响,夜那么柔和
村庄和城市簇在我的臂弯里,灯光拱动着
让我的诗行随我继续跋涉吧
大道扭动触手高声叫嚷:不能通过
泉水纵横的土地却把路标交给了花朵

十二

我走过钢齿交错的市街,走向广场
我走进南瓜棚,走出青稞地、深入荒原
生活不断铸造我
一边是重轭、一边是花冠
却没有人知道
我还是你的不会做算术的笨姑娘
无论时代的交响怎样立刻卷去我的呼应
你仍然能认出我那独一无二的声音

十三

我站得笔直
无畏、骄傲,分外年轻
痛苦的风暴在心底
太阳在额前
我的黄皮肤光亮透明
我的黑头发丰洁茂盛

中国母亲啊
给你应声而来的儿女
重新命名

十四

把我叫做你的"桦树苗儿"
你的"蔚蓝的小星星"吧,妈妈
如果子弹飞来
就先把我打中
我微笑着,眼睛分外清明地
从母亲的肩头慢慢滑下
不要哭泣了,红花草
血,在你的浪尖上燃烧

……

十五

到那时候,心爱的人
你不要悲伤
虽然再没有人
　　扬起浅色衣裙
　　穿过蝉声如雨的小巷
　　来敲你的彩镶玻璃窗
虽然再没有淘气的手
　　把闹钟拔响
　　着恼地说:现在各就各位
　　去,回到你的航线上
你不要在玉石的底座上
塑造我简朴的形象
更不要陪孤独的吉他
把日历一页一页往回翻

十六

你的位置
在那旗帜下
理想使痛苦光辉
这是我嘱托橄榄树
留给你的
最后一句话

和鸽子一起来找我吧
在早晨来找我
你会从人们的爱情里
找到我
找到你的
   会唱歌的鸢尾花

1981 年 10 月 28 日

（选自《会唱歌的鸢尾花》，四川文艺出版社 1986 年版）

阅读提示

    舒婷，原名龚佩瑜，1952 年出生于福建厦门石码镇。1969 年下乡插队，其间开始写诗，1972 年返城到厦门，工作无着落，这种被放逐和搁浅的感觉反映在诗作《船》中。后来做过泥水工、挡车工等工作。1979 年的《寄杭城》是她最早发表的诗作。而成名作是《祖国啊，我亲爱的母亲》，获得 1979—1980 年度全国中青年诗人优秀诗歌奖。1980 年调入福建省文联工作，从事专业写作。她的爱情诗《致橡树》传诵一时，表达了诗人渴望男女平等、人格独立而彼此心灵水乳交融的爱情观，甚至被称为"女性解放的宣言"。抒情诗集《双桅船》出版于 1982 年，并获得中国作协第一届(1979—1982)全国优秀新诗(诗集)二等奖。

    舒婷是当代著名女诗人。她以女性的细腻和敏感的诗情，成功地表现了一代青年"沉沦的痛苦"与"苏醒的欢欣"。她的诗朦胧而不晦涩，往往充盈着浪漫主义和理想色彩，以及对祖国、对人生、对爱情、对土地的爱，既温馨平和又潜动着股股激流。她善于运用比喻、象征、联想等艺术手法来表达自己的内心感受,在朦胧的氛围中流露出理性的思辨,与顾城、北岛、江河等人一同被称为"朦胧诗"派。有作品集《双桅船》、《会唱歌的鸢尾花》,合集《舒婷顾城抒情诗选》等。

《会唱歌的鸢尾花》这首诗有点长,共有十六节,每节行数不固定。主要表达"叙述者作为一个普通人需要温情呵护的生活愿望和回应时代的呼应而主动承担'历史责任'之间的矛盾心情以及这一矛盾如何被克服的心理过程"。

诗的一至六节,是轻柔缠绵的爱情歌唱。诗人以女性特有的温婉吟唱着恋爱中那种流连忘返的感觉。第一节写鸢尾花轻吟浅唱,情人气息吹动,月光丁当作响……诗人熟练地运用比喻、通感等修辞,造成一幅婉转流动的画面。阅读时注意体会那种声音的质感。第二节颇具童话色彩。"我"的梦境中出现了"雪地"、"森林"、"斜塔"、"圣诞树"、"溜冰鞋"、"神笛"、"童话"、"焰火"、"喷泉"等诸多意象,这些意象如此密集地出现,烘托出充满异国情调的童话般的世界。第三节转入现实生活的回顾。每句都用"我"作为开头,在农村插队时的劳动,回城后脚手架下的辛苦,补习文化知识,孤独而惶惑的漫步……一个个场景叠加,这是"我"挥之不去的往事,也是一代"知青"共同的生命体验。第四节用了四小段排比,都以"让我做个……的梦吧"的祈使句开头,韵脚和谐;注意体会"宁静"、"安详"、"荒唐"、"狂悖"这四种不同的梦境,表达了对爱人的依恋,对相互信任的渴望以及对纯情和激情的向往。

第五、六节是对两人世界的进一步描绘,"月球"、"高速列车"、"旋转"、"雪崩"等非常具有视觉冲击力的意象似乎令人眩晕,而"田野"、"阳光"等传统意象带来的又是寂静和谐的审美感受。第五节诗将这反差很大的两极并置,一面是世界向后倒去,时间疯狂旋转;另一面是画中的田野,淡淡的阳光。诗人以细致的敏感捕捉到了爱情给人的两种不同感受,并通过这两组意象呈现在读者面前。

第六节的最后一行,"但是……"是全诗的情感转折。沉浸在温柔甜蜜的爱情中的"我",从第七节开始,被时代唤醒,而不得不看到自己的历史承担,并勇敢地肩负责任走向未来。从意象的选择上看,"猩红"的热血、"清醒的大海"、沉重的"十字架",都表现了壮怀激烈的特点,原来的梦境却如蒲公英一般飞散了。诗人把温柔的爱情比作轻灵美丽的蒲公英,突出了它与时代赋予"我"的沉重的责任(十字架)相比轻如鸿毛,但它的"飞逝"仍然令人惘然。"十字架"这个意象本来就具有宗教的沉重感,要求背负之人自我牺牲,甚至是自我献祭。"我"为时代的呼唤而吹散了沉浸在温柔乡里的蒲公英去背负沉重的使命,不免一时怅然若失,有如站在无路可走的"环形山"间,这是一种相当复杂的情绪。

从第九节开始,这首诗的格调渐趋激昂。"三角梅"和"野天鹅"都是诗人的自我比喻,一个真正的抒情主人公开始了充满自信的咏叹:拒绝"在花瓶上摇曳",拒绝在"栏杆的春色"中流连,充满生命力地在风雨和严寒中接受洗礼。那么,是什么使沉醉在童话般的梦幻中的小女孩,转换成如今风雨无阻和展翅高飞的奋斗主体呢?接下来的一段,"民族"第一次旗帜鲜明地出现在诗中。舒婷这一代诗人对祖国、对民族是怀有深沉的责任感和真挚的爱恋的,"跑道"、"冲刺"、"终点"点染的是田径场上的赛跑的景象,这也曲折地表达了整个民族经过十年"文革",已经被时间落在后面,而"我"作为历史的承担者之一,"没有权利休息",只能永不停顿地与时间赛跑。

接下来的几节,几乎是交替着"我"对爱情的流连和对历史使命的坦然承受。一方面"我"还是"你"的笨姑娘,不会变得让"你"辨认不清;另一方面"我"又充满骄傲与激情,迎着阳光,"站得笔直"。对"黄皮肤"和"黑头发"的强调,使"我"再一次确认了自己的民族承担者的身份,因此在第十四节诗人假设了一个为祖国母亲而成长并最终献出生命的场景:"微笑着""从母亲肩头滑下",血仍在"燃烧"。这个假设是无怨无悔的宣言,轻灵缈远中流动着热血沸腾的青春,是那一代人对祖国母亲的承诺。

最后两节是诗人假设自己死后的情景。诗歌的叙述语调由激昂重新回归温婉,并且浸润着淡淡的忧伤。"我"希望爱人在没有自己的日子里,不要沉浸在孤独与悲伤之中,而是要为理想重新站起来。"橄榄树"和"鸽子"都是和平的象征,是"我"用生命换回的和平。诗的结尾,"我"幻化成"会唱歌的鸢尾花",在清晨被爱人发现。这时我们再回到诗的开头,会发现这不是一个简单的首尾呼应。开头第二行"我已变成会唱歌的鸢尾花",用了明显的过去时态。那么我们也可以这样理解,在诗的开始"我"已经死去,成为爱人胸前的一株鸢尾花。那么整首诗就变成了一个"精灵"的自述,所有忧伤、犹疑、激越、昂扬的情绪在这个氛围中也变得更具有婉转悠扬、一唱三叹的艺术美。当然,以上只是这首诗的一个解法,大家完全可以展开自己的想象和体验,对诗歌作出自己的解释。

问题与思考

一、分析舒婷《会唱歌的鸢尾花》怎样运用假设、转折等语句,在诗中表达复杂的情感。

二、舒婷的诗歌有哪些艺术特色？结合作品作简要分析。

拓展阅读

一、舒婷:《会唱歌的鸢尾花》,四川文艺出版社 1986 年版。
二、舒婷:《舒婷影记》,河北教育出版社 1998 年版。
三、洪子诚:《中国当代新诗史》,人民文学出版社 1993 年版。

面朝大海,春暖花开

海 子

从明天起,做一个幸福的人
喂马、劈柴,周游世界
从明天起,关心粮食和蔬菜
我有一所房子,面朝大海,春暖花开

从明天起,和每一个亲人通信
告诉他们我的幸福
那幸福的闪电告诉我的
我将告诉每一个人

给每一条河每一座山取一个温暖的名字
陌生人,我也为你祝福
愿你有一个灿烂的前程
愿你有情人终成眷属
愿你在尘世获得幸福
我只愿面朝大海,春暖花开

1989.1.13

(选自《海子的诗》,人民文学出版社1995年版)

阅读提示

海子,原名查海生,1964年出生于安徽安庆怀宁县高河镇查湾村。1979年考取北京大学法律系。大学期间开始创作诗歌。1983年毕业以后进入中国政法大学校刊任编辑。1984年10月创作了诗歌《亚洲铜》,

发表在1985年第1期的《现代诗内部交流资料》(四川民间刊物)上,署名"海子"。1984年调入中国政法大学政治系哲学教研室任助教。1984到1989短短几年的时间里,创作了二百多首抒情短诗和数万行的长诗。1989年3月26日,年仅25岁的海子在山海关卧轨自杀,这一天也是他的生日。

海子是当代诗歌史上的一个天才诗人。他的诗主要有两类,一类是像《麦地与诗人》、《面朝大海,春暖花开》、《春天,十个海子》等脍炙人口的抒情短诗,被称为"纯粹的歌咏",云朵、草原、大海、麦子是其中常见的意象;另一类如《土地》、《太阳》等七部长诗,被称为"太阳·七部书"。海子的"大诗"虽然有时意象庞杂,框架空疏,不如抒情短诗成就高,但他这种执著的精神和不懈的探索本身也构成了一个理想主义天才的生命绝响。

海子曾先后自印诗集《河流》、《传说》、《但是水,水》、《麦地之翁》(与西川合印)、《太阳,断头篇》、《太阳·诗剧选幕》等。在海子死后,他的长诗《土地》于1990年由春风文艺出版社出版。1995年出版的《海子的诗》(人民文学出版社)至今已经发行90000册,1997年出版的《海子诗全编》(三联书店)至今也发行万余册,大学生中甚至还出现了"海子热"。

这首诗写作于1989年1月13日,是海子自杀前两个多月时的作品。全诗很短,只有三节,每节四至六行。全诗意象单纯明丽,内涵丰富,语言朴素清新,是很受读者喜爱的一首抒情短诗,收入多种选集与教材。对这首诗的含义可以有不同的解释,这里只是提供一种解读方式。

读这首诗,首先要注意"明天"的含义。诗人一开始就以"宣布"的口吻提出了一个简单的愿望——做一个幸福的人。第二行进一步解释了这种简单的快乐所包含的内容——"喂马"、"劈柴"、"周游世界"。"喂马"令人联想到草原上的游牧生活,"劈柴"令人联想到田园中的俭朴劳作,这是以乡村为参照系的一种宁静自然的生活;"周游世界"则是四海为家,走出故乡的游子走向远方,这是一个不断了解世界、认识世界的过程,实际上是一种自我认知的过程。如果说这个"幸福"还有着物质和精神的双重维度,那么诗人"宣布"的第二件事,"关心粮食和蔬菜",无疑就彻底堕入了对尘世中的物质生活的关注。"粮食"、"蔬菜"和"房子"不同于不识人间烟火的"喂马"、"劈柴"和"周游世界",这是日常生活和安身立命的条件。不过如果仅仅以此就判断诗人通过这首诗要表达的是追求世俗幸福的愿望,那就未免"失之毫厘,谬以千里"了。因为诗人在自己的"宣言"前面加了一个永远不可达到的时间起点——"明天"。为什么不是"从今天起",而是"从明天起"呢?"明日复明日,明日何其多。我生待明日,万事成蹉跎。"这首古诗想必大家都耳熟能详,那么"明天"的含义也就不言自明。"从明天起"就像一个单纯的孩子在表决心,这种向世人宣布的姿态恰恰掩盖了年轻的海子对"今天"的选择。诗人面对世俗的幸福,却终究无法靠近,索性将世俗追求推给了永恒的"明天",而永远在手中的"今天"则仍旧维持现状,将自己的灵魂交托给丰富而痛苦的精神彼岸。

"面朝大海,春暖花开"是全诗的诗眼。这句不但平仄和谐,朗朗上口,而且意蕴丰富,它使整首诗由直接的抒情转入空灵的意境和精神的自由之中。诗人想有一所房子,本是芸芸众生都会有的世俗愿望,但他对房子的要求——"面朝大海,春暖花开",就一下子又跳出了世俗愿望,进入了永恒的精神维度。"大海"是海子诗常见的意象,自他的初恋女友远渡重洋以后,海子经常向大海(太平洋)献诗,所以这里的"面朝大海",一方面自然有诗人爱情体验的渗透;但是另一方面,"大海"也是一个与平静、澎湃、壮阔、遐想、蔚蓝等有关的意象。它给读者的感觉是一个永恒的拥抱一切的空间。"春"是一个让人联想到温暖、复苏和生机勃勃的意象。"花开"常常连着"花谢",但与"春暖"相连,就使"花开"凝固在了时间的永恒之中。表面上看,"春暖花开"是一个非常普通的字眼,但是与前面"面朝大海"相连,无疑起到了化腐朽为神奇的作用。诗人用他的想象力的诗情,让我们看见了蔚蓝壮阔的大海,同时看见了姹紫嫣红的春花。这是一个提升全诗品味的意境,空灵而不失博大,灿烂而不失静美。

"面朝大海,春暖花开"还有一层意蕴。"大海"的意象也与"彼岸"有关,诗人不愿面对尘世,而选择"面朝大海",实际上也是对彼岸的终极眺望。而"春暖花开"可以说不可能在大海上,显然这姹紫嫣红的永恒的灿烂就在那彼岸。"'面朝大海'是一种永恒的空间维度,'春暖花开'是一种永恒的时间维度,总起来看这是一种诗歌的隐喻手法的使用,代表着诗人所思考关心的不是世俗的欲望的满足,而是永恒时空下一种超世俗的形而上的精神追求,这是一种人类的生存及命运的终极关怀。"正像这位评论者所说的那样,海子在诗歌的结尾,重复了自己的这种精神追求。在他善良地祝愿自己的初恋情人及一切红尘中人获得"尘世"的幸福之后,海子说"我只愿面朝大海,春暖花开"。他在诗的开头那孩子一般的"宣言"终告失败,一个"只愿"表达了诗人的执著与无悔。他终于无法接受只关注物质享受的世俗生活,而宁愿带着世俗世界给他留下的所有伤痛与不幸,独自面对精神的彼岸、形而上的终极关怀。

然而"彼岸"又是一个永恒的困境,是一个在眺望之中但永远不可能达到的理想。这就是为什么这首用词明丽的短诗,却给人这样深刻的悲剧感受。海子终于放弃了他在尘世中最后的羁绊——他的肉身,去拥抱大海的彼岸,永生在彼岸的春暖花开之中,留下"不死的海子"的传说,在尘世间永远流传。

问题与思考

一、分析《面朝大海,春暖花开》诗中"明天"的含义。

二、分析《面朝大海,春暖花开》诗中"大海""春""花"等意象。

三、反复朗读本诗,体会分析其抒情艺术特色。(总的说来,海子的抒情短诗,具有单纯明丽的意象、朴素清新的语言、朗朗上口的音律和内蕴丰富的含义。这些都可以在文中找到具体诗句来论述。但还要注意海子在艺术上的独特追求。一是诚挚自然地直抒胸臆,而不重在单纯描摹意境,因而他的诗常常表现出"意象与咏唱合一"的境界。二是善于细腻诚挚地表现自己的内心世界,同时超越了感时自伤的趣味而显出博大深邃的诗意。三是追求音韵上的"诗性",将诗的语言锤炼得抑扬顿挫、自然流畅。)

拓展阅读

一、海子:《海子的诗》,人民文学出版社 1995 年版。

二、崔卫平编:《不死的海子》,中国文联出版社 1999 年版。

三、高波:《解读海子》,云南人民出版社 2003 年版。

四、燎原:《扑向太阳之豹——海子评传》,南海出版公司 2001 年版。

爱尔克的灯光

巴 金

　　傍晚,我靠着逐渐黯淡的最后的阳光的指引,走过十八年前的故居。这条街、这个建筑物开始在我的眼前隐藏起来,像在躲避一个久别的旧友。但是它们的改变了的面貌于我还是十分亲切,我认识它们,就像认识我自己。还是那样宽的街,宽的房屋。巍峨的门墙代替了太平缸和石狮子,那一对常常做我们坐骑的背脊光滑的雄狮也不知逃进了哪座荒山。然而大门开着,照壁上"长宜子孙"四个字却是原样地嵌在那里,似乎连颜色也不曾被风雨剥蚀。我望着那同样的照壁,我被一种奇异的感情抓住了,我仿佛要在这里看出过去的十九个年头,不,我仿佛要在这里寻找十八年以前的遥远的旧梦。

　　守门的卫兵用怀疑的眼光看我。他不了解我的心情。他不会认识十八年前的年轻人。他却用眼光驱逐一个人的许多亲密的回忆。

　　黑暗来了。我的眼睛失掉了一切。于是大门内亮起了灯光。灯光并不曾照亮什么,反而增加了我心上的黑暗。我只得失望地走了。我向着来时的路回去。已经走了四五步,我忽然掉转头,再看那个建筑物。依旧是阴暗中一线微光。我好像看见一个盛满希望的水碗一下子就落在地上打碎了一般,我痛苦地在心里叫起来。在这条被夜幕覆盖着的近代城市的静寂的街中,我仿佛看见了哈立希岛上的灯光。那应该是姐姐爱尔克点的灯罢。她用这灯光来给她的航海的兄弟照路,每夜每夜灯光亮在她的窗前,她一直到死都在等待那个出远门的兄弟回来。最后她带着失望进入坟墓。

　　街道仍然是清静的。忽然一个熟习的声音在我耳边轻轻地唱起了这个欧洲的古传说。在这里不会有人歌咏这样的故事。应该是书本在我心上留下的影响。但是这个时候我想起了自己的事情。

十八年前在一个春天的早晨,我离开这个城市、这条街的时候,我也曾有一个姐姐,也曾答应过有一天回来看她,跟她谈一些外面的事情。我相信自己的诺言。那时我的姐姐还是一个出阁才只一个多月的新嫁娘,都说她有一个性情温良的丈夫,因此也会有长久的幸福的岁月。

然而人的安排终于被"偶然"毁坏了。这应该是一个"意外"。但是这"意外"却毫无怜悯地打击了年轻的心。我离家不过一年半光景,就接到了姐姐的死讯。我的哥哥用了颤抖的哭诉的笔叙说一个善良女性的悲惨的结局,还说起她死后受到的冷落的待遇。从此那个做过她丈夫的所谓温良的人改变了,他往一条丧失人性的路走去。他想往上爬,结果却不停地向下面落,终于到了用鸦片烟延续生命的地步。对于姐姐,她生前我没有好好地爱过她,死后也不曾做过一样纪念她的事。她寂寞地活着,寂寞地死去。死带走了她的一切,这就是在我们那个地方的旧式女子的命运。

我在外面一直跑了十八年。我从没有向人谈过我的姐姐。只有偶尔在梦里我看见了爱尔克的灯光。一年前在上海我常常睁起眼睛做梦。我望着远远的在窗前发亮的灯,我面前横着一片大海,灯光在呼唤我,我恨不得腋下生出翅膀,即刻飞到那边去。沉重的梦压住我的心灵,我好像在跟许多无形的魔手挣扎。我望着那灯光,路是那么远,我又没有翅膀。我只有一个渴望:飞!飞!那些熬煎着心的日子!那些可怕的梦魇!

但是我终于出来了。我越过那堆积着像山一样的十八年的长岁月,回到了生我养我而且让我刻印了无数儿时回忆的地方。我走了很多的路。

十九年,似乎一切全变了,又似乎都没有改变。死了许多人,毁了许多家。许多可爱的生命葬入黄土。接着又有许多新的人继续扮演不必要的悲剧。浪费,浪费,还是那许多不必要的浪费——生命,精力,感情,财富,甚至欢笑和眼泪。我去的时候是这样,回来时看见的还是一样的情形。关在这个小圈子里,我禁不住几次问我自己:难道这十八年全是白费?难道在这许多年中间所改变的就只是装束和名词？我痛苦地搓自己的手，不敢给一个回答。

在这个我永不能忘记的城市里，我度过了五十个傍晚。我花费了自己不少的眼泪和欢笑，也消耗了别人不少的眼泪和欢笑。我匆匆地来，也将匆匆地去。用留恋的眼光看我出生的房屋，这应该是最后的一次了。我的心似乎想在那里寻觅什么。但是我所要的东西绝不会在那里找到。我不会像我的一个姑母或者嫂嫂，设法进到那所已经易了几个主人的公馆，对着园中的花树垂泪，慨叹着一个家族的盛衰。摘吃自己栽种的树上的苦果，这是一个人的本分。我没有跟着那些人走一条路，我当然在这里找不到自己的脚迹。几次走过这个地方，我所看见的还只是那四个字："长宜子孙"。

"长宜子孙"这四个字的年龄比我的不知大了多少。这也该是我祖父留下的东西罢。最近在家里我还读到他的遗嘱。他用空空两手造就了一份家业。到临死还周到地为儿孙安排了舒适的生活。他叮嘱后人保留着他修建的房屋和他辛苦地搜集起来的书画。但是儿孙们回答他的还是同样的字：分和卖。我很奇怪，为什么这样聪明的老人还不明白一个浅显的道理：财富并不"长宜子孙"。倘使不给他们一个生活技能，不向他们指示一条生活道路，"家"这个小圈子只能摧毁年轻心灵的发育成长；倘使不同时让他们睁起眼睛去看广大世界，财富只能毁灭崇高的理想和善良的气质，要是它只消耗在个人的利益上面。

"长宜子孙"，我恨不能削去这四个字！许多可爱的年轻生命被摧残了，许多有为的年轻心灵被囚禁了。许多人在这个小圈子里面憔悴地捱着日子。这就是"家"！"甜蜜的家"！这不是我应该来的地方。爱尔克的灯光不会把我引到这里来的。

于是在一个春天的早晨，依旧是十八年前的那些人把我送到门，这里面少了几个，也多了几个。还是和那次一样，看不见我姐姐的影子，那次是我没有等待她，这次是我找不到她的坟墓。一个叔父和一个堂兄弟到车站送我，十八年前他们也送过我一段路程。

我高兴地来，痛苦地去。汽车离站时我心里的确充满了留恋。但是清晨的微风，路上的尘土，马达的叫吼，车轮的滚动，和广大田野里一片盛开的菜子花，这一切驱散了我的离愁。我不顾同行者的劝告，把头伸到车窗外面，去呼吸广大天幕下的新鲜空气。我很高兴，自己又一次离开了狭小的家，走向广大的世界中去!

忽然在前面田野里一片绿的蚕豆和黄的菜花中间，我仿佛又看见了一线光，一个亮，这还是我常常看见的灯光。这不会是爱尔克的灯里照出来的，我那个可怜的姐姐已经死去了。这一定是我的心灵的灯，它永远给我指示我应该走的路。

1941 年 3 月在重庆

（选自《中国现代文学作品精选》，北京大学出版社 2001 年版）

阅读提示

巴金，原名李尧棠，字芾甘。1904 年出生于四川成都的一个大户人家。五四运动后，巴金接受了新思潮的洗礼，一方面反对封建旧式家庭对青年男女鲜活生命的扼杀与摧残，另一方面也立下投身社会革命的志愿。1923 年在大哥的支持下离家赴上海、南京求学，1927 年赴法国留学。巴金从 15 岁开始就被无政府主义者克鲁泡特金的《告少年》和廖抗夫的《夜未央》深深打动，接受了被称为"安那其主义"的无政府主义信仰，一面翻译无政府主义者的著作，一面也参加一些无政府主义的活动。但是革命的失败和理想的陷落使巴金陷入深深的苦闷之中，他的小说创作就起于这种苦闷的情绪。1928 年《灭亡》在《小说月报》上连载，开始署名"巴金"。此后一发而不可收，创作了《海底梦》、《雪》、《爱情三部曲》、《激流三部曲》等小说，尤其是反映旧家庭婚恋悲剧和青年一代觉醒的《家》，颇受当时青年读者钟爱，再版数十次，成为 20 世纪中国最著名的小说之一。40 年代的《寒夜》(1946)和《憩园》(1944)是他后期小说的代表作，风格也从早期激情澎湃的情感宣泄转入深沉忧伤的中年的人生体悟。解放后，巴金在中国作协任职，多次担任对外文化交流的使者。"文革"后因 47 万字的《随想录》(共五集、150 篇)的写作和真诚的忏悔，令读者感到其人格的力量和勇气，被称为"世纪的良心"。

巴金解放前的散文不像他的小说，也不像"文革"后的《随想录》名气那么大，但是他的散文直抒胸臆，朴素酣畅，笔带感情，毫无做作，所以自成风格。主要包括写景记游、自传回忆和序跋等，结集出版的有《海行》(1932)、《旅途随笔》(1934)、《点滴》(1935)、《短简》(1935)、《龙·虎·狗》(1942)、《废园外》(1942)等。

《爱尔克的灯光》这篇散文创作于 1941 年，当时 37 岁的巴金在离家十八年后第一次返回故乡的旧宅。作者对"长宜子孙"这种传统观念的弊端进行了反思,对葬送在"长宜子孙"观念下的亲人抒发了真挚的怀念,虽然结尾表达了对自己所选择的新路的乐观与自信,但总的来说,整篇散文还是充满了感伤和怀旧的调子,不能说其中没有混合作者对旧家庭的破败的复杂情感。

这篇散文共分为四部分。第一部分是前两个自然段,是通过照壁上"长宜子孙"四个字引出回忆。第二部分由爱尔克的灯光(的)引出对死去的姐姐的怀念。第三部分是对"长宜子孙"观念的反思。第四部分是对自己离开家庭走上新的道路的肯定。

全文的核心意象是"灯光"。作者写了几种灯光:旧居的灯光,爱尔克的灯光,心灵的灯光。旧居里透出的"阴暗中一线微光",显然与作者满怀希望的归乡形成强烈的反差。作者十八年未见的旧宅就这样昏昏欲睡、了无生气。虽然作者可能是有心理准备的,但希望还是如水碗一般被打碎了。"爱尔克的灯光"化用了一个古老的欧洲传说。在古老的哈立希岛上,有个叫爱尔克的姐姐,她怕远航的兄弟找不到回家的方向,于是每夜都在自己的窗前燃着一盏灯。可是一直等到死,那可怜的姐姐也没有等回自己的兄弟,最终带着无尽的失望走进了坟墓。巴金将自己对姐姐曾许下的"回家"的承诺化在这样一个感伤的故事中,自然是故宅昏暗的灯光引起的联想,另一方面也是对这个早已走进坟墓的姐姐的深深眷顾。这个传说表现的是姐弟深情、盼望游子的归乡,恰与作者返乡、思念姐姐之情相契合。因为作者也没有见到姐姐,在封建家庭中姐姐早已寂寞地死去,很自然地它就被引来作为作者的感情线索。现实中的姐姐在与爱尔克姐姐的重叠中,姐弟之情变成了终其一生的守候,变成了绕梁多年、挥之不散的呼唤,变成了一个带着永远的遗憾的传说,使这篇散文中的忆旧充满了独具一格的情调。文章结尾处,作者将要离故居而去,他"仿佛又看见了一线光,一个亮",它不是爱尔克的灯光,"这一定是我的心灵的灯,它永远给我指示着我应该走的路"。这里心灵的灯光可以理解为作者离开故居时的顿悟,是作者对生活的信念和对理想的追求的象征。作者回到十八年未见的家乡,显然不可能不带着任何情感上的眷顾和希望。但他看到的却是"反而在我心上添加了黑暗"的故居的暗光和令人永远带着遗憾的爱尔克姐姐的灯光。这使作者再一次抑制住了归家的渴望,再一次循着心灵之灯,离开了狭小的家。对家的再一次逃离,从某种意义上来说也是作家又一次自我确认的完成。整篇文章以"灯光"为线索,最后又以灯光作结,结构严谨,笔墨集中,构成了一个完美的意象整体。

"长宜子孙"是这篇散文要反思的核心问题。这是在作家旧宅照壁上嵌的字。作家的祖父白手起家,一生谋求财富和官位,为的就是"长宜子孙",令儿孙大树底下好乘凉。可是祖父并不知道,财富并不"长宜子孙"。"倘使不给他们一个生活技能,不向他们指示一条生活道路,'家'这个小圈子只能摧毁年轻心灵的发育成长;倘使不同时让他们睁起眼睛去看广大世界,财富只能毁灭崇高的理想和善良的气质。"巴金对旧式家族的命运有着深刻的体悟,对"长宜子孙"这个禁锢族人开眼看世界的"元凶"也就格外痛恨。对于"长宜子孙"的反思巴金在散文中已经写得很清楚了,这里不再多说。

读这篇散文还要注意的一点是它与巴金小说创作的关系。家庭系列的小说是巴金最重要的题材之一,而其中的很多形象的原型可以说就来源于巴金的大家庭。这篇散文中的姐姐,就是小说《春》中"蕙"的原型。可以说,《爱尔克的灯光》是《家》、《春》、《秋》的散文化表现。而且,散文中对"长宜子孙"的反思,后来直接成为小说《憩园》的创作主题,对憩园的很多描写都与巴金这次故乡之行的感受与回忆密切相关。所以说,这篇散文虽然在巴金的散文创作中不是最著名的一篇,却是理解巴金的人生思想、沟通巴金不同文体之间互文性的一个重要文本。

问题与思考

一、简要解析"长宜子孙"的含义及作家的批判意识。("长宜子孙"是中国旧式大家族式家庭的家长经常会有的观念,就是希望能福荫子孙,世世代代都维持优越不变的大家族式生活。作品对这个观念进行深刻的反思,以家族败落的现实证明优越而封闭的大家庭,常使过着寄生虫般生活的子孙变成碌碌无为的败家子。表达要走出"长宜子孙"的禁锢,追求新生的信念。)

二、分析文中"灯光"的象征性和抒情氛围。("灯光"是核心意象。作者写了旧居的灯光,爱尔克的灯光,心灵的灯光,分别象征了旧家庭的命运,对姐姐的思念,和作者追求新的生活的心理。整篇以"灯光"为线索,结构严谨,构成了完美的意象。姐弟之情的描写,使这篇散文中的忆旧充满了独具一格的抒情氛围。)

三、略说巴金散文的艺术风格。(注意两个要点。首先是抒情性,文风热烈酣畅,不饰雕琢,始终浸透着真情实感,爱与恨、渴望与忧郁、光明与黑暗交织。其次是"人格出风格"。解放前巴金的散文就以其真情实感和与读者交流而颇受青年的青睐,"文革"后的《随想录》更以浅白的语言和"有一说一"的坦然而获得一种独特的美学风格。)

拓展阅读

一、李中阳:《〈爱尔克的灯光〉主题今探》,载《中国文学研究》1997年第1期。

二、巴金:《创作回忆录》,人民文学出版社1982年版。

三、徐开垒:《巴金传》,上海文艺出版社1991年版。

四、李辉编:《世界华文散文精品·巴金卷》,广州出版社2000年版。

一个消逝了的山村

冯　至

在人口稀少的地带，我们走入任何一座森林，或是一片草原，总觉得它们在洪荒时代大半就是这样。人类的历史演变了几千年，它们却在人类以外，不起一些变化，千百年如一日，默默地对着永恒。其中可能发生的事迹，不外乎空中的风雨，草里的虫蛇，林中出没的走兽和树间的鸣鸟。我们刚到这里来时，对于这座山林，也是那样感想，绝不会问道：这里也曾有过人烟吗？但是一条窄窄的石路的残迹泄露了一些秘密。

我们走入山谷，沿着小溪，走两三里到了水源，转上山坡，便是我们居住的地方。我们住的房屋，建筑起来不过二三十年，我们走的路，是二三十年来经营山林的人们一步步踏出来的。处处表露出新开辟的样子，眼前的浓绿浅绿，没有一点历史的重担。但是我们从城内向这里来的中途，忽然觉得踏上了一条旧路。那条路是用石块砌成，从距谷口还有四五里远的一个村庄里伸出，向山谷这边引来，先是断断续续，随后就隐隐约约地消失了。它无人修理，无日不在继续着埋没下去。我在那条路上走时，好象是走着两条道路，一条路引我走近山居，另一条路是引我走到过去。因为我想，这条石路一定有一个时期宛宛转转地一直伸入谷口，在谷内溪水的两旁，现在只有树木的地带，曾经有过房屋，只有草的山坡上，曾经有过田园。

过了许久，我才知道，这里实际上有过村落。在七十年前，云南省的大部分，经过一场浩劫，回、汉互相仇杀，有多少村庄城镇在这时衰落了。当时短短的二十年内，仅就昆明一个地方说，人口就从一百四十余万降落到二十五万。这里原有的山村，是回民的，可是汉人的,是一次便毁灭了呢,还是渐渐地凋零下去,我们都无从知道,只知它们是在回人几度围攻省城时成了牺牲。现在就是一间房屋的地基都寻不到了,只剩下树林、草原、溪水,除却我们的住房外,周围四五里内没有人家,但是每座山,每个幽隐的地方还都留有一个名称。这些名称现在只生存在从四邻村里走来的、砍柴、背松毛、放牛牧羊的人们的口里。此外它们却没有什么意义;若有,就是使我们想到有些地方曾经和人发生过关系,都隐藏着一小段兴衰的历史吧。

我不能研究这个山村的历史,也不愿用想象来装饰它。它象是一个民族在世界里消亡了,随着它一起消亡的是它所孕育的传说和故事。我们没有方法去追寻它们,只有在草木之间感到一些它们的余韵。

最可爱的是那条小溪的水源,从我们对面山的山脚下涌出的泉水;它不分昼夜地在那儿流,几棵树环绕着它,形成一个阴凉的所在。我们感谢它,若是没有它,我们就不能在这里居住,那山村也不会曾经在这里滋长。这清冽的泉水,养育我们,同时也养育过往日那村里的人们。人和人,只要是共同吃过一棵树上的果实,共同饮过一条河里的水,或是共同担受过一个地方的风雨,不管是时间或空间把他们隔离得有多么远,彼此都会感到几分亲切,彼此的生命都有些声息相通的地方。我深深理解了古人一首情诗里的句子:"日日思君不见君,共饮长江水。"

其次就是鼠曲草。这种在欧洲非登上阿尔卑斯山的高处不容易采撷得到的名贵的小草。在这里每逢暮春和初秋却一年两季地开遍了山坡。我爱它那从叶子演变成的,有白色茸毛的花朵,谦虚地掺杂在乱草的中间。但是在这谦虚里没有卑躬,只有纯洁,没有矜持,只有坚强。有谁要认识这小草的意义吗?我愿意指给他看:在夕阳里一座山丘的顶上,坐着一个村女,她聚精会神地在那里缝什么,一任她的羊在远远近近的山坡上吃草,四面是山,四面是树,她从不抬起头来张望一下,陪伴着她的是一丛一丛的鼠曲从杂草中露出头来。这时我正从城里来,我看见这幅图像,觉得我随身带来的纷扰都变成深秋的黄叶,自然而然地凋落了。这使我知道,一个小生命是怎样鄙弃了一切浮夸,孑然一身担当着一个大宇宙。那消逝了的村庄必定也曾经象是这个少女,抱着自己的朴质,春秋佳日,被这些白色的小草围绕着,在山腰里一言不语地负担着一切。后来一个横来的运命使它骤然死去,不留下一些夸耀后人的事迹。

雨季是山上最热闹的时代,天天早晨我们都醒在一片山歌里。那是些从五六里外趁早上山来采菌子的人。下了一夜的雨,第二天太阳出来一蒸发,草间的菌子,俯拾皆是:有的红如胭脂,青如青苔,褐如牛肝,白如蛋白,还有一种赭色的,放在水里立即变成靛蓝的颜色。我们望着对面的山上,人人踏着潮湿,在草丛里,树根处,低头寻找新鲜的菌子。这是一种热闹,人们在其中并不忘却自己,各人钉着各人眼前的世界。这景象,在七十年前也不会两样。这些彩菌,不知点缀过多少民族童话,它们一定也滋养过那山村里的人们的身体和儿童的幻想吧。

这中间,高高耸立起来那植物界里最高的树木,有加利树。有时在月夜里,月光把被微风摇摆的叶子镀成银色,我们望着它每瞬间都在生长,仿佛把我们的身体,我们的周围,甚至全山都带着生长起来。望久了,自己的灵魂有些担当不起,感到悚然,好象对着一个崇高的严峻的圣者,你若不随着他走,就得和他离开,中间不容有妥协。但是,这种树本来是异乡的,移植到这里来并不久,那个山村恐怕不会梦想到它,正如一个人不会想到他死后的坟旁要栽什么树木。

秋后,树林显出萧疏。刚过黄昏,野狗便四出寻食,有时远远在山沟里,有时近到墙外,作出种种求群求食的嗥叫的声音。更加上夜夜常起的狂风,好象要把一切都给刮走。这时有如身在荒原,所有精神方面所体验的,物质方面所获得的,都失却了功用。使人想到海上的飓风,寒带的雪潮,自己一点也不能作主。风声稍息,是野狗的嗥声,野狗声音刚过去,松林里又起了涛浪。这风夜中的嗥声对于当时的那个村落,一定也是一种威胁,尤其是对于无眠的老人,夜半惊醒的儿童和抚慰病儿的寡妇。

在比较平静的夜里,野狗的野性似乎也被夜的温柔驯服了不少。代替野狗的是麂子的嘶声。这温良而机警的兽,自然要时时躲避野狗,但是逃不开人的诡计。月色朦胧的夜半,有一二猎夫,会效仿麂子的嘶声,往往登高一呼,麂子便成群地走来。……据说,前些年,在人迹罕到的树丛里还往往有一只鹿出现。不知是这里曾经有过一个繁盛的鹿群,最后只剩下了一只,还是根本是从外边偶然走来而迷失在这里不能回去呢?反正这是近乎传说了。这美丽的兽,如果我们在庄严的松林里散步,它不期然地在我们对面出现,我们真会象是 Saint Eustache 一般,在它的两角之间看见了幻境。

  两三年来,这一切,给我的生命许多滋养。但我相信它们也曾以同样的坦白和恩惠对待那消逝了的村庄。这些风物,好象至今还在述说它的运命。在风雨如晦的时刻,我踏着那村里的人们也踏过的土地,觉得彼此相隔虽然将及一世纪,但在生命的深处,却和他们有着意味不尽的关连。

一九四二年,写于昆明

(选自《中国现代文学作品精选》,北京大学出版社 2001 年版)

阅读提示

  冯至(1905—1993),河北涿县人,1921—1927 年在北京大学读书,参加过文学社团浅草社、沉钟社,开始写诗,曾被鲁迅称为"最为杰出的抒情诗人"。1930 年赴德国留学,专攻哲学与文学,五年后回国,任教于上海同济大学。抗日战争暴发后,于 1939 年去昆明西南联大任教授,1945 年回到北京后一直任北大西语系教授,1964 年任中国社科院外国文学研究所所长。他的文学成就主要是诗歌和散文,有诗集《昨日之歌》、《北游及其他》、《十四行集》,散文集《山水》,以及中篇小说《伍子胥》、传记《杜甫传》,等等。

  《一个消逝的山村》选自散文集《山水》,写于抗战时期的"大后方"昆明。在战时艰苦的生活中,冯至仍然追求他一贯的写作意趣:偏爱平凡普通的题材,以质朴的笔致,写人与大自然的融合以及大自然的永恒之美。这篇散文也体现了这个特点。这是拿诗的笔法来写散文,时而写景,时而回顾历史,还不时插入联想、议论与抒情,似乎有些散漫,总觉得有些跳跃,但认真体会,发现"冥想"是其中贯串的线索,所有描写似乎都在导出"冥想"。这篇好哲思的文章,靠"冥想"带动哲学的启示,所以阅读时应格外关注"冥想"的效应。

  开头点明"一个消逝了的山村",马上与这山村的淹没相比较,联想到"人类之外"的大自然那种"默默地对着永恒"。所引发的思路便是,所谓"人事变迁"并不会左右大自然的生生不息。接下来三个段落,想象山村过往的历史,感到那也只剩下草木之间的一点"余韵"。在大自然亘古常新的大气象面前,人事变迁显得那样"无常"与"渺小"。只有把人类看做是大自然的一部分,懂得对滋润自己的大自然感恩,才能懂得生命的意义。这里多少有点道家思想的风味,也就是回归自然。

  接下来,在文章的后半部,用较细致的笔触写一种小草——在杂草中顽强而又谦虚地生长的鼠曲草,可以看做是生命的赞礼,是对那种简朴生活形态的肯定。当作者把小草和夕阳下聚精会神劳作的村女交织在一起,那幅动人的图景更是让人感悟到生命存在的"意义":"一个小生命是怎样鄙弃了一切浮夸,孑然一身担当着一个大宇宙。"再下来几段,先后写雨季山上人们忘情地采菌子,写秋后风夜中山民们的无奈与恐惧,以及大风过后各种美丽动物的重新活跃,各种生命过程的悲欢沉浮如同壮丽的交响,奏响了人与大自然的和谐之曲。

  顺着"冥想"的线索来读这篇散文,就能读出智性之美、哲思之美,还有诗的韵味。这样的山水散文漠视"胜"与"奇",专注于平凡的"原生态",的确有些特别。冯至说过,他写山水喜欢"还给它们本来的面目",不想"把些人事掺杂在自然里边",在他眼中,将历史东拼西凑堆积的杭州西湖,是比不上未经任何雕饰的自然山水的。冯至推崇大自然的质朴和原始,主张能融入大自然的至性常情的生活,认为只有在这种简单健全的生活中,才能明心见性,体会古今人类生息相通之处,体会生命的价值。阅读这篇散文,除了感悟这种格外关注人与大自然关系,因而主张回归简朴生活的思路,还可以学习如何在描写中融入想象与哲思,如何让文章富于诗的华采。

问题与思考

  一、冥想往往能让人超越现实,探寻哲理。这篇散文的冥想的导向是什么?作者是如何在叙事与描写中融入冥想的?有什么艺术效果?(在大自然亘古常新的大气象面前,人事变迁显得"无常"与"渺小"。人类是大自然的一部分,懂得对大自然感恩。主张融入大自然的至性常情的生活。结合几个段落分析历史的回想中的时空交错、冥想的生发与导向。)

  二、你还读过其他作家的什么山水散文或者游记吗?能否从立意与风格上和冯至的山水散文作些比较?(可以和本教科书选收的余秋雨的散文比较。冯至的山水散文不追求"胜"与"奇",专注于平凡的"原生态",以及冥想和哲思等特色。)

  三、冯至在他著名的《十四行集》中也有两首诗是以鼠曲草和有加利树为题材的(见附录),认真阅读这两首诗,并和《一个消逝了的山村》中的相关描写作比较,分析冯至散文的诗化特征。(题材和写法的两相比较、互为借用。表现在:描写与情思的融合,感悟的笔致。用象征化提示意趣。诗的意象处理运用于散文。冥想起到联结和提升作用。诗人好哲思的特点体现于散文。文字的简介、跳跃,等等。)

附录:

有加利树

你秋风里萧萧的玉树——
是一片音乐在我耳旁
筑起一座严肃的庙堂,
让我小心翼翼地走入;

又是插入晴空的高塔
在我的面前高高耸起,
有如一个圣者的身体,
升华了全城市的喧哗。

你无时不脱你的躯壳,
凋零里只看着你生长;
在阡陌纵横的田野上

我把你看成我的引导:
祝你永生,我愿一步步
化身为你根下的泥土。

鼠曲草[①]

我常常想到人的一生,
便不由得要向你祈祷。
你一丛白茸茸的小草

[①] 鼠曲草在欧洲几种不同的语言里都称作 Edelweiss,源自德语,可译为贵白草。

不曾辜负了一个名称;

但你躲避着一切名称,
过一个渺小的生活,
不辜负高贵和洁白,
默默地成就你的死生。

一切的形容、一切喧嚣
到你身边,有的就凋落,
有的化成了你的静默:

这是你伟大的骄傲
却在你的否定里完成。
我向你祈祷,为了人生。

拓展阅读

一、《冯至代表作》,华夏出版社 1999 年版。
二、《冯至诗文选集》,人民大学出版社 1995 年版。
三、蒋勤国:《冯至诗传》,人民出版社 2000 年版。

乡土本色

费孝通

从基层上看去,中国社会是乡土性的。我说中国社会的基层是乡土性的,那是因为我考虑到从这基层上曾长出一层比较上和乡土基层不完全相同的社会,而且在近百年来更在东西方接触边缘上发生了一种很特殊的社会。这些社会的特性我们暂时不提,将来再说。我们不妨先集中注意那些被称为土头土脑的乡下人。他们才是中国社会的基层。

我们说乡下人土气,虽则似乎带着几分藐视的意味,但这个土字却用得很好。土字的基本意义是指泥土。乡下人离不了泥土,因为在乡下住,种地是最普通的谋生办法。在我们这片远东大陆上,可能在很古的时候住过些还不知道种地的原始人,那些人的生活怎样,对于我们至多只有一些好奇的兴趣罢了。以现在的情形来说,这片大陆上最大多数的人是拖泥带水下田讨生活的了。我们不妨缩小一些范围来看,三条大河的流域已经全是农业区。而且,据说凡是从这个农业老家里迁移到四围边地上去的子弟,也老是很忠实地守着这直接向土里去讨生活的传统。最近我遇着一位到内蒙旅行回来的美国朋友,他很奇怪地问我:你们中原去的人,到了这最适宜于放牧的草原上,依旧锄地播种,一家家划着小小的一方地,种植起来;真像是向土里一钻,看不到其他利用这片地的方法了。我记得我的老师史禄国先生也告诉过我,远在西伯利亚,中国人住下了,不管天气如何,还是要下些种子,试试看能不能种地。——这样说来,我们的民族确是和泥土分不开的了。从土里长出过光荣的历史,自然也会受到土的束缚,现在很有些飞不上天的样子。

靠种地谋生的人才明白泥土的可贵。城里人可以用土气来藐视乡下人,但是乡下,"土"是他们的命根。在数量上占着最高地位的神,无疑的是"土地"。"土地"这位最近于人性的神,老夫老妻白首偕老的一对,管着乡间一切的闲事。他们象征着可贵的泥土。我初次出国时,我的奶妈偷偷的把一包用红纸裹着的东西,塞在我箱子底下。后来,她又避了人和我说,假如水土不服,老是想家时,可以把红纸包裹的东西煮一点汤吃。这是一包灶上的泥土。——我在《一曲难忘》的电影里看到了东欧农业国家的波兰也有着类似的风俗,使我更领略了"土"在我们这种文化里所占和所应当占的地位了。

农业和游牧或工业不同,它是直接取资于土地的。游牧的人可以逐水草而居,飘忽无定;做工业的人可以择地而居,迁移无碍;而种地的人却搬不动地,长在土里的庄稼行动不得,侍候庄稼的老农也因之像是半身插入了土里,土气是因为不流动而发生的。

直接靠农业来谋生的人是粘着在土地上的。我遇见过一位在张北一带研究语言的朋友。我问他说在这一带的语言中有没有受蒙古话的影响。他摇了摇头,不但语言上看不出什么影响,其他方面也很少。他接着说:"村子里几百年来老是这几个姓,我从墓碑上去重构每家的家谱,清清楚楚的,一直到现在还是那些人。乡村里的人口似乎是附着在土上的,一代一代的下去,不太有变动。"——这结论自然应当加以条件的,但是大体上说,这是乡土社会的特性之一。我们很可以相信,以农为生的人,世代定居是常态,迁移是变态。大旱大水,连年兵乱,可以使一部分农民抛井离乡;即使像抗战这样大事件所引起基层人口的流动,我相信还是微乎其微的。

当然,我并不是说中国乡村人口是固定的。这是不可能的,因为人口在增加,一块地上只要几代的繁殖,人口就到了饱和点;过剩的人口自得宣泄出外,负起锄头去另辟新地。可是老根是不常动的。这些宣泄出外的人,像是从老树上被风吹出去的种子,找到土地的生存了,又形成一个小小的家族殖民地,找不到土地的也就在各式各样的运命下被淘汰了,或是"发迹了"。我在广西靠近瑶山的区域里还看见过这类从老树上吹出来的种子,拼命在垦地。在云南,我看见过这类种子所长成的小村落,还不过是两三代的事；我在那里也看见过找不着地的那些"孤魂"，以及死了给狗吃的路毙尸体。

不流动是从人和空间的关系上说的，从人和人在空间的排列关系上说就是孤立和隔膜。孤立和隔膜并不是以个人为单位的，而是以一处住在的集团为单位的。本来，从农业本身看，许多人群居在一处是无需的。耕种活动里分工的程度很浅，至多在男女间有一些分工，好像女的插秧，男的锄地等。这种合作与其说是为了增加效率，不如说是因为在某一时间男的忙不过来，家里人出来帮帮忙罢了。耕种活动中既不向分工专业方面充分发展，农业本身也就没有聚集许多人住在一起的需要了。我们看见乡下有大小不同的聚居社区，也可以想到那是出于农业本身以外的原因了。

乡下最小的社区可以只有一户人家。夫妇和孩子聚居于一处有着两性和抚育上的需要。无论在什么性质的社会里，除了军队、学校这些特殊的团体外，家庭总是最基本的抚育社群。在中国乡下这种只有一户人家的小社区是不常见的。在四川的山区种梯田的地方，可能有这类情形，大多的农民是聚村而居。这一点对于我们乡土社会的性质很有影响。美国的乡下大多是一户人家自成一个单位，很少屋沿相接的邻舍。这是他们早年拓殖时代，人少地多的结果，同时也保持了他们个别负责，独来独往的精神。我们中国很少类似的情形。

中国农民聚村而居的原因大致说来有下列几点：一、每家所耕的面积小，所谓小农经营，所以聚在一起住，住宅和农场不会距离得过分远。二、需要水利的地方，他们有合作的需要，在一起住，合作起来比较方便。三、为了安全，人多了容易保卫。四、土地平等继承的原则下，兄弟分别继承祖上的遗业，使人口在一地方一代一代的积起来，成为相当大的村落。

无论出于什么原因，中国乡土社区的单位是村落，从三家村起可以到几千户的大村。我在上文所说的孤立、隔膜是以村和村之间的关系而说的。孤立和隔膜并不是绝对的，但是人口的流动率小，社区间的往来也必然疏少。我想我们很可以说，乡土社会的生活是富于地方性的。地方性是指他们活动范围有地域上的限制，在区域间接触少，生活隔离，各自保持着孤立的社会圈子。

乡土社会在地方性的限制下成了生于斯、死于斯的社会。常态的生活是终老是乡。假如在一个村子里的人都是这样的话,在人和人的关系上也就发生了一种特色,每个孩子都是在人家眼中看着长大的,在孩子眼里周围的人也是从小就看惯的。这是一个"熟悉"的社会,没有陌生人的社会。

在社会学里,我们常分出两种不同性质的社会:一种并没有具体目的,只是因为在一起生长而发生的社会;一种是为了要完成一件任务而结合的社会。用 Tönnies 的话说:前者是 Gemeinschaft,后者是 Gesellschaft;用 Durkheim 的话说:前者是"有机的团结",后者是"机械的团结"。用我们自己的话说,前者是礼俗社会,后者是法理社会。——我以后还要详细分析这两种社会的不同。在这里我想说明的是生活上被土地所囿住的乡民,他们平素所接触的是生而与俱的人物,正像我们的父母兄弟一般,并不是由于我们选择得来的关系,而是无须选择,甚至先我而在的一个生活环境。

熟悉是从时间里、多方面、经常的接触中所发生的亲密的感觉。这感觉是无数次的小摩擦里陶炼出来的结果。这过程是《论语》第一句里的"习"字。"学"是和陌生事物的最初接触,"习"是陶炼,"不亦悦乎"是描写熟悉之后的亲密感觉。在一个熟悉的社会中,我们会得到从心所欲而不逾规矩的自由。这和法律所保障的自由不同。规矩不是法律,规矩是"习"出来的礼俗。从俗即是从心。换一句话说,社会和个人在这里通了家。

"我们大家是熟人,打个照呼就是了,还用得着多说么?"——这类的话已经成了我们现代社会的阻碍。现代社会是个陌生人组成的社会,各人不知道各人的底细,所以得讲个明白,还要怕口说无凭,画个押,签个字。这样才发生法律。在乡土社会中法律是无从发生的。"这不是见外了么?"乡土社会里从熟悉得到信任。这信任并非没有根据的,其实最可靠也没有了,因为这是规矩。西洋的商人到现在还时常说中国人的信用是天生的。类于神话的故事真多:说是某人接到了大批磁器,还是他祖父在中国时订的货,一文不要的交了来,还说着许多不能及早寄出的抱歉话。——乡土社会的信用并不是对契约的重视,而是发生于对一种行为的规矩熟悉到不加思索时的可靠性。

这自是"土气"的一种特色。因为只有直接有赖于泥土的生活才会像植物一般的在一个地方生下根,这些生了根在一个小地方的人,才能在悠长的时间中,从容地去摸熟每个人的生活,像母亲对于她的儿女一般。陌生人对于婴孩的话是无法懂的,但是在做母亲的人听来都清清楚楚,还能听出没有用字音表达的意思来。

不但对人,他们对物也是"熟悉"的。一个老农看见蚂蚁在搬家了,会忙着去田里开沟,他熟悉蚂蚁搬家的意义。从熟悉里得来的认识是个别的,并不是抽象的普遍原则。在熟悉的环境里生长的人,不需要这种原则,他只要在接触所及的范围之中知道从手段到目的间的个别关联。在乡土社会中生长的人似乎不太追求这笼罩万有的真理。我读《论语》时,看到孔子在不同人面前说着不同的话来解释"孝"的意义时,我感觉到这乡土社会的特性了。孝是什么?孔子并没有抽象的加以说明,而列举具体的行为,因人而异的答复了他的学生。最后甚至归结到心安两字。做子女的得在日常接触中去摸熟父母的性格,然后去承他们的欢,做到自己的心安。这说明了乡土社会中人和人相处的基本办法。

这种办法在一个陌生人面前是无法应用的。在我们社会的急速变迁中,从乡土社会进入现代社会的过程中,我们在乡土社会中所养成的生活方式处处产生了流弊。陌生人所组成的现代社会是无法用乡土社会的习俗来应付的。于是,"土气"成了骂人的词汇,"乡"也不再是衣锦荣归的去处了。

(选自《乡土中国》,三联书店1985年版)

阅读提示

费孝通(1910—2005),生于江苏吴江。原全国人大常委会副委员长,我国著名的社会学家、人类学家、民族学家和社会活动家。曾就读于东吴大学预科、燕京大学社会学系、清华大学研究院,后留学英国伦敦经济政治学院。其所著的《江村经济》被认为是我国社会人类学实地调查研究的一个里程碑。论著甚丰,主要有:《江村经济》(英文版,1939)、《禄村农田》(1943)、《生育制度》(1947)、《乡土中国》(1948)、《乡土重建》(1948)、《从事社会学五十年》(1983)、《费孝通社会学文集》(1985)、《记小城镇及其他》(1986)、《边区开发与社会调查》(1987)、《费孝通民族研究文集》(1988)《行行重行行——乡镇发展论述》(1992)、《费孝通文集》(1999)等。1980年,国际应用人类学会授予他该年度马林诺夫斯基名誉奖;1981年,英国皇家人类学会向他颁发了该年度赫胥黎奖章。

本文选自费孝通的社会学专著《乡土中国》，是其中开篇部分。社会科学的学术论文以调查和科学论证为主，这不同于文学性作品，但这篇论文还是写得很有文采，人文性很强，也很吸引人读。文中渗透着对历史学、哲学、政治学等相关学科的深刻认识和精辟见解，可以说是"杂"而化之。能做到科学、严谨而又好读，这种文体风格背后，需要科际整合的开阔视野，也需要深厚的文化底蕴。读这篇学术论作，不会有专业隔阂带来的枯燥，反而会觉得引人入胜、趣味盎然，这是学术论文的一种境界。从语文的角度看，这也是一篇可圈可点的美文。比如论文写作在科学论证的同时怎样能更生动而且有可读性，观点与材料如何结合，叙述和论说如何平衡以及如何摆脱从概念到概念的"八股味"，等等，这里都有值得借鉴的经验。

《乡土中国》的主题是"研究中国文化模式怎样从中国农业和农村生活中产生出来"。这篇文选就从乡下人的"土气"入笔，一反常人对"土气"的藐视，称赞"土"字用得精当，因为中国传统社会的小农经济依靠的正是土地。也正是因为有了土的滋养，才有了"面朝黄土背朝天"的传统农业，才有了聚村而居、与世无争的传统生活，才有了中国人生生不息的传统文化根源。乡土社会的本质不是别的，而正是这种"土气"。进而又论述，中国传统乡土社会的本质也就是这种建立在相对固定的社群基础之上的稳定的社会结构。此等精辟见地，在貌似平易的叙说中层层推进引申，入情入理，思路清晰。虽然是客观的科学论说，我们依然感觉得到，如果没有一种流淌在灵魂深处的传统文化意识以及乡土中国情结，恐怕是很难写出这等贴切的文章的。难怪有人说，费孝通对于中国传统乡土社会和传统文化的社会学解析，可以和鲁迅先生对中国人的剖析相类比，不仅提出了科学的结论，还具有发人深省的力量。

社会科学论文讲求科学的研究方法，而优秀的社科研究还必须具有人文关怀的眼光。费孝通深知中、西方文化的本质差异，借用西方的社会学方法时防止生硬套用，努力将自己对中国传统文化的体验与理解渗透其中，所以他对乡土中国文化现象能做到透析式的微观解剖和宏观把握，对这个社会独特的结构和运行有精妙的观察和总结。学习时注意领略该文如何采用田野调查和社区分析等社会学方法，以及对不同社会结构作比较的方法。这些对于我们学习社会调查及写作调查报告会有帮助。

问题与思考

一、《乡土中国》这篇开头的文字是如何给"乡土性"这个概念定位的?又如何论述乡土性与中国传统基层社会的人际关系的?读了这篇文章,你对周遭的人际关系以及文化现象是否有某些新的发现?(土地与人的关系。乡土性生存状态与基础社会结构形成。社会学意义上的礼俗社会。在此基础上形成的独特文化。)

二、《乡土中国》展示了费孝通先生怎样的论述风格?从文体上说,和你以前接触的社会科学论文有哪些不同?你认为费孝通这种文风的形成依赖哪些必要的条件?(社会学的田野调查材料基础上的科学论证。对传统文化的深切理解渗透到研究与论述之中,体现了人文关怀的眼光。论述的文体风格:避免从理论到理论,调查材料和文化体验的融入,平易而生动的论述口气,深入浅出的效果,等等。)

傅雷家书(节选)

傅 雷

　　亲爱的孩子，八月二十日报告的喜讯使我们心中说不出的欢喜和兴奋。你在人生的旅途中踏上一个新的阶段，开始负起新的责任来，我们要祝贺你，祝福你，鼓励你。希望你拿出象对待音乐艺术一样的毅力、信心、虔诚，来学习人生艺术中最高深的一课。但愿你将来在这一门艺术中得到象你在音乐艺术中一样的成功！发生什么疑难或苦闷，随时向一二个正直而有经验的中、老年人讨教，(你在伦敦已有一年八个月，也该有这样的老成的朋友吧?)深思熟虑，然后决定，切勿单凭一时冲动：只要你能做到这几点，我们也就放心了。

　　对终身伴侣的要求，正如对人生一切的要求一样不能太苛。事情总有正反两面：追得你太迫切了，你觉得负担重；追得不紧了，又觉得不够热烈。温柔的人有时会显得懦弱，刚强了又近乎专制。幻想多了未免不切实际，能干的管家太太又觉得俗气。只有长处没有短处的人在哪儿呢？世界上究竟有没有十全十美的人或事物呢？抚躬自问，自己又完美到什么程度呢？这一类的问题想必你考虑过不止一次。我觉得最主要的还是本质的善良，天性的温厚，开阔的胸襟。有了这三样，其他都可以逐渐培养；而且有了这三样，将来即使遇到大大小小的风波也不致变成悲剧。做艺术家的妻子比做任何人的妻子都难；你要不预先明白这一点，即使你知道"责人太严，责己太宽"，也不容易学会明哲、体贴、容忍。只要能代你解决生活琐事，同时对你的事业感到兴趣就行，对学问的钻研等等暂时不必期望过奢，还得看你们婚后的生活如何。眼前双方先学习相互的尊重、谅解、宽容。

对方把你作为她整个的世界固然很危险,但也很宝贵!你既已发觉,一定会慢慢点醒她;最好旁敲侧击而勿正面提出,还要使她感到那是为了维护她的人格独立,扩大她的世界观。倘若你已经想到奥里维的故事,不妨就把那部书叫她细读一二遍,特别要她注意那一段插曲。象雅葛丽纳那样只知道 love,love,love! 的人只是童话中人物,在现实世界中非但得不到 love,连日子都会过不下去,因为她除了 love 一无所知,一无所有,一无所爱。这样狭窄的天地哪象一个天地!这样片面的人生观哪会得到幸福!无论男女,只有把兴趣集中在事业上,学问上,艺术上,尽量抛开渺小的自我(ego),才有快活的可能,才觉得活的有意义。未经世事的少女往往会存一个荒诞的梦想,以为恋爱时期的感情的高潮也能在婚后维持下去。这是违反自然规律的妄想。古语说,"君子之交淡如水";又有一句话说,"夫妇相敬如宾"。可见只有平静、含蓄、温和的感情方能持久;另外一句的意义是说,夫妇到后来完全是一种知己朋友的关系,也即是我们所谓的终身伴侣。未婚之前双方能深切领会到这一点,就为将来打定了最可靠的基础,免除了多少不必要的误会与痛苦。

你是以艺术为生命的人,也是把真理、正义、人格等等看做高于一切的人,也是以工作为乐生的人;我用不着唠叨,想你早已把这些信念表白过,而且竭力灌输给对方的了。我只想提醒你几点:——第一,世界上最有力的论证莫如实际行动,最有效的教育莫如以身作则;自己做不到的事千万勿要求别人;自己也要犯的毛病先批评自己,先改自己的。——第二,永远不要忘了我教育你的时候犯的许多过严的毛病。我过去的错误要是能使你避免同样的错误,我的罪过也可以减轻几分;你受过的痛苦不再施之于他人,你也不算白白吃苦。总的来说,尽管指点别人,可不要给人"好为人师"的感觉。奥诺丽纳(你还记得巴尔扎克那个中篇吗?)的不幸一大半是咎由自取,一小部分也因为丈夫教育她的态度伤了她的自尊心。凡是童年不快乐的人都特别脆弱(也有训练得格外坚强的,但只是少数),特别敏感,你回想一下自己,就会知道对付你的恋人要如何 delicate,如何 discreet 了。

我相信你对爱情问题看得比以前更郑重更严肃了;就在这考验时期,希望你更加用严肃的态度对待一切,尤其要对婚后的责任先培养一种忠诚、庄严、虔敬的心情!

一九六〇年八月二十九日

(选自《傅雷家书》,三联书店 1981 年版)

阅读提示

　　傅雷(1908—1966),上海南汇人,著名翻译家。1927 年赴法国巴黎大学、巴黎卢佛美术史学校学习艺术批评。1931 年回国,在上海美专教美术史和法文。1933 年后历任时事汇报总编辑、中央古物保管委员会编审科长。抗战爆发后转事译著。一生共译外国文学名著 32 部。尤以翻译与研究巴尔扎克著作成绩卓著。包括罗曼·罗兰长篇巨著《约翰·克利斯朵夫》、传记《贝多芬传》《托尔斯泰传》《弥盖朗琪罗传》,巴尔扎克《高老头》、《欧也妮·葛朗台》、《贝姨》《邦斯舅舅》、《搅水女人》、《幻灭》,梅里美《嘉尔曼》、《高龙巴》,丹纳名著《艺术哲学》,等等。写有专著《世界美术名作二十讲》以及散文《贝多芬的作品及其精神》等。

　　《傅雷家书》是傅雷写给儿子傅聪的书信编纂而成的集子,收 1954 年至 1966 年的 186 封书信,字里行间充满了父亲对儿子的挚爱和期望。傅雷说,他给儿子写的信有好几种作用:一,讨论艺术;二,激发青年人的感想;三,训练傅聪的文笔和思想;四,做一面忠实的"镜子"。信中的内容,除了生活琐事之外,更多的是谈论艺术与人生,灌输一个艺术家应有的高尚情操,让儿子知道"国家的荣辱、艺术的尊严",做一个"德艺俱备,人格卓越的艺术家"。阅读中能感到,傅雷对儿子的爱不止于舐犊之情,他始终把人格、道德与艺术教养放在第一位,希望孩子能成为健全有用的人才。这里选收了其中一篇,谈到事业、为人处事以及恋爱婚姻等等,语重心长,包含着许多人生的智慧,对我们都会有启发。这是家书,原不为了发表,所写大都是家常话,感情纯真、挚朴,读来让人感动。读完这篇选文,我们也许就想把《傅雷家书》找来看看。这是一本充满着父爱的苦心孤诣、呕心沥血的教子篇,也是极好的艺术修养读物,而且从中还可以看到近代中国知识分子的某些生活侧面,的确很值得一读。

　　我们还可以从《傅雷家书》中学会写信。写信是日常生活的基本语文需求。由于互联网的发展,现在年轻人都喜欢使用电子邮件了,书面信件写作变得生疏。其实电子邮件也是书信的一种,如何写得有内容、有感情、有文采、有格调,而不只是一般传递信息,也是大有讲究的。适当读一些像傅雷家书这样的美文书信,可以充实感情,又可以提高书信表达的水平。

问题与思考

一、傅雷在给儿子的这封家书中,教给孩子怎样的爱情婚姻观?对此你有何种认识?

二、你觉得电子邮件的写作和书面信件的写作有什么异同吗?学习傅雷家书之后,你对书信写作的功能和一般文体要求,是否有新的看法?

工作与人生

王小波

我现在已经活到了人生的中途,拿一日来比喻人的一生,现在正是中午。人在童年时从朦胧中醒来,需要一些时间来克服清晨的软弱,然后就要投入工作;在正午时分,他的精力最为充沛,但已隐隐感到疲惫;到了黄昏时节,就要总结一日的工作,准备沉入永恒的休息。按我这种说法,工作是人一生的主题。这个想法不是人人都能同意的。我知道在中国,农村的人把生儿育女看做是一生的主题。把儿女养大,自己就死掉,给他们空出地方来——这是很流行的想法。在城市里则另有一种想法,但不知是不是很流行:它把取得社会地位看做一生的主题。站在北京八宝山的骨灰墙前,可以体会到这种想法。我在那里看到一位已故的大叔墓上写着:副系主任、支部副书记、副教授、某某教研室副主任,等等。假如能把这些"副"字去掉个把,对这位大叔当然更好一些,但这些"副"字最能证明有这样一种想法。顺便说一句,我到美国的公墓里看过,发现他们的墓碑上只写两件事:一是生卒年月,二是某年至某年服兵役;这就是说,他们以为人的一生只有这两件事值得记述:这位上帝的子民曾经来到尘世,以及这位公民曾去为国尽忠,写别的都是多余的,我觉得这种想法比较质朴……恐怕在一份青年刊物上写这些墓前的景物是太过伤感,还是及早回到正题上来罢。

我想要把自己对人生的看法推荐给青年朋友们:人从工作中可以得到乐趣,这是一种巨大的好处。相比之下,从金钱、权力、生育子女方面可以得到的快乐,总要受到制约。举例来说,现在把生育作为生活的主题,首先是不合时宜;其次,人在生育力方面比兔子大为不如,更不要说和黄花鱼相比较;在这方面很难取得无穷无尽的成就。我对权力没有兴趣,对钱有一些兴趣,但也不愿为它去受罪——做我想做的事(这件事对我来说,就是写小说),并且把它做好,这就是我的目标。我想,和我志趣相投的人总不会是一个都没有。

根据我的经验,人在年轻时,最头疼的一件事就是决定自己这一生要做什么。在这方面,我倒没有什么具体的建议:干什么都可以,但最好不要写小说,这是和我抢饭碗。当然,假如你执意要写,我也没理由反对。总而言之,干什么都是好的;但要干出个样子来,这才是人的价值和尊严所在。人在工作时,不单要用到手、腿和腰,还要用脑子和自己的心胸。我总觉得国人对这后一方面不够重视,这样就会把工作看成是受罪。失掉了快乐最主要的源泉,对生活的态度也会因之变得灰暗……

人活在世上,不但有身体,还有头脑和心胸——对此请勿从解剖学上理解。人脑是怎样的一种东西,科学还不能说清楚。心胸是怎么回事就更难说清。对我自己来说,心胸是我在生活中想要达到的最低目标。某件事有悖于我的心胸,我就认为它不值得一做;某个人有悖于我的心胸,我就觉得他不值得一交;某种生活有悖于我的心胸,我就会以为它不值得一过。罗素先生曾言,对人来说,不加检点的生活,确实不值得一过。我同意他的意见:不加检点的生活,属于不能接受的生活之一种。人必须过他可以接受的生活,这恰恰是他改变一切的动力。人有了心胸,就可以用它来改变自己的生活。

中国人喜欢接受这样的想法:只要能活着就是好的,活成什么样子无所谓。从一些电影的名字就可以看出来:《活着》《找乐》……我对这种想法是断然地不赞成,因为抱有这种想法的人就可能活成任何一种糟糕的样子,从而使生活本身失去意义。高尚、清洁、充满乐趣的生活是好的,人们很容易得到共识。卑下、肮脏、贫乏的生活是不好的,这也能得到共识。但只有这两条远远不够。我以写作为主,我知道某种文章好,也知道某种文章坏。仅知道这两条尚不足以开始写作。还有更加重要的一条,那就是:某种样子的文章对我来说不可取,绝不能让它从我笔下写出来,冠以我的名字登在报刊上。以小喻大,这也是我对生活的态度。

(选自《王小波杂文随笔全编》,中国青年出版社1997年版)

阅读提示

王小波,1952年出生在北京一个知识分子家庭,小时候就大量阅读家里的藏书。对1958年"大跃进"以及后来的饥饿年代有深刻的印象,这在他的不少杂文和小说中都有所反映。上初中时身历"文革",1968年到云南生产建设兵团劳动,此期间开始写小说。《一只独立特行的猪》等杂文以及《黄金时代》等小说,都是以云南兵团劳动时的生活经验为背景写成的。1971年因病从云南回到北京,不久又到山东农村插队。1973年回北京当工人,在《革命时期的爱情》等小说中,可以看到作者的工人生活经历。1978年考入中国人民大学读书,1982毕业后留在人大分校教书。小说《三十而立》反映了作者对教师生活的记忆和思考。1984年赴美国匹兹堡大学东亚研究中心做研究生,1986年获硕士学位。1988年回国后,先后任北京大学和中国人民大学讲师。1992年9月辞去教职,成为自由撰稿人,专心从事小说和杂文写作,在《读书》、《三联生活周刊》和《南方周末》等报刊上发表了大量思想随笔,在读者中间产生了很大影响。1997年4月因心脏病突发去世,在读者中产生了很大震动,一度形成了"王小波热"。1999年,中国青年出版社出版了四卷本《王小波文集》,基本上包含了他全部的作品。

王小波的创作包括杂文随笔和小说两个方面,影响较大的是杂文随笔,但他更看重自己的小说。他的中篇小说《黄金时代》,以性为叙述对象,探讨个人在非理性的社会历史背景中获得内在的自由、保持独立和真实的可能性,被公认为最能代表其创作成就的作品。王小波的杂文随笔,大部分是20世纪90年代写的,多以自由主义的理性态度评论和思考现实生活中的各种社会文化现象,往往在普通人习以为常的地方有深刻的发现,行文幽默风趣,深受读者欢迎。

《工作与人生》这篇文章是想要和青年朋友们探讨和交流关于人生意义的话题。作者对这个问题的看法是:从自己热爱的工作中获得乐趣,是人生最有意义的事情。应该说,这是一个比较有道德教化色彩的题目,容易引起读者的抵触情绪。要做到有自己的关于人生的看法,又能让人心悦诚服,确实不容易。《工作与人生》明确表达了自己对于人生意义的看法,同时又写得幽默生动,文笔流畅,即使我们不赞同作者的观点,也会觉得这是一篇相当有趣的文章。

这首先是因为作者对人生意义的看法不是什么空洞的高调,而是一种在日常生活中确实存在、也不难达到的一种人生态度与方式,那就是按照自己的愿望,把自己喜欢的工作做好,在工作中体现自己个人的理想目标,感受做一个普通人的尊严和快乐。这就是"回到日常"而又"超越日常"的生活方式。文章将这种方式重新提出,非常贴近我们日常的生活感受,又能引起对"日常"生活中往往"麻木"了的或者不在意的问题的再思考,包括关于人的尊严和价值问题的思考。其次就是作者行文中的幽默和反讽,使我们得以在轻松的气氛中进入作者的思想天地,体味作者揭示出来的人生方式与生存境界。再次,文章的成功之处还在于作者并没有用居高临下的指导者的身份说话,而是始终保持着一种理性的态度,用平等的姿态来和我们一起谈论问题,思考人生的意义。我们即使不赞同作者的看法,也会觉得王小波思考和谈论问题的方式可以帮助我们思考和探寻另外的生活方式。这一点,其实是王小波一贯的反对愚昧和专制、倡导理性和个人自由的精神的自然流露,也是他的思想随笔的魅力之所在。

对王小波所说的"回到日常"而又"超越日常"的生活方式,可以从以下四个方面来把握。第一,它意味着人生的意义应该在我们的日常生活中体现出来,而不是通过社会地位的高下来表现。文中对八宝山"一位已故大叔墓碑"上的内容的叙述,在幽默的笔调中就透露出了作者对追求权势和社会地位的生活目标的强烈讽刺。第二,日常生活不等于简单的甚至是动物性的生存,也不单单是追求"活着",而是要把自己的工作做好,在工作中体现出自己做人的价值和尊严。作者否定了以生儿育女为人生目标的传统生活方式,又引用英国哲学家罗素的话否定了不加检点的生活方式,提出了改变自己的生活的要求。同时,作者还批判了国人以"活着"为满足的想法,指出这样的生活方式最终会使生活本身失去意义。第三,"回到日常,超越日常"的生活方式,是个人自由选择的结果,是一个人的心胸和理想的外在体现,因此还意味着在日常生活与工作中拒绝违背自己意志的行为,为坚持自己的理想而有所为有所不为。第四,"回到日常,超越日常"还包含着对自己的工作和生活有一种严肃的责任感,不流于简单地应付、对自己的选择和行为不负责任。作者以自己写文章为例,点出了这一要点。上述四个方面的内容,第一点侧重回到日常生活的一面,而另外三点则侧重于超越日常的一面。

看得出来,这是一种贴近普通人的生活经验,是每个人都能够接受同时又能够做到的生活方式,而不是我们常见的那种听起来很宏大,但脱离现实生活实际的高调口号。然而正是这样的生活方式,才真正体现了个人的自由、尊严和价值。

作者在行文中流露出来的幽默和反讽的语言风格,也是这篇文章值得注意的一个特色。首先我们会注意到,作者往往通过幽默的叙述来表现自己的看法。典型的例子是叙述八宝山一位"已故大叔"的碑文内容,文字幽默轻松,对以追求社会地位为人生目标的生活方式的否定就在这种幽默中自然而然地表现了出来。再如,作者把人的生殖能力与兔子和黄花鱼作比较,同样在幽默的文字中包含着人应该超越动物性的生存状态,改变自己的生活的严肃内容。这是一种有智慧含量的幽默,让人在笑过之后又能回味其中的严肃内容,引发进一步的思考。自觉的反讽意识,是王小波小说和杂文随笔的一个鲜明特色。反讽不是一般的讽刺,而是一种修辞手段:表面评价是提高而实际评价为贬低;或者表面评价是贬低而实际评价为提高。就是说,作者故意隐藏了自己的褒贬立场,甚至有意制造表层评述和真实意义的矛盾,让人读起来有某种暧昧、陌生。必须通过分析这种矛盾,去达到对作者态度及其表述的真实面目的认识。这种反讽使表述很有张力,也强化了表述的深度。《工作与人生》的反讽色彩,主要体现在作者总是能够意识到自己的看法的限度,因此在表明自己的观点和看法的同时,往往又借用自我否定或者自我限制的方式,为另外一种可能的生活方式和思想观点留下余地,为读者敞开自由思考和独立选择的空间。比如作者在提出自己对于人生的看法的时候,一方面用了"推荐"这样的字眼,同时又强调这是自己个人的想法、自己的目标,但"和我志趣相投的朋友总不会一个都没有"。表明自己的看法,同时又能意识到自己的局限,为更多的可能留出空间,不走向极端化,这就是一种反讽的智慧。此外,作者在承认自己对青年朋友没有做什么具体的建议,"但最好不要写小说"的一段,也是反讽意识的表达。王小波的这种反讽意识,是与他的理性态度和自由主义精神联系在一起的,表明了作者尊重差异性和多样性,是一种与他者平等交流和探讨的愿望的自然流露。

　　王小波非常重视文字的表达,他的杂文随笔不仅以思想深度见称,而且具有很高的趣味性和可读性,形成了独特的文体风格。反对文化专制和愚昧、张扬个人自由是王小波一贯的思想立场,他的文字和语言也体现了这个特征,那就是用自己的日常语态和口语表达自己的思想,不借用现成的任何套话、空话和大话,平实晓畅。在当代作家中,王小波的写作语言和日常口语之间的距离较小,甚至感觉不到什么距离。王小波也非常重视杂文随笔的结构,虽然很自由、放得开,但又严谨简洁,显得大气。比如作者在第三自然段中,提及自己写小说的事实,看似闲笔,意在营造幽默的气氛,但实际上却与最后运用写作为例子表明自己对人生的态度联系在一起,在自然中见出严谨。文章每一个段落的结尾,或者照应补充,或者收束作结,文字都干净简洁,自有一种王小波所特有的文体风格。

问题与思考

一、结合自己对生活的体会,说说你对王小波提出的"回到日常,超越日常"的生活方式的理解。(一是在日常生活中体现和追求人生的意义。二是超越简单的"活着",改变现实。三是坚持自己的理想和意志,有所不为。四是严肃对待自己的工作,把工作看做体现自身尊严和价值的事业。第一点重在回到日常,其余三点侧重超越日常的一面。注意结合自己对生活的理解来发挥。)

二、如何理解王小波的幽默和反讽?(幽默是通过叙述和描写,使某种事物可笑甚至荒诞之处自然呈现出来,从而表现作者的看法观点。在《工作与人生》中,对一位已故大叔的碑文内容的叙述,是比较典型的例子。把人的生殖能力与兔子和黄花鱼做比较,也是一例。反讽是一种修辞手段:表面上的评价是提高而实际评价为贬低;或者表面评价是贬低而实际评价为提高。作者故意隐藏了自己的褒贬立场,甚至有意制造表层评述和真实意义的矛盾,让人读起来有某种暧昧、陌生,必须通过分析这种矛盾,去达到对作者态度及其表述的真实面目的认识。在《工作与人生》中,王小波在提出自己的观点和看法时,又承认和暗示自己的观点和看法只是一种可能,并不强求每一个人的认同,似乎在"动摇"或者"贬低"自己的观点,其实是给读者更多的思考空间,结果使得作者的观点和看法更鲜明,更有说服力。幽默与反讽是王小波小说和杂文随笔最突出的特色。)

三、简要分析王小波思想随笔的思想内涵和文体特色。(王小波思想随笔最主要的思想内涵是反对专制和愚昧,以理性的态度,倡导个人自由,张扬独立精神和个性。他的随笔,运用口语自由表达自己的看法,平实晓畅,没有空话和套话。同时,作者写作态度严谨,讲究文章结构,文字简洁干净,把思想随笔当做一种艺术散文来写作,具有很高的艺术价值。本题有一定难度,需要通过阅读大量作品来体会,故不作重点。)

拓展阅读

一、王小波:《我的精神家园》,文化艺术出版社 1997 年版。

二、王小波:《黄金时代》,花城出版社 1997 年版。

三、艾晓明、李银河编:《浪漫骑士——记忆王小波》,中国青年出版社 1997 年版。

茶馆(节选)

老　舍

第一幕

人　物　王利发、刘麻子、庞太监、唐铁嘴、康六、小牛儿、松二爷、黄胖子、宋恩子、常四爷、秦仲义、吴祥子、李三、老人、康顺子、二德子、乡妇、茶客甲、乙、丙、丁、马五爷、小妞、茶房一、二人。

时　间　一八九八年(戊戌)初秋,康梁等的维新运动失败了。早半天。

地　点　北京,裕泰大茶馆。

〔幕启:这种大茶馆现在已经不见了。在几十年前,每城都起码有一处。这里卖茶,也卖简单的点心与菜饭。玩鸟的人们,每天在遛够了画眉、黄鸟等之后,要到这里歇歇腿,喝喝茶,并使鸟儿表演歌唱。商议事情的,说媒拉纤的,也到这里来。那年月,时常有打群架的,但是总会有朋友出头给双方调解;三五十口子打手,经调人东说西说,便都喝碗茶,吃碗烂肉面(大茶馆特殊的食品,价钱便宜,做起来快当),就可以化干戈为玉帛了。总之,这是当日非常重要的地方,有事无事都可以来坐半天。

〔在这里,可以听到最荒唐的新闻,如某处的大蜘蛛怎么成了精,受到雷击。奇怪的意见也在这里可以听到,像把海边上都修上大墙,就足以挡住洋兵上岸。这里还可以听到某京戏演员新近创造了什么腔儿,和煎熬鸦片烟的最好的方法。这里也可以看到某人新得到的奇珍——一个出土的玉扇坠儿,或三彩的鼻烟壶。这真是个重要的地方,简直可以算作文化交流的所在。

〔我们现在就要看见这样的一座茶馆。

〔一进门是柜台与炉灶——为省点事,我们的舞台上可以不要炉灶;后面有些锅勺的响声也就够了。屋子非常高大,摆着长桌与方桌,长凳与小凳,都是茶座儿。隔窗可见后院,高搭着凉棚,棚下也有茶座儿。屋里和凉棚下都有挂鸟笼的地方。各处都贴着"莫谈国事"的纸条。

〔有两位茶客,不知姓名,正眯着眼,摇着头,拍板低唱。有两三位茶客,也不知姓名,正入神地欣赏瓦罐里的蟋蟀。两位穿灰色大衫的——宋恩子与吴祥子;正低声地谈话,看样子他们是北衙门的办案的(侦缉)〔今天又有一起打群架的,据说是为了争一只家鸽,惹起非用武力解决不可的纠纷。假若真打起来,非出人命不可,因为被约的打手中包括着善扑营的哥儿们和库兵,身子都十分厉害。好在,不能真打起来,因为在双方还没把打手约齐,已有人出面调停了——现在双方在这里会面。三三两两的打手,都横眉立目,短打扮,随时进来,往后院去。

〔马五爷在不惹人注意的角落,独自坐着喝茶。

〔王利发高高地坐在柜台里。

〔唐铁嘴踏拉着鞋,身穿一件极长极脏的大布衫,耳上夹着几张小纸片,进来。

王利发　唐先生,你外边遛遛吧!

唐铁嘴　(惨笑)王掌柜,捧捧唐铁嘴吧!送给我碗茶喝,我就先给您相相面吧!手相奉送,不取分文!(不容分说,拉过王利发的手来)今年是光绪二十四年,戊戌。您贵庚是……

王利发　(夺回手去)算了吧,我送给你一碗茶喝,你就甭卖那套生意口啦!用不着相面,咱们既在江湖内,都是苦命人!(由柜台内走出,让唐铁嘴坐下)坐下!我告诉你,你要是不戒了大烟,就永远交不了好运!这是我的相法,比你的更灵验!

〔松二爷和常四爷都提着鸟笼进来;王利发向他们打招呼。他们先把鸟笼子挂好,找地方坐下。松二爷文绉绉的,提着小黄鸟笼;常四爷雄赳赳的,提着大而高的画眉笼。茶房李三赶紧过来,沏上盖碗茶。他们自带茶叶。茶沏好。松二爷、常四爷向邻近的茶座让了让。

松二爷　您喝这个!(然后,往后院看了看)
常四爷
松二爷　好像又有事儿?
常四爷　反正打不起来!要真打的话,早到城外头去啦,到茶馆来干吗?
　　　　〔二德子一位打手,恰好进来,听见了常四爷的话。
二德子　(凑过去)你这是对谁甩闲话呢?
常四爷　(不肯示弱)你问我哪?花钱喝茶,难道还教谁管着吗?
松二爷　(打量了二德子一番)我说这位爷,您是营里当差的吧?来,坐下喝一碗,我们也都是外场人。
二德子　你管我当差不当差呢!
常四爷　要抖威风,跟洋人干去,洋人厉害!英法联军烧了圆明园,尊家吃着官饷,可没见您去冲锋打仗!
二德子　甭说打洋人不打,我先管教管教你!(要动手)
　　　　〔别的茶客依旧进行他们自己的事。王利发急忙跑过来。
王利发　哥儿们,都是街面上的朋友,有话好说。德爷,您后边坐!
　　　　〔二德子不听王利发的话,一下子把一个盖碗搂下桌去,摔碎。翻手要抓常四爷的脖领。
常四爷　(闪过)你要怎么着?
二德子　怎么着?我碰不了洋人,还碰不了你吗?
马五爷　(并未立起)二德子,你威风啊!
二德子　(四下扫视,看到马五爷)喝,马五爷,您在这儿哪?我可眼拙,没看见您!(过去请安)
马五爷　有什么事好好地说,干吗动不动地就讲打?
二德子　嗻!您说得对!我到后头坐坐去。李三,这儿的茶钱我候啦!(往后面走去)
常四爷　(凑过来,要对马五爷发牢骚)这位爷,您圣明,您给评评理!
马五爷　(立起来)我还有事,再见!(走出去)
常四爷　(对王利发)邪!这倒是个怪人!

王利发　您不知道这是马五爷呀？怪不得您也得罪了他！
常四爷　我也得罪了他？我今天出门没挑好日子！
王利发　(低声地)刚才您说洋人怎样，他就是吃洋饭的。信洋教，说洋话，有事情可以一直地找宛平县的县太爷去，要不怎么连官面上都不惹他呢！
常四爷　(往原处走)哼，我就不佩服吃洋饭的！
王利发　(向宋恩子、吴祥子那边稍一歪头，低声地)说话请留点神！(大声地)李三，再给这儿沏一碗来！(拾起地上的碎瓷片)
松二爷　盖碗多少钱？我赔！外场人不作老娘们事！
王利发　不忙，待会儿再算吧！(走开)
〔纤手刘麻子领着康六进来。刘麻子先向松二爷、常四爷打招呼。
刘麻子　您二位真早班儿！(掏出鼻烟壶，倒烟)您试试这个！刚装来的，地道英国造，又细又纯！
常四爷　唉！连鼻烟也得从外洋来！这得往外流多少银子啊！
刘麻子　咱们大清国有的是金山银山，永远花不完！您坐着，我办点小事！(领康六找了个座儿)
〔李三拿过一碗茶来。
刘麻子　说说吧，十两银子行不行？你说干脆的！我忙，没工夫专伺候你！
康　六　刘爷！十五岁的大姑娘，就值十两银子吗？
刘麻子　卖到窑子去，也许多拿一两八钱的，可是你又不肯！
康　六　那是我的亲女儿！我能够……
刘麻子　有女儿，你可养活不起，这怪谁呢？
康　六　那不是因为乡下种地的都没法子混了吗？一家大小要是一天能吃上一顿粥，我要还想卖女儿，我就不是人！
刘麻子　那是你们乡下的事，我管不着。我受你之托，教你不吃亏，又教你女儿有个吃饱饭的地方，这还不好吗？
康　六　到底给谁呢？
刘麻子　我一说，你必定从心眼里乐意！一位在宫里当差的！
康　六　宫里当差的谁要个乡下丫头呢？
刘麻子　那不是你女儿的命好吗？

康　六　谁呢？

刘麻子　庞总管！你也听说过庞总管吧？侍候着太后，红的不得了，连家里打醋的瓶子都是玛瑙做的！

康　六　刘大爷，把女儿给太监做老婆，我怎么对得起人呢？

刘麻子　卖女儿，无论怎么卖，也对不起女儿！你糊涂！你看，姑娘一过门，吃的是珍馐美味，穿的是绫罗绸缎，这不是造化吗？怎样，摇头不算点头算，来个干脆的！

康　六　自古以来，哪有……他就给十两银子？

刘麻子　找遍了你们全村儿，找得出十两银子找不出？在乡下，五斤白面就换个孩子，你不是不知道！

康　六　我，唉！我得跟姑娘商量一下！

刘麻子　告诉你，过了这个村可没有这个店，耽误了事别怨我！快去快来！

康　六　唉！我一会儿就回来！

刘麻子　我在这儿等着你！

康　六　（慢慢地走出去）

刘麻子　（凑到松二爷、常四爷这边来）乡下人真难办事，永远没个痛痛快快！

松二爷　这号生意又不小吧？

刘麻子　也甜不到哪儿去，弄好了，赚个元宝！

常四爷　乡下是怎么了？会弄得这么卖儿卖女的！

刘麻子　谁知道！要不怎么说，就是一条狗也得托生在北京城里嘛！

常四爷　刘爷，您可真有个狠劲儿，给拉拢这路事！

刘麻子　我要不分心，他们还许找不到买主呢！（忙岔话）松二爷（掏出个小时表来），您看这个！

松二爷　（接表）好体面的小表！

刘麻子　您听听，嘎登嘎登地响！

松二爷　（听）这得多少钱？

刘麻子　您爱吗？就让给您！一句话，五两银子！您玩够了，不爱再要了，我还照数退钱！东西真地道，传家的玩艺儿！

常四爷　我这儿正咂摸这个味儿，咱们一个人身上有多少洋玩艺儿啊！老刘，就看你身上吧：洋鼻烟，洋表，洋缎大衫，洋布裤褂……

刘麻子　洋东西可是真漂亮呢!我要是穿一身土布,像个乡下脑壳,谁还理我呀!

常四爷　我老觉乎着咱们的大缎子,川绸,更体面!

刘麻子　松二爷,留下这个表吧,这年月,戴着这么好的洋表,会教人另眼看待!是不是这么说,您哪?

松二爷　(真爱表,但又嫌贵)我……

刘麻子　您先戴两天,改日再给钱!
〔黄胖子进来。

黄胖子　(严重的砂眼,看不大清楚,进门就请安)哥儿们,都瞧我啦!我请安了!都是自己弟兄,别伤了和气呀!

王利发　这不是他们,他们在后院哪!

黄胖子　我看不清楚啊!掌柜的,预备烂肉面,有我黄胖子,谁也打不起来!(往里走)

二德子　(出来迎接)两边已经见了面,您快来吧!
〔二德子同黄胖子入内。
〔茶房们一趟又一趟地往后面送茶水。老人进来,拿着些牙签、胡梳、耳挖勺之类的小东西,低着头慢慢地挨着茶座儿走,没人买他的东西。他要往后院去,被李三截住。

李　三　老大爷,您外边遛遛吧!后院里,人家正说和事呢,没人买您的东西!(顺手儿把剩茶递给老人一碗)

松二爷　(低声地)李三!(指后院)他们到底为了什么事,要这么拿刀动杖的?

李　三　(低声地)听说是为一只鸽子。张宅的鸽子飞到了李宅去,李宅不肯交还……唉,咱们还是少说话好,(问老人)老大爷您高寿啦?

老　人　(喝了茶)多谢!八十二了,没人管!这年月呀,人还不如一只鸽子呢!唉!(慢慢走出去)
〔秦仲义,穿得很讲究,满面春风,走进来。

王利发　哎哟!秦二爷,您怎么这样闲在,会想起下茶馆来了?也没带个底下人?

秦仲义　来看看,看看你这年轻小伙子会作生意不会!

王利发　唉,一边作一边学吧,指着这个吃饭嘛。谁叫我爸爸死的早,我不干不行啊!好在照顾主儿都是我父亲的老朋友,我有不周到的地方都肯包涵,闭闭眼就过去了。在街面上混饭吃,人缘儿顶要紧。我按着我父亲遗留下的老办法,多说好话,多请安,讨人人的喜欢,就不会出大岔子!您坐下,我给您沏碗小叶茶去!

秦仲义　我不喝!也不坐着!

王利发　坐一坐!有您在我这儿坐坐,我脸上有光!

秦仲义　也好吧!(坐)可是,用不着奉承我!

王利发　李三,沏一碗高的来!二爷,府上都好?您的事情都顺心吧?

秦仲义　不怎么太好!

王利发　您怕什么呢?那么多的买卖,您的小手指头都比我的腰还粗!

唐铁嘴　(凑过来)这位爷好相貌,真是天庭饱满,地阁方圆,虽无宰相之权,而有陶朱之富!

秦仲义　躲开我!去!

王利发　先生,你喝够了茶,该外边活动活动去。(把唐铁嘴轻轻推开)

唐铁嘴　唉!(垂头走出去)

秦仲义　小王,这儿的房租是不是得往上提那么一提呢?当年你爸爸给我的那点租钱,还不够我喝茶用的呢!

王利发　二爷,您说的对,太对了!可是,这点小事用不着您分心,您派管事的来一趟,我跟他商量,该长多少租钱,我一定照办!是!嗻!

秦仲义　你这小子,比你爸爸还滑!哼。等着吧,早晚我把房子收回去!

王利发　您甭吓唬着我玩,我知道您多么照应我,心疼我,决不会叫我挑着大茶壶,到街上卖热茶去!

秦仲义　你等着瞧吧!

〔乡妇拉着个十来岁的小妞进来。小妞的头上插着一根草标。李三本想不许她们往前走,可是心中一难过,没管。她们俩慢慢地往里走。茶客们忽然都停止说笑,看着她们。

小　　妞　（走到屋子中间。立住）妈，我饿！我饿！

〔乡妇呆视着小妞，忽然腿一软，坐在地上，掩面低泣。

秦仲义　（对王利发）轰出去！

王利发　是！出去吧，这里坐不住！

乡　　妇　哪位行行好？要这个孩子，二两银子！

常四爷　李三，要两个烂肉面，带她们到门外吃去！

李　　三　是啦！（过去对乡妇）起来，门口等着去，我给你们端面来！

乡　　妇　（立起，抹泪往外走，好像忘了孩子；走了两步，又转回身走，搂住小妞吻她）宝贝！宝贝！

王利发　快着点吧！

〔乡妇、小妞走出去。李三随后端出两碗面去。

王利发　（过来）常四爷：您是积德行好，赏给她们面吃！可是，我告诉您：这路事儿太多，太多了！谁也管不了！（对秦仲义）二爷，您看我说得对不对？

常四爷　（对松二爷）二爷，我看哪，大清国要完！

秦仲义　（老气横秋地）完不完，并不在乎有人给穷人们一碗面吃没有。小王，说真的，我真想收回这里的房子！

王利发　您别那么办哪，二爷！

秦仲义　我不但收回房子，而且把乡下的地，城里的买卖也都卖了！

王利发　那为什么呢？

秦仲义　把本钱拢在一块儿，开工厂！

王利发　开工厂？

秦仲义　嗯，顶大顶大的工厂！那才救得了穷人，那才能抵制外货，那才能救国！（对王利发说而眼看着常四爷）唉，我跟你说这些干什么，你不懂！

王利发　您就专为别人，把财产都出手，不顾自己了吗？

秦仲义　你不懂！只有那么办，国家才能富强！好啦，我该走啦。我亲眼看见了，你的生意不错，你甭再耍无赖，不长房钱！

王利发　您等等，我给您叫车去！

秦仲义　用不着。我愿意遛跶遛跶！

〔秦仲义往外走，王利发送。

〔小牛儿搀着庞太监走进来。小牛儿提着水烟袋。

庞太监　哟！秦二爷！
秦仲义　庞老爷！这两天您心里安顿了吧？
庞太监　那还用说吗？天下太平了,圣旨下来,谭嗣同问斩！告诉您,谁敢改祖宗的章程,谁就掉脑袋！
秦仲义　我早就知道！
〔茶客们忽然全静寂起来,几乎是闭住呼吸地听着。
庞太监　您聪明,二爷,要不然您怎么发财呢！
秦仲义　我那点财产,不值一提！
庞太监　太客气了吧？您看,全北京城谁不知道秦二爷！您比做官的还厉害呢！听说呀,好些财主都讲维新！
秦仲义　不能这么说,我那点威风在您的面前可就施展不出来了！哈哈哈！
庞太监　说得好,咱们就八仙过海、各显其能吧！哈哈哈！
秦仲义　改天过去给您请安,再见！（下）
庞太监　（自言自语）哼,凭这么个小财主也敢跟我逗嘴皮子,年头真是改了！（问王利发）刘麻子在这儿哪？
王利发　总管,您里边歇着吧！
〔刘麻子早已看见庞太监,但不敢靠近,怕打搅了庞太监、秦仲义的谈话。
刘麻子　喝,我的老爷子！您吉祥！我等了您好大半天了！（搀庞太监往里面走）
〔宋恩子、吴祥子过来请安,庞太监对他们耳语。
〔众茶客静默了一阵之后,开始议论纷纷。
茶客甲　谭嗣同是谁？
茶客乙　好像听说过！反正犯了大罪,要不,怎么会问斩呀！
茶客丙　这两三个月了,有些做官的,念书的,乱折腾乱闹,咱们怎能知道他们搞的什么鬼呀！
客茶丁　得！不管怎么说,我的铁秆庄稼又保住了！姓谭的,还有那个康有为,不是说叫旗兵不关钱粮,去自谋生计吗？心眼多毒！
茶客丙　一份钱粮倒叫上头克扣去一大半,咱们也不好过！
茶客丁　那总比没有强啊！好死不如赖活着,叫我去自己谋生,非死不可!

王利发　诸位主顾,咱们还是莫谈国事吧!

〔大家安静下来,都又各谈各的事。

庞太监　(已坐下)怎么说?一个乡下丫头,要二百银子?

刘麻子　(侍立)乡下人,可长得俊呀!带进城来,好好地一打扮、调教,准保是又好看,又有规矩!我给您办事,比给我亲爸爸做事都更尽心,一丝一毫不能马虎!

〔唐铁嘴又回来了。

王利发　铁嘴,你怎么又回来了?

唐铁嘴　街上兵荒马乱的,不知道是怎么回事!

庞太监　还能不搜查搜查谭嗣同的余党吗?唐铁嘴,你放心,没人抓你!

唐铁嘴　嘿!总管,您要能赏给我几个烟泡儿,我可就更有出息了!

〔有几个茶客好像预感到什么灾祸,一个个往外溜。

松二爷　咱们也该走啦吧!天不早啦!

常四爷　嘿!走吧!

〔二灰衣人——宋恩子和吴祥子走过来。

宋恩子　等等!

常四爷　怎么啦?

宋恩子　刚才你说"大清国要完"?

常四爷　我,我爱大清国,怕它完了!

吴祥子　(对松二爷)你听见了?他是这么说的吗?

松二爷　哥儿们,我们天天在这儿喝茶。王掌柜知道,我们都是地道老好人!

吴祥子　问你听见了没有?

松二爷　那,有话好说,二位请坐!

宋恩子　你不说,连你也锁了走!他说"大清国要完",就是跟谭嗣同一党!

松二爷　我,我听见了,他是说……

宋恩子　(对常四爷)走!

常四爷　上哪儿?事情要交代明白了啊!

宋恩子　你还想拒捕吗?我这儿可带着"王法"呢!(掏出腰中带

　　　　　着的铁链子)
常四爷　告诉你们,我可是旗人!
吴祥子　旗人当汉奸,罪加一等!锁上他!
常四爷　甭锁,我跑不了!
宋恩子　量你也跑不了!(对松二爷)你也走一趟,到堂上实话实说,没你的事!
　　　　〔黄胖子同三五个人由后院过来。
黄胖子　得啦,一天云雾散,算我没白跑腿!
松二爷　黄爷!黄爷!
黄胖子　(揉揉眼)谁呀?
松二爷　我!松二!您过来,给说句好话!
黄胖子　(看清)哟,宋爷,吴爷,二位爷办案哪?请吧!
松二爷　黄爷,帮帮忙,给美言两句!
黄胖子　官厅儿管不了的事,我管!官厅儿能管的事呀,我不便多嘴!(问大家)是不是?
众　　　嗻!对!
　　　　〔宋恩子、吴祥子带着常四爷、松二爷往外走。
松二爷　(对王利发)看着点我们的鸟笼子!
王利发　您放心,我给送到家里去!
　　　　〔常四爷、松二爷、宋恩子、吴祥子同下。
黄胖子　(唐铁嘴告以庞太监在此)哟,老爷在这儿哪?听说要安份儿家,我先给您道喜!
庞太监　等吃喜酒吧!
黄胖子　您赏脸!您赏脸!(下)
　　　　〔乡妇端着空碗进来,往柜上放,小妞跟进来。
小　妞　妈!我还饿!
王利发　唉!出去吧!
乡　妇　走吧,乖!
小　妞　不卖妞妞啦?妈!不卖啦?妈!
乡　妇　乖!(哭着,携小妞下)
　　　　〔康六带着康顺子进来,立在柜台前。
康　六　姑娘!顺子!爸爸不是人,是畜生!可你叫我怎办呢?你不找个吃饭的地方,你饿死!我不弄到手几两银子,

康顺子　我,我……(说不出话来)
刘麻子　(跑过来)你们回来啦?点头啦?好!来见见总管!给总
　　　　管磕头!
康顺子　我……(要晕倒)
康　六　(扶住女儿)顺子!顺子!
刘麻子　怎么啦?
康　六　又饿又气,昏过去了!顺子!顺子!
庞太监　我要活的,可不要死的!
　　　　〔静场。
茶客甲　(正与乙下象棋)将!你完啦!

——幕落

(选自《老舍全集》,人民文学出版社 2003 年版)

阅读提示

　　老舍,1899 年生于北京,满族。原名舒庆春。1900 年其父死于八国联军入侵北京的炮火中,家中生活极为贫困,全靠母亲辛苦劳作,老舍才有机会读书。老舍是现代文学作家中少见的出身城市贫民的作家,长期生活于北京中下层市民社会,这成了他后来创作不尽的资源,由此开创了风韵独具的"京味"文学。1918 年北京师范学校毕业,曾担任小学校长、劝学员等职。1924 年在燕京大学英籍教授艾温士的推荐下,赴英国伦敦大学东方学院任汉语教师。在英期间阅读了大量的外国文学作品,并开始创作小说。在伦敦写成的有长篇小说《老张的哲学》、《赵子曰》和《二马》,在国内发表后引起文坛关注。1930 年归国后历任济南齐鲁大学文学院和山东大学教授。1936 年夏辞去教职,专事写作,完成长篇小说代表作《骆驼祥子》。在济南和青岛的六七年间,迎来了第一个丰收期,创作了《猫城记》、《离婚》、《牛天赐传》、《月牙儿》、《我这一辈子》等一批小说。1937 年"卢沟桥事变"后,只身到武汉,投身抗战。1938 年中华全国文艺界抗敌协会(简称"文协")成立,当选为总务部主任,主持"文协"的工作七年,为文化界做了大量的实际工作。抗战时期及其后,创作了《四世同堂》等小说,而更大的收获是戏剧创作。自 1939 年起,先后写出了《残雾》、《张自忠》、《面子问题》、《大地龙蛇》等话剧作品。1946 年,赴美讲学。在美期间完成了《四世同堂》的第三部《饥荒》和长篇小说《鼓书艺人》。1949 年 10 月新中国成立后,收到周恩来总理邀请回国的信件,立即抱病返国。归国后,在政府和文化界担任了许多行政职务,但仍以极大的热情投入创作,写有京剧、曲剧、歌舞剧和歌剧等剧本,影响最大的是话剧《龙须沟》和《茶馆》。"文化大革命"开始不久,不堪凌辱,于1966年8月24日在北京太平湖投水自杀。

写于1957年的《茶馆》,是老舍最优秀的剧作之一。该剧将中国自19世纪末以后半个世纪的历史变迁,浓缩在裕泰茶馆的三个时期中,即清末1898年的初秋、袁世凯死后军阀混战的民国初年,以及40年代抗战结束、内战爆发前夕。剧中涉及的人物众多,除了贯穿全剧的常四爷、王利发和秦仲义之外,还包括了北京市民社会的三教九流:茶馆的掌柜和伙计,太监、资本家、特务、打手、卖艺的,相面的……揭示了旧中国各层面的面相,弥漫于全剧的是彻骨的悲凉。王利发等人最终都走投无路,只得抛洒着纸钱为自己送葬,痛苦地追问:"我爱咱们的国呀,可是谁爱我呢?"《茶馆》在戏剧形式方面,采用了"三组风俗画"。这一创新形式,很好地解决了场景限制与内容宏大之间的矛盾,以一个小茶馆、几个小人物的历史浮沉生动地诠释了时代的大变迁。

老舍众多的文学作品都是写北京的。老舍一生创作长篇小说250万字,其中有150万字写的是北京;建国后创作的戏剧也清一色全是写北京的。人们把老舍的小说和戏剧称为"京味"文学,首先就是指老舍的创作多取材于北京,有突出的地方色彩,用京腔京味去描写北京的人、事以及风俗掌故。欣赏和理解《茶馆》这部名剧,也要格外注意"京味"特色。

老舍写北京都是写中下层的市民、社会中的小人物,很少写皇亲国戚和达官贵人,故事的环境背景一般都是大杂院、小胡同和各式各样的茶馆。老舍曾说:"一个大茶馆就是一个小社会。"这个说法道出了这出戏选择茶馆做背景的原因,也揭示了《茶馆》的主题——用茶馆去表现社会。《茶馆》是三幕剧,每一幕表现一个不同的时代。我们选读的第一幕发生在晚清戊戌变法失败之后,第二幕是袁世凯死后国内军阀混战的时代,第三幕已到抗战胜利后国民党统治时期。《茶馆》描写了裕泰茶馆在这三个时代的由盛而衰,以及茶馆中各种人物的命运变迁,展现了中国近代史黑暗和荒诞的社会现象,揭示了其走向崩溃的趋向。也可以说,《茶馆》这出戏"埋葬了三个时代"。

《茶馆》在艺术上对中西传统的戏剧模式有明显的突破和创新。古典的戏剧理论方面,西方有著名的"三一律",中国清代剧作家李渔总结中国传统戏曲提出"一人一事"的概念,强调的都是戏剧中要有贯穿始终的人和事件。

《茶馆》的三幕戏中都出场的只有王利发、常四爷和康顺子，而且也没有一个事关全局的情节把三个人联系到一起，整个戏全是零零碎碎的事。老舍的话剧中心在人，功夫在把"话"写活。阅读时首先要注意体味作为话剧生命的"话"。《茶馆》中出现七十多位人物，举凡北京的八旗子弟、三教九流、五行八作，什么人都有，却大多数都能写得鲜明生动，很大程度上靠的是"话"，也就是台词艺术。有的人物戏不多，台词没有几句，也能给人深刻的印象。老舍有一句名言，叫"话到人到"，意思是，一出场就用个性化的语言把人物形象立起来。二德子出场对常四爷说的第一句话是："你这是对谁甩闲话呢？"就这一句，把一个流氓打手专横霸道的劲儿勾勒出来了。二德子的这句话不但符合他的流氓性格，而且"甩闲话"是北京方言，"京味"也出来了。《茶馆》的人物对白多是经过加工提炼的北京方言，外地观众也能懂，因为不是照搬方言，而是运用北京方言中浅显的词汇和一些句式，吸取、融会它的特色，形成《茶馆》中形似口语和方言、又常常透露出幽默和机智品格的精美的文学语言。

老舍的人物对白大多是短句，读起来朗朗上口，还富有节奏感和音乐感。《茶馆》是出悲剧，但老舍常用幽默的语言去表现、讽刺与揭露，让读者和观众在笑声中体会背后的悲剧。第二幕中唐铁嘴想在王利发的公寓租一间屋子，大家看过第一幕后知道，唐铁嘴是穷得丁当响的一个大烟鬼，所以王利发不愿租给他，说："唐先生，你那点嗜好，在我这儿恐怕……"唐铁嘴回答说："我已经不吃大烟了！"王利发替他高兴，说："真的？你可真要发财了！"可就像相声中的抖包袱，唐铁嘴的回答是："我改抽'白面'啦。"让人哭笑不得。老舍幽默的人物对白中还有着更多关于时代和文化的内涵，读懂这些内涵才能理解这幽默中所蕴藏的悲剧。至于人物对白的机智，大家可以从第一幕中王利发和秦仲义的对白中去体会。王利发连珠炮似的耍贫嘴的台词表面是恭恭敬敬、曲意逢迎，但是话里有话、处处机锋、以守为攻，表现出精明干练又能左右逢源的性格。

老舍还很注意让人物在对白中彼此烘托对照，使各自的性格更加突出。还以二德子和常四爷为例。二德子说完后，常四爷直接回击："你问我那？花钱喝茶，难道还叫谁管着吗？"和常四爷一起来的松二爷却说："这位爷，您是营里当差的吧？来，坐下喝一碗，我们也都是外场人。"三人每人一句，却在对比中显出三种不同的身份与性格。大家可以对比一个小细节，北京人用"您"表示对对方的尊重，所以胆小怕事的松二爷用"您"来和二德子套近乎，而常四爷却用"你"来显示自己的刚直和对二德子的不屑。

人物的性格在对白中得到凸现，他们的命运也随着时代的变化而变化，有时这种前后变化就体现在人物的台词中。台词总是在显示着人物的悲欢沉浮，蕴涵着时代变迁的深刻烙印。上面说的唐铁嘴在前后两个时代的变化是如此，主要人物王利发的变化更是如此。第一幕中年轻的王利发透着一种精明的商人所有的朝气和自信，而第二幕中，已有了十多年社会阅历后，他变得有些愤世，嘴里也不时甩出句"All right"，显得有些油滑。一向怕惹事的他有时面对大兵和特务的搜刮还敢耍耍无赖："您圣明，我糊涂！可是，您搜搜我吧，真一个铜子儿也没有啦！您搜！您搜！"到第三幕时，王利发的愤世已变成了绝望，最后上吊自杀了。王利发的遭际处处投射着时代的影子，是不公和阴暗的社会扭曲了他的性格和命运，使一个安分守己的小老板走向了绝路。

阅读时还要注意戏剧"冲突"观念。以往的戏剧创作和理论认为，一出戏剧必有一个贯穿始终的矛盾冲突。第一幕是冲突的开始，然后是展开和发展，到达高潮后，冲突解决，戏剧结束，基本都是这一模式。但《茶馆》不是这样的冲突。它采取的是"多人多事"的戏剧结构，每一幕都是横向地展示不同时代的生活风貌。每一幕的事件都是相对独立的，和下一幕的戏剧并无必然联系。但这并不意味着《茶馆》没有冲突，而是每一幕的众多零碎事件都蕴涵着各自的冲突，这众多的冲突合在一起，使每一幕都高潮迭起。所以《茶馆》整体上没有遵循冲突开始、发展、高潮、结束的模式，而是创造了第一幕即是高潮、以后每一幕也都有高潮的戏剧新体式。我们看第一幕之中包含着多少独立的冲突和高潮：二德子和常四爷的冲突走向高潮时，马五爷训斥二德子，结束了二德子和常四爷的冲突，却又展现了马五爷和二德子二人之间的冲突；常四爷让马五爷评理，马五爷却来了个不理不睬的"我还有事，再见！"让人去思考马五爷和常四爷的矛盾；马五爷刚走，刘麻子和康六上场，展开二人关于卖康顺子的冲突；常四爷看不惯刘麻子的心狠意毒和崇洋媚外，言语相讥；此时秦仲义来找王利发要提高房租，两人话里话外、你来我往、各怀心事；此时又穿插进一个乡妇卖女，王利发、常四爷和秦仲义等人表现不同，暗藏矛盾；庞太监一进来见到维新的秦仲义，二人又是一番交锋；康顺子进到茶馆，一见到自己的买主竟是又老又丑的太监，只叫了声"我，我……"就昏了过去，这是少女康顺子和庞太监的冲突……可以看出，这各种矛盾虽在以后的戏中没有发展，但在这一幕戏中，却是一波未平一波又起。但这些冲突又并非只是各自独立、毫无关系，把这些看似零碎的冲突组合到一起，已构成戊戌年间一幅市井百态的历史画卷，这就是我们开头提到的老舍所说的"一个大茶馆就是一个小社会",也就是说,这些看似零碎的冲突共同构成了一个大的历史冲突——人物与社会的冲突:恶人当道,民生凋敝。所以在第三幕中,王利发、常四爷和秦仲义三个不同性格和身份的人,在这黑暗荒唐的时代殊途同归,一起走向末路,才会为活着的自己撒纸钱出殡,老舍也以此为这段历史送葬,在第一幕的结尾出现了两个下棋的茶客,说:"将!你完啦!"

　　老舍的京味还表现在对北京民风民俗的描绘上,像第一幕开头那样,描摹某个地域在特殊时代的风俗万象的舞台说明,也许只有老舍的戏剧才会如此。而且老舍还会用这些民俗去展开情节,塑造人物,表现时代和文化,如我们上面提到三个老人为自己发丧出殡。更多的例子留待同学们自己去体会了。

问题与思考

　　一、简析《茶馆》的戏剧冲突特点。(没有贯穿戏剧始终的冲突;一幕之中众多独立的事件构成各自的戏剧冲突;众多各自独立的零碎冲突合在一起使戏剧的每一幕都充满高潮,也构成了全戏最大的戏剧冲突——人物与时代的矛盾冲突。)

　　二、简析《茶馆》的人物塑造。(老舍在《茶馆》中塑造了三教九流,各种身份的人物;人物虽多,但个性鲜明;用个性化的台词使人物一出场即呈现性格;在比较中突出人物个性;以人物为中心,去反映时代和社会,所以人物有丰富的时代内涵。)

　　三、朗读《茶馆》一些对白,体会话剧的语言特点以及老舍创作语言的"京味"。

拓展阅读

　　冉忆桥、李振潼:《老舍剧作研究》,华东师范大学出版社1988年版。

卧虎藏龙(节选)

王蕙玲

110 内
场景：雄远镖局二厅供
人物：玉娇龙，余秀莲
时间：日
〔俞秀莲给孟思昭的牌位上香，心情有点愧疚。突然听到一点动静，她转身，玉娇龙一身狼狈地出现在她面前。俞秀莲见到她心里高兴，同时松下一口气。

111 内
场景：雄远镖局俞秀莲房
人物：玉娇龙，余秀莲
时间：日
〔俞秀莲为玉娇龙换衣服。
玉娇龙：姐姐！
〔俞秀莲打开箱笼翻找衣服。
〔玉娇龙已经梳洗过，穿着白布衫子，坐在俞秀莲床上，俞秀莲拿衣服过来在她身边坐下。
俞秀莲：(软中带硬)既然是找我，就得有个样子。
玉娇龙：(伛着)我不过是求个干净衣裳，又不是来做客。
俞秀莲：你的本事挺大的，不必我给你吧！
〔玉娇龙看她，显然俞秀莲已经耳闻她在外面闯下的祸事。
玉娇龙：——我也只是路过——想看看你，你——
〔玉娇龙赌气看着俞秀莲，突然眼一红抱着她便大哭。
玉娇龙：(呜咽)姐姐！——

俞秀莲: 好了！祸也闯了,也知道道儿上是怎么回事了。(注视玉娇龙的双眼)你来,就是心里真有我这个姐姐,既这样,道理得说清楚。可以不嫁,父母不能丢下。

玉娇龙: 就是他们叫我嫁人的呀！

俞秀莲: 先让爹娘放心,你与小虎的事,你看着办！

〔玉娇龙一听惊起。

玉娇龙: 你知道罗小虎——

俞秀莲: (点头)他是一片真心,你们俩的事还有商量。歇一下,跟我回北京,没有商量不成的事。

〔玉娇龙慌乱中几乎被俞秀莲说服。

玉娇龙: 他在哪里？

俞秀莲: 李慕白已安排了。

玉娇龙: (吃惊地)李慕白？

俞秀莲: 李慕白让他去武当山了。

玉娇龙: 你们都是一起的。给我下套儿。我走！

俞秀莲: 娇龙！你再任性,我就帮不了你了！我早就看出是你拿了青冥剑,替你瞒着,怕毁了你。结果,你毁了所有人,还在任性！

玉娇龙: 你才任性！我瞧你非成了老姑娘！

俞秀莲: 老姑娘又怎么样？

〔玉娇龙和俞秀莲在房里就打起来,玉娇龙并不想真打,于是蹿窗出去,脚上连鞋也没穿,俞秀莲一犹豫没有拿刀,徒手追出去。

112 外

场景:雄远镖局

人物:玉娇龙,俞秀莲,李慕白,刘泰保,众镖师

时间:日

〔玉娇龙使轻功纵身到大院,镖师一惊都拿起武器。

俞秀莲: 娇龙——

〔玉娇龙一急就拔出青冥剑挥过去。

俞秀莲: 好！说翻脸就翻脸！

〔俞秀莲就地从架子上拿起兵器,玉娇龙和俞秀莲打起来。

〔玉娇龙发怒地挥着青冥剑,俞秀莲招架时兵器皆折损,镖局院子里所有的兵器都派上了用场,展现了俞秀莲深厚的江湖功底。

〔俞秀莲使鞭缠她的手,玉娇龙被鞭了几下,更怒,使出威猛的剑招,俞秀莲居下风,几支兵器相继被打断。

玉娇龙: 今天教你看看是李慕白行,还是我行!——杨枝滴露,腕底翻云,三环套月,苍龙入海!

〔玉娇龙一开杀便不能控制劲道,一剑劈向俞秀莲,俞秀莲闪躲不及,手臂被兵器划伤,幸亏李慕白一剑挡过来,站在俞秀莲身前。李慕白见俞秀莲受伤,愤怒。

李慕白: 你不配用这把剑!——

〔玉娇龙看到李慕白有点儿愣住,这是她第一次正面带剑与他相会。

玉娇龙: 又来个教训人的,看剑!

〔玉娇龙和李慕白开战,两人剑光来去,所有的人都目瞪口呆。

〔玉娇龙轻功上房,李慕白也飞上去。此时刘泰保①也快马赶到。

李慕白: 到此为止吧!

玉娇龙: 从今后我认剑不认人!

〔玉娇龙伤心愤怒说不清,只想尽快逃出这纷乱的场面,她施展轻功,李慕白立刻以轻功跟随。现场没有人能以这样的轻功跟去。

〔院子里刘泰保和镖师扶受伤的俞秀莲。

113 外

场景:竹林

人物:玉娇龙,李慕白

时间:日

〔玉娇龙落地跑了一段,眼前是一片竹海,自己还是一身白衫,染了泥脏污不堪,此时连飞鸟振翅都让她心惊抬头。李慕白没有追来,但耳边却是沙沙的风吹竹叶声,此时云低天正起风。

〔突然李慕白以声东击西的极快手法从上方飞下来,玉娇龙出手不及,青冥剑让李慕白拿到手。玉娇龙几乎要急哭了。

玉娇龙: 我跟你拼了!

〔李慕白把剑插在背后,转身就使轻功飞。飞身站在竹梢上。

---

① [刘泰保]铁贝勒府的护院。

玉娇龙也提气以轻功站到另一根竹梢上。

李慕白:好!

〔玉娇龙发现她为了保持平衡不能乱动,眼前李慕白则是笔直地站着。

李慕白:当日古寺留一步给你,是要见你的本心!

玉娇龙:你们这些老酱油,怎么见得到本心。要见本心,拿青冥剑来换!

李慕白:(笑着摇头)要青冥剑?来拿就是了。

〔两人在竹海上飞,最后玉娇龙飞到李慕白站的同一根竹子上,此时此刻两人一举一动都息息相关。稍一挪动都有坠落的可能。

〔李慕白站在竹梢上,玉娇龙企图移动使他坠落,但竹子再弯李慕白还是能找到一个平衡点。

李慕白:道生两极,两极成道,法自然。

〔玉娇龙向下移动竹子几乎把李慕白举起,李慕白仍在平衡之中。

李慕白:欲速则不达。

〔李慕白一提气离开竹子,竹子打直,玉娇龙摔到地上,她奋而起身追赶李慕白,两人在竹林间对打。

玉娇龙:把剑给我!

李慕白:今天阴阳两气相激,倒让我心有所得。不过你输了,剑是拿不到了。

玉娇龙:高兴,陪你玩玩,不高兴,你得陪我玩!

114 外

场景:激流溪谷

人物:玉娇龙,李慕白

时间:日

〔玉娇龙追到湍急的激流里才发现李慕白站在一块方圆不过几尺的大石头上。玉娇龙也飞身到大石上。

〔两人对打,玉娇龙突然一仰身差点摔到激流里。

李慕白:稳住。

〔李慕白伸手一拉,玉娇龙借力转到他身后夺到青冥剑,把剑挂在李慕白颈边!

玉娇龙:服不服气？嗯？

李慕白:(笑着)还是那句话,我来教你心诀!

玉娇龙:现在是我教你吧!

李慕白:那你就教我离开这块石头。

〔玉娇龙要使轻功,却不知李慕白早已过气入地,地气作用使得玉娇龙竟连纵身跳都很难跳起来。

李慕白:我已逼气入地,要离开,除非断我这口气!

玉娇龙:断就断!

〔玉娇龙把剑就架在李慕白的脖子上。李慕白看着她,玉娇龙不能下手。

李慕白:瞧! 杀人不过一眨眼——难的是——剑下留情!

〔李慕白只用一根手指就轻轻地便把剑挪开了。玉娇龙觉得自己像是被催眠了一样,不能有自主的能力。

李慕白:你的气只练到"玄机穴"就上不去了。你心里清楚,你迷路了。我会为你解开玄机。

玉娇龙:原来心诀也藏私!

李慕白:不是藏私。男女的练法不一样,心诀讲的是男人的练法。

玉娇龙:那你凭什么做女人的师父?

李慕白:剑法有阴阳相成,阴可以是女人。

玉娇龙:为什么阴非是我?

〔竹海风声,李慕白答以很长的沉默。

玉娇龙:好吧,三招之内你能把青冥剑拿回,我就跟你走!

李慕白:(大笑)怕是想先离了这石头吧!

〔李慕白动手。他一旦决定攻击目标,身手便是快狠准! 瞬间,青冥剑又回到他的手上。

李慕白:嗯?

玉娇龙:(气急败坏)剑还我!

李慕白:拜师!

玉娇龙:你做梦!

李慕白:那剑就没用了。

115 外

场景:激流溪谷

人物:玉娇龙,李慕白,碧眼狐狸

时间:日

〔李慕白以狠逼狠,一横心把青冥剑丢到激流里,玉娇龙万万没想到,她焦急地看着剑,竟然不要命地飞身到激流里去找剑。李慕白也愣住。他飞跃大石,玉娇龙拿到剑,人却被激流卷得载浮载沉,李慕白以轻功在水上跑。碧眼狐狸突然出现,以铁爪勾住树干,荡入河谷,拦腰抱起昏厥的玉娇龙。

碧眼狐狸: 娇龙!

〔李慕白眼睁睁看着正邪交战中的玉娇龙被碧眼狐狸带走。激流上开始飘起雨来,李慕白纵身追赶。

116 内

场景:废弃作坊

人物:碧眼狐狸,玉娇龙

时间:雨日

〔碧眼狐狸在熬炼一种药,她把银针沾裹上药,再送到灯上烧,银针烧出嗞嗞的声音,冒出细细一缕青烟。

〔玉娇龙头被溪中巨石撞击昏迷,碧眼狐狸为她疗伤,为她针灸。

〔玉娇龙醒转来,碧眼狐狸望着她,两人对望时感觉依稀像从前一样。

碧眼狐狸: 我知道那帮人早晚要把你逮回去!——你爹娘是要面子的人,哪能容你再进家门?——

〔玉娇龙想着再也不能回家,眼泪便溢出眼眶。

碧眼狐狸: 哪——家有什么好,既出来了,我们到处去走,天下无敌手。你还是我的千金小姐,人生一世,不就是图个痛快吗?这下倒好了,我们可以做自己的主了。你我都是自己的唯一的亲人。

〔玉娇龙看着碧眼狐狸,虚弱得说不出话。

碧眼狐狸: 躺一会儿,——别乱动?

〔碧眼狐狸看了宝剑一眼,玉娇龙起初仍十分戒备地握住宝剑,但碧眼狐狸并没有要拿走她的剑的意思。碧眼狐狸便离开。离开前点了香。

117 外

场景:废弃作坊

人物：碧眼狐狸

时间：日

〔碧眼狐狸在雨中疾步而行，明知有人跟随却做诱敌状。

118 内外

场景：俞透莲房

人物：吴妈，俞秀莲，碧眼狐狸

时间：日

〔吴妈为俞秀莲包扎完伤口。

吴　　妈：这样儿的疯丫头，杀了算了。

俞秀莲：下不去手。

吴　　妈：嘿，李慕白也许下得了手了。

〔俞秀莲怀疑地摇头。

〔俞秀莲察觉到窗外有动静。

〔俞秀莲冲出去，看到碧眼狐狸转身疾走。

119 内

场景：废弃作坊

人物：李慕白

时间：日

〔李慕白小心地来到废弃作坊。他占据了一个靠近大门的位置。天下起雨来。

120 内

场景：废弃作坊

人物：玉娇龙

时间：日

〔玉娇龙醒来，浑身烧得燥热，心如火焚，她拿起一只杯子喝了一口——没有水。玉娇龙扔掉空杯子站起来，见屋内漏雨便走了过去。

121 内

场景：废弃作坊

人物：玉娇龙，李慕白

时间：日

〔玉娇龙走到破瓮处接水，朝天扬起脸接喝落下的雨水。干渴止住了，玉娇龙一转身发现李慕白站在不远处。她一边嘴里咕噜着,一边步履蹒跚地向李慕白走去。

玉娇龙:你要剑……还是要我?

〔玉娇龙跌倒在李慕白的怀里。李慕白搭住她的手腕为她诊脉,然后看着她的眼睛。

李慕白:你中毒了。先排毒。

〔玉娇龙扯开自己的衣襟。李慕白以极快的掌法找穴位,点住几个穴位之后一掌打过去,玉娇龙扑倒在地,口吐一口黑血,玉娇龙昏眩过去。

〔李慕白把玉娇龙抱向窟内一角落。他见着那炷香,把它掐熄。

122 内

场景:废弃作坊

人物:玉娇龙,李慕白,俞秀莲,刘泰保,碧眼狐狸

时间:日

〔李慕白贴近看玉娇龙。

〔李慕白突然惊醒。

李慕白:碧眼狐狸哪去了?

〔玉娇龙摇头。

〔这时门外一阵响动。俞秀莲和刘泰保推门进来。俞秀莲看着玉娇龙。

俞秀莲:怎么了?

李慕白:碧眼狐狸给她施了毒。你们怎么来的?

俞秀莲:碧眼狐狸往这边走,我们跟来的。

李慕白:小心!

〔与此同时,一束针雨点般地飞向玉娇龙,李慕白挥臂左拨右挡,令人眼花缭乱,飞针纷纷落地。碧眼狐狸现身。

〔李慕白运足气一掌击过去,碧眼狐狸中掌,飞出去摔落地上。

玉娇龙:(惊喊)师娘!

〔玉娇龙挥剑上前。

〔李慕白两下把青冥剑夺来,一剑刺向碧眼狐狸。

〔玉娇龙眼看高师娘被青冥剑划过,片刻,血逐渐渗出。

〔玉娇龙奔到高师娘身边,眼中怀恨带泪,她想到多年来她与高师娘习武的心血,她看着李慕白。

玉娇龙：你报了师仇，现在该轮到我了！

〔玉娇龙在纷乱中失去心智，飞身抢夺青冥剑。

〔此时碧眼狐狸一命未毕，从袖里拿出暗藏的梅花毒针。当毒针出手，目标竟不是李慕白，而是玉娇龙。十多根毒针各依穴位飞出。

〔李慕白先听见飞针声音，他挡掉针拉住玉娇龙把她甩到另一边，却有两针射中颈部。俞秀莲看见针头是黑的。

俞秀莲：是毒针！

碧眼狐狸：(冷笑)虽然仍然死也不冤——徒弟不肖，我要的是玉娇龙的命！

〔玉娇龙愣住，回身看着高师娘。

碧眼狐狸：十年苦心，就因为你一肚子坏水，隐藏心诀，才害得我苦练无成，而你——却是剑艺精进，什么是毒？一个八岁的孩子能有这种心机，这才是毒！——娇龙！我唯一的亲——唯一的仇！

〔高师娘行将气绝，俞秀莲飞奔过去一把提起她。

俞秀莲：你不能死！——告诉我！你用的是什么毒？——什么毒？——

〔俞秀莲连连打她让她恢复意识。

碧眼狐狸：——你解不了！——我的梅花针毒——无人能解！即使是——江南鹤！

〔高师娘说完便气绝。

〔李慕白一听到梅花针，脸色苍白。

俞秀莲：慕白！你快想想！——梅花针可有解方？

李慕白：——师父江南鹤就是送命在梅花针下！

〔俞秀莲一凉，所有的人都愣住了，尤其是玉娇龙，当她知道高师娘是要杀她时，她的脑门已经一棒被打空了，再一听李慕白这么说，她更是傻，她不信武功高强的李慕白会被两根针夺走性命。

〔俞秀莲悲恸地抓着他。

俞秀莲：一定有解！一定能解！——相生相削，怎么可能一物不能削一物？

李慕白：——一物能削一物——只是玉石俱焚而已！

〔李慕白说时看着玉娇龙。

〔俞秀莲悲恸中看着玉娇龙，不顾身上的伤朝她挥刀而去。

俞秀莲：该玉石俱焚的是我跟你！你一人毁了所有的人！——我杀了你这祸根！

玉娇龙：(退挡)俞姐！——

俞秀莲：哼！我恨我对你还有过一点姐妹之情！

玉娇龙：我是真心的！

俞秀莲：你要置人于死地也是真心的！

李慕白：秀莲——

〔俞秀莲一阵狂打，把玉娇龙逼到边缘，玉娇龙受死的神情。俞秀莲突然停手喘息，安静的片刻，俞秀莲、玉娇龙含泪凝视彼此。

玉娇龙：我知道解梅花针毒的药方。药材很普通，只是煎起来麻烦，要花时间。

〔俞秀莲转脸看见李慕白脸上出现一线希望。

俞秀莲：慕白！

李慕白：——以我的内力，只有一个对时！——

玉娇龙：(微颤着)——我去！

〔众皆愣然。

玉娇龙含着眼泪望着俞秀莲。

玉娇龙：我去找药！你守在这里！——相信我，你们救了我，我要救他！

俞秀莲：你要我把慕白的性命交给你？——

〔俞秀莲望着她，李慕白在两人之间，两人都落了泪。

玉娇龙：——让我去找药！我这就去！

俞秀莲：——你骑马去我的镖局，那儿有刀枪草药，也许配出解药了。(拔下头上的簪给玉)给吴妈这个看，她就会帮你，快去！

123 外

场景：野外

人物：玉娇龙

时间：日

〔玉娇龙骑马狂奔，雨中。

124 外

场景：废弃作坊

人物：刘泰保，碧眼狐狸

时间:傍晚/夜

〔刘泰保冒雨挖一个坑,把碧眼狐狸拖进去,心有不甘地刨土挖坑。

刘泰保:我老岳丈,还有李慕白,你这一命太"值钱",该教你暴尸荒野,让野狗啃骨头!——就怕又生出一只狐狸狗!——

〔刘泰保望着阴霾的天空,计算时间,心焦地望着远方。

124A 内外

场景:雄远镖局

人物:玉娇龙,吴妈,镖局趟子手

时间:夜

〔玉娇龙骑马冲进镖局大门,趟子手们手执武器涌出。

趟子手甲:又是她!

〔趟子手们涌上。玉娇龙骑马冲开趟子手,一边游走,一边喊。

玉娇龙:吴妈!吴妈在哪里?!吴妈!

〔吴妈出现在堂门口。

玉娇龙:(掏出玉簪)这是俞姐的!俞姐叫我来!

125 内

场景:废弃作坊

人物:李慕白,俞秀莲

时间:夜

〔李慕白盘腿打坐守住真气,俞秀莲拥在李身上扶持着他,见他额上一颗颗汗珠,便心急,泪如雨下。她以指拭眼泪不愿惊动李慕白,也闭目以意护持。

〔李慕白睁开眼看着她,摸出怀中的玉钗,递给俞。

〔俞秀莲望着他,再也忍不住哭泣了。

俞秀莲:慕白,守住气!

〔李慕白点点头,把目闭上。俞秀莲紧握那支玉钗,悲恸不能自抑。

〔黑暗中,俞秀莲拥着李慕白,变得平静。

李慕白:这些年,其实我们一直可以这样在一起!秀莲——嫁给我——

俞秀莲:慕白,守住啊!

李慕白:我——不愿意成了鬼魂,才可以爱你!——

俞秀莲:(动情大哭)我早就答应了啊!

126 外

场景:路上

人物:玉娇龙

时间:清晨

〔朝阳初起时,一匹快马在路上疾驰,玉娇龙手里捧着药包,满怀希望。马鞭更是使劲。

126A 内

场景:废弃作坊

人物:俞秀莲,李慕白,玉娇龙,刘泰保

时间:日

〔李慕白环着俞秀莲侧着身,双手交握。阳光照着俞秀莲的眼睛,俞秀莲泪痕已干,将那只握着她但僵硬的手轻轻地扳开。

〔俞秀莲拿起剑示意刘泰保过来。

俞秀莲:剑,就托你还到府上吧。

〔刘泰保接过剑,看看俞,看看李,再看看玉,向洞外走去。

〔俞秀莲与玉娇龙凝视彼此。

〔玉娇龙走到李慕白身边,李慕白卧在稻草间熟睡的神情。

〔玉娇龙过去跪下,放下药,慢慢递还玉簪给俞,俞将它插入玉的头发。

俞秀莲:这本来是我结婚要用的,现在来不及了。

俞秀莲:若你和小虎是真的,马上去武当山找他。

〔玉动情大哭。

127 外

场景:武当山寺庙

人物:

时间:日

〔雄伟的寺庙坐落在武当山的险峰之巅。

128 内

场景:武当山寺庙

人物:玉娇龙,罗小虎

时间:傍晚/夜

〔玉娇龙、罗小虎走到罗小虎的床边。两人相对而跪,四目相对。

129 外

场景:武当山

人物:玉娇龙,罗小虎

时间:日

〔玉娇龙与罗小虎爬上崖顶,层层白云覆盖着山下的峡谷。

罗小虎:龙妹!

玉娇龙:还记得你说的故事吗?

罗小虎:心诚则灵!

玉娇龙:——许个愿吧!小虎!

罗小虎:(闭上眼)一起回新疆!

〔就这一刹那,玉娇龙笑着转身轻轻将身一纵,抛出山巅,抛向云端,轻似一片飞鸿,荡入云海,一重过一重……云朵好像轻轻地把她抓住,然后便消失不见了。

〔罗小虎则仍然站立不动。他笑了,眼泪流满脸颊。

(选自剧本《卧虎藏龙》,对外翻译出版公司 2000 年版)

阅读提示

在中国,电影和话剧都已经诞生上百年,和话剧相比,电影更普及,拥有更多观众,一般认为也更接近通俗文艺。电影融合了戏剧表演、音乐、绘画、雕塑、舞蹈、摄影、文学等多方面的艺术手法与元素以及现代科技手段,是一种杂交的综合艺术。电影创作通常都是先有文学剧本,导演接手后,根据文学剧本转换成分镜头剧本,拍摄过程主要就是按照分镜头剧本进行。所以电影和文学的关系尤其密切,它不仅以电影文学剧本作为整个艺术创作的基础,而且还往往借鉴和发挥文学创作的纪实、叙事、戏剧冲突、诗意、象征等诸多艺术方法。电影还具有商业性,很重视迎合观众的趣味与需求,票房价值会对电影创作产生大的影响。在阅读这篇课文之前,最好能对电影的制作过程及其基本的艺术要求有大致的了解。可以参照"拓展阅读"中提供的书目。

《卧虎藏龙》是 2000 年面世的一部武侠题材影片,曾夺得第 73 届奥斯卡奖十个奖项中的四项大奖。该片由台湾著名导演李安执导。李安希望通过这部电影表现东方古老文明的美妙与神秘,打造具有浓郁东方色彩的视听奇观。在影片中,我们随处可以看到中国地域文化独具特色的各种景致:

戈壁荒漠,雪山冰峰,激流溪谷,苍翠竹海,皇城宫阙,市井庭院,镖局作坊……加上武侠功夫,刀光剑影,飞檐走壁,丹青书画,等等,让人置身于非常"中国化"的氛围中。李安说希望这部电影能产生"一种经典的中国水墨画的效果",他特别使用低反差的胶片拍摄,布景与灯光也都追求中间色调,大部分舍弃了蓝色,造成半现实半抽象的空灵效果,以及"介乎像与不像、真与幻之间"的那种神秘的感觉。建议学习这一课时,能结合观看电影《卧虎藏龙》,体验这种艺术效果。

　　武侠片一般都是靠武打设计和传奇曲折的故事情节吸引人,《卧虎藏龙》虽然具有武侠片的一般特点,但更注重人性描写与心理刻画。李安说他要拍的《卧虎藏龙》是"武侠版的《理智与情感》"。也就是说,影片关注人的生存中理智与情感的关系问题,以及两者矛盾冲突中所体现出来的人生态度与文化取向。我们阅读《卧虎藏龙》时,应当格外注意这一点。而且这也可以引发思考:欣赏娱乐化通俗化的文艺作品,包括电影电视,也有一个文化品位高下判断与选择的问题。这是本课学习的目的。

　　电影《卧虎藏龙》是根据现代武侠小说作家王度庐的同名小说改编的。本课是《卧虎藏龙》分镜头剧本的节选,包括影片的高潮与结尾两部分,即竹林打斗、山洞顿悟和山崖忏悔三场戏。为了帮助大家了解《卧虎藏龙》全貌,这里简要介绍一下故事剧情。

　　大侠李慕白欲退出江湖,将自己的青龙剑委托红颜知己俞秀莲带去京城,作为礼物送给贝勒爷收藏。他以此表明要远离江湖恩怨。不料当日夜里就有一伙人来盗取宝剑,俞秀莲奋力阻拦并与盗剑人交手,青龙剑还是被抢走。俞秀莲没有马上把情况报告李慕白,她独自暗中追查青龙剑下落,从蛛丝马迹发现可能是王府小姐玉娇龙一时意气所为;俞秀莲为免伤和气,想用旁敲侧击的办法迫使玉娇龙归还宝剑。

　　没想到节外生枝,玉娇龙归还宝剑时,跟李慕白发生了正面交锋。而李又由此发现玉娇龙和自己一直追查的碧眼狐狸有关系,碧眼狐狸杀害了李的师傅,是李不共戴天的仇敌。原来玉娇龙自幼拜碧眼狐狸为师傅,学习武当上乘功夫,早已青出于蓝。玉娇龙在新疆曾瞒着家人与当地大盗罗小虎私订终身,其父发现后强要她另嫁他人,玉一时性起,冲出家门,浪迹江湖。玉娇龙在江湖上任性使气,对江湖规矩毫不在意,为了自己的爱和江湖梦,到处闹事。俞秀莲和李慕白都爱惜玉娇龙的才能,苦心引导,终不见效。

　　李慕白得知碧眼狐狸踪迹,要雪恨报仇。交手中,李慕白为救玉娇龙,被碧眼狐狸的毒针射中而死。玉娇龙在俞秀莲指点下来到武当山,与罗小虎见上最后一面，却终究无法面对自己造成的悲剧，从山崖纵身一跳，跳入茫茫云海幽谷。

影片中两对情侣互为观照，代表两种人生态度与道德追求。李慕白和俞秀莲彼此相爱多年，只因俞的未婚夫是为救李而死的，他们一直克制自己的感情。这是一对恪守传统道德，以"侠义"作为至善追求的情侣，他们的人生态度是克制、压抑与内敛的。不过李慕白自有能宽慰和调节自己的哲学，他认为"把手握紧，里面什么也没有，把手松开，你拥有的是一切"。他闭关修炼，几乎达到悟道的境界了，却始终放不下心中那份感情，而且感受不到悟道的乐趣，虽然受到江湖人士普遍的景仰，却失去了个人的幸福。直到生命结束前，他才向俞秀莲表白了情感。而玉娇龙代表另外一种人生态度，她无视任何规矩法则，肆意妄为，一切都要为她个人欲望的实现让路，这当然体现了她对青春和自由生命的追求，但由于是非不分，结果伤害了自己的亲人与朋友，导致李慕白的死。最后她选择自杀，是一种忏悔。

影片使用了各种电影语言，衬托表现两种生命状态。整个影片的主色调比较平和宁静，画面反差不大。但在表现玉娇龙与罗小虎沙漠恋情一段时，却在大面积沙漠的黄色背景下，大胆运用了一些浓重的红色，同时镜头切换也节奏加快，跳跃奔腾，呈现激情的调式。《卧虎藏龙》对不同生命状态的表现不是简单的非此即彼，不偏至某一端，而是表现各自的矛盾。这才真是复杂丰富的人生。

本课节选部分有三场戏，其中"竹林打斗"是最精彩的。欣赏时注意电影剧本是如何设计表演与拍摄的，其中人物的行为动作以及对话所体现的不同性格、心理与风范又是如何为演员的表演提供基础与发挥的空间的。

问题与思考

一、有条件的话，组织全班观看电影《卧虎藏龙》，然后各自就观赏体会写一篇1000字左右的评论。

二、你以前读过武侠小说吗？如果读过，可以和电影《卧虎藏龙》给你的印象作些比较，重点是比较其在表现人生状态以及文化氛围等方面的异同。

三、比较老舍的《茶馆》与这篇《卧虎藏龙》，思考一下电影剧本与话剧的剧本有何不同。（根据两种艺术体式的区别来比较。特别要注意电影剧本必须考虑的某些电影制作的要素，如画面、音乐、演出，等等。）

四、如果有兴趣，可以尝试改编一部简短的电影剧本，或者根据学校生活创作一个短的电影剧本,同学们自导自演,用数码摄像机拍成 DV 小电影。

拓展书目

一、王蕙玲等:《卧虎藏龙》,中国对外翻译出版公司 2000 年版。
二、徐葆耕:《电影讲稿》,北京大学出版社 2007 年版。

西文中译

共产党宣言(节选)

〔德〕卡尔·马克思　弗里德里希·恩格斯

一个幽灵,共产主义的幽灵,在欧洲游荡。为了对这个幽灵进行神圣的围剿,旧欧洲的一切势力,教皇和沙皇、梅特涅和基佐、法国的激进派和德国的警察,都联合起来了。

有哪一个反对党不被它的当政的敌人骂为共产党呢?又有哪一个反对党不拿共产主义这个罪名去回敬更进步的反对党人和自己的反动敌人呢?

从这一事实中可以得出两个结论:

共产主义已经被欧洲的一切势力公认为一种势力;

现在是共产党人向全世界公开说明自己的观点、自己的目的、自己的意图并且拿党自己的宣言来反驳关于共产主义幽灵的神话的时候了。

为了这个目的,各国共产党人集会于伦敦,拟定了如下的宣言,用英文、法文、德文、意大利文、弗拉芒文和丹麦文公布于世。

一、资产者和无产者

至今一切社会的历史都是阶级斗争的历史。

自由民和奴隶、贵族和平民、领主和农奴、行会师傅和帮工,一句话,压迫者和被压迫者,始终处于相互对立的地位,进行不断的、有时隐蔽有时公开的斗争,而每一次斗争的结局都是整个社会受到革命改造或者斗争的各阶级同归于尽。

在过去的各个历史时代,我们几乎到处都可以看到社会完全划分为各个不同的等级,看到社会地位分成多种多样的层次。在古罗马,有贵族、骑士、平民、奴隶,在中世纪,有封建主、臣仆、行会师傅、帮工、农奴，而且几乎在每一个阶级内部又有一些特殊的阶层。

从封建社会的灭亡中产生出来的现代资产阶级社会并没有消灭阶级对立。它只是用新的阶级、新的压迫条件、新的斗争形式代替了旧的。

但是，我们的时代，资产阶级时代，却有一个特点：它使阶级对立简单化了。整个社会日益分裂为两大敌对的阵营，分裂为两大相互直接对立的阶级：资产阶级和无产阶级。

从中世纪的农奴中产生了初期城市的城关市民；从这个市民等级中发展出最初的资产阶级分子。

美洲的发现、绕过非洲的航行，给新兴的资产阶级开辟了新天地。东印度和中国的市场、美洲的殖民化、对殖民地的贸易、交换手段和一般商品的增加，使商业、航海业和工业空前高涨，因而使正在崩溃的封建社会内部的革命因素迅速发展。

以前那种封建的或行会的工业经营方式已经不能满足随着新市场的出现而增加的需求了。工场手工业代替了这种经营方式。行会师傅被工业的中间等级排挤掉了；各种行业组织之间的分工随着各个作坊内部的分工的出现而消失了。

但是，市场总是在扩大，需求总是在增加。甚至工场手工业也不再能满足需要了。于是，蒸汽和机器引起了工业生产的革命。现代大工业代替了工场手工业；工业中的百万富翁，一支一支产业大军的首领，现代资产者，代替了工业的中间等级。

……

由此可见，现代资产阶级本身是一个长期发展过程的产物，是生产方式和交换方式的一系列变革的产物。

资产阶级的这种发展的每一个阶段，都伴随着相应的政治上的进展。它在封建主统治下是被压迫的等级，在公社里是武装的和自治的团体，在一些地方组成独立的城市共和国，在另一些地方组成君主国中的纳税的第三等级；后来，在工场手工业时期，它是等级君主国或专制君主国中同贵族抗衡的势力，而且是大君主国的主要基础；最后，从大工业和世界市场建立的时候起，它在现代的代议制国家里夺得了独占的政治统治。现代的国家政权不过是管理整个资产阶级的共同事务的委员会罢了。

资产阶级在历史上曾经起过非常革命的作用。

资产阶级在它已经取得了统治的地方把一切封建的、宗法的和田园诗般的关系都破坏了。它无情地斩断了把人们束缚于天然尊长的形形色色的封建羁绊,它使人和人之间除了赤裸裸的利害关系,除了冷酷无情的"现金交易",就再也没有任何别的联系了。它把宗教虔诚、骑士热忱、小市民伤感这些情感的神圣发作,淹没在利己主义打算的冰水之中。它把人的尊严变成了交换价值,用一种没有良心的贸易自由代替了无数特许的和自力挣得的自由。总而言之,它用公开的、无耻的、直接的、露骨的剥削代替了由宗教幻想和政治幻想掩盖着的剥削。

资产阶级抹去了一切向来受人尊崇和令人敬畏的职业的神圣光环。它把医生、律师、教士、诗人和学者变成了它出钱招雇的雇佣劳动者。

资产阶级撕下了罩在家庭关系上的温情脉脉的面纱,把这种关系变成了纯粹的金钱关系。

资产阶级揭示了,在中世纪深受反动派称许的那种人力的野蛮使用,是以极端怠惰作为相应补充的。它第一个证明了,人的活动能够取得什么样的成就。它创造了完全不同于埃及金字塔、罗马水道和哥特式教堂的奇迹;它完成了完全不同于民族大迁徙和十字军征讨的远征。

资产阶级除非对生产工具,从而对生产关系,从而对全部社会关系不断地进行革命,否则就不能生存下去。反之,原封不动地保持旧的生产方式,却是过去的一切工业阶级生存的首要条件。生产的不断变革,一切社会状况不停的动荡,永远的不安定和变动,这就是资产阶级时代不同于过去一切时代的地方。一切固定的僵化的关系以及与之相适应的素被尊崇的观念和见解都被消除了,一切新形成的关系等不到固定下来就陈旧了。一切等级的和固定的东西都烟消云散了,一切神圣的东西都被亵渎了。人们终于不得不用冷静的眼光来看他们的生活地位、他们的相互关系。

不断扩大产品销路的需要,驱使资产阶级奔走于全球各地。它必须到处落户,到处开发,到处建立联系。

……

资产阶级在它的不到一百年的阶级统治中所创造的生产力,

比过去一切世代创造的全部生产力还要多,还要大。自然力的征服,机器的采用,化学在工业和农业中的应用,轮船的行驶,铁路的通行,电报的使用,整个整个大陆的开垦,河川的通航,仿佛用法术从地下呼唤出来的大量人口,——过去哪一个世纪料想到在社会劳动里蕴藏有这样的生产力呢?

由此可见,资产阶级赖以形成的生产资料和交换手段,是在封建社会里造成的。在这些生产资料和交换手段发展的一定阶段上,封建社会的生产和交换在其中进行的关系,封建的农业和工场手工业组织,一句话,封建的所有制关系,就不再适应已经发展的生产力了。这种关系已经在阻碍生产而不是促进生产了。它变成了束缚生产的桎梏。它必须被炸毁,它已经被炸毁了。

起而代之的是自由竞争以及与自由竞争相适应的社会制度和政治制度、资产阶级的经济统治和政治统治。

现在,我们眼前又进行着类似的运动。资产阶级的生产关系和交换关系,资产阶级的所有制关系,这个曾经仿佛用法术创造了如此庞大的生产资料和交换手段的现代资产阶级社会,现在像一个魔法师一样不能再支配自己用法术呼唤出来的魔鬼了。

……

资产阶级用来推翻封建制度的武器,现在却对准资产阶级自己了。

但是,资产阶级不仅锻造了置自身于死地的武器;它还产生了将要运用这种武器的人——现代的工人,即无产者。

随着资产阶级即资本的发展,无产阶级即现代工人阶级也在同一程度上得到发展;现代的工人只有当他们找到工作的时候才能生存,而且只有当他们的劳动增殖资本的时候才能找到工作。这些不得不把自己零星出卖的工人,像其他任何货物一样,也是一种商品,所以他们同样地受到竞争的一切变化、市场的一切波动的影响。

由于推广机器和分工,无产者的劳动已经失去了任何独立的性质,因而对工人也失去了任何吸引力。工人变成了机器的单纯的附属品,要求他做的只是极其简单、极其单调和极容易学会的操作。因此,花在工人身上的费用,几乎只限于维持工人生活和延续工人后代所必需的生活资料。但是,商品的价格,从而劳动的价格,是同它的生产费用相等的。因此,劳动越使人感到厌恶,工资也就越减少。不仅如此,机器越推广,分工越细致,劳动量也就越增加,这或者是由于工作时间的延长,或者是由于在一定时间内所要求的劳动的增加,机器运转的加速,等等。

现代工业已经把家长式的师傅的小作坊变成了工业资本家的大工厂。挤在工厂里的工人群众就像士兵一样被组织起来。他们是产业军的普通士兵,受着各级军士和军官的层层监视。他们不仅仅是资产阶级的、资产阶级国家的奴隶,他们每日每时都受机器、受监工、首先是受各个经营工厂的资产者本人的奴役。这种专制制度越是公开地把营利宣布为自己的最终目的,它就越是可鄙、可恨和可恶。

……

无产阶级经历了各个不同的发展阶段。它反对资产阶级的斗争是和它的存在同时开始的。

最初是单个的工人,然后是某一工厂的工人,然后是某一地方的某一劳动部门的工人,同直接剥削他们的单个资产者作斗争。他们不仅仅攻击资产阶级的生产关系,而且攻击生产工具本身;他们毁坏那些来竞争的外国商品,捣毁机器,烧毁工厂,力图恢复已经失去的中世纪工人的地位。

在这个阶段上,工人是分散在全国各地并为竞争所分裂的群众。工人的大规模集结,还不是他们自己联合的结果,而是资产阶级联合的结果,当时资产阶级为了达到自己的政治目的必须而且暂时还能够把整个无产阶级发动起来。因此,在这个阶段上,无产者不是同自己的敌人作斗争,而是同自己的敌人的敌人作斗争,即同专制君主制的残余、地主、非工业资产者和小资产者作斗争。因此,整个历史运动都集中在资产阶级手里;在这种条件下取得的每一个胜利都是资产阶级的胜利。

但是,随着工业的发展,无产阶级不仅人数增加了,而且它结合成更大的集体,它的力量日益增长,它越来越感觉到自己的力量。机器使劳动的差别越来越小,使工资几乎到处都降到同样低的水平,因而无产阶级内部的利益、生活状况也越来越趋于一致。资产者彼此间日益加剧的竞争以及由此引起的商业危机,使工人的工资越来越不稳定;机器的日益迅速的和继续不断的改良,使工人的整个生活地位越来越没有保障；单个工人和单个资产者之间的冲突越来越具有两个阶级的冲突的性质。工人开始成立反对资产者的同盟；他们联合起来保卫自己的工资。他们甚至建立了经常性的团体，以便为可能发生的反抗准备食品。有些地方，斗争爆发为起义。

工人有时也得到胜利，但这种胜利只是暂时的。他们斗争的真正成果并不是直接取得的成功，而是工人的越来越扩大的联合。这种联合由于大工业所造成的日益发达的交通工具而得到发展，这种交通工具把各地的工人彼此联系起来。只要有了这种联系，就能把许多性质相同的地方性的斗争汇合成全国性的斗争，汇合成阶级斗争。而一切阶级斗争都是政治斗争。中世纪的市民靠乡间小道需要几百年才能达到的联合，现代的无产者利用铁路只要几年就可以达到了。

无产者组织成为阶级，从而组织成为政党这件事，不断地由于工人的自相竞争而受到破坏。但是，这种组织总是重新产生，并且一次比一次更强大，更坚固，更有力。它利用资产阶级内部的分裂，迫使他们用法律形式承认工人的个别利益。英国的十小时工作日法案就是一个例子。

旧社会内部的所有冲突在许多方面都促进了无产阶级的发展。资产阶级处于不断的斗争中：最初反对贵族；后来反对同工业进步有利害冲突的那部分资产阶级；经常反对一切外国的资产阶级。在这一切斗争中，资产阶级都不得不向无产阶级呼吁，要求无产阶级援助，这样就把无产阶级卷进了政治运动。于是，资产阶级自己就把自己的教育因素即反对自身的武器给予了无产阶级。

其次，我们已经看到，工业的进步把统治阶级的整批成员抛到无产阶级队伍里去，或者至少也使他们的生活条件受到威胁。他们也给无产阶级带来了大量的教育因素。

最后，在阶级斗争接近决战的时期，统治阶级内部的、整个旧社会内部的瓦解过程，就达到非常强烈、非常尖锐的程度，甚至使得统治阶级中的一小部分人脱离统治阶级而归附于革命的阶级，即掌握着未来的阶级。所以，正像过去贵族中有一部分人转到资产阶级方面一样，现在资产阶级中也有一部分人，特别是已经提高到从理论上认识整个历史运动这一水平的一部分资产阶级思想家,转到无产阶级方面来了。

在当前同资产阶级对立的一切阶级中,只有无产阶级是真正革命的阶级。其余的阶级都随着大工业的发展而日趋没落和灭亡,无产阶级却是大工业本身的产物。

……

在无产阶级的生活条件中,旧社会的生活条件已经被消灭了。无产者是没有财产的;他们和妻子儿女的关系同资产阶级的家庭关系再没有任何共同之处了;现代的工业劳动,现代的资本压迫,无论在英国或法国,无论在美国或德国,都是一样的,都使无产者失去了任何民族性。法律、道德、宗教在他们看来全都是资产阶级偏见,隐藏在这些偏见后面的全都是资产阶级利益。

过去一切阶级在争得统治之后,总是使整个社会服从于它们发财致富的条件,企图以此来巩固它们已经获得的生活地位。无产者只有废除自己的现存的占有方式,从而废除全部现存的占有方式,才能取得社会生产力。无产者没有什么自己的东西必须加以保护,他们必须摧毁至今保护和保障私有财产的一切。

过去的一切运动都是少数人的或者为少数人谋利益的运动。无产阶级的运动是绝大多数人的、为绝大多数人谋利益的独立的运动。无产阶级,现今社会的最下层,如果不炸毁构成官方社会的整个上层,就不能抬起头来,挺起胸来。

如果不就内容而就形式来说,无产阶级反对资产阶级的斗争首先是一国范围内的斗争。每一个国家的无产阶级当然首先应该打倒本国的资产阶级。

在叙述无产阶级发展的最一般的阶段的时候,我们循序探讨了现存社会内部或多或少隐蔽着的国内战争,直到这个战争爆发为公开的革命,无产阶级用暴力推翻资产阶级而建立自己的统治。

我们已经看到,至今的一切社会都是建立在压迫阶级和被压迫阶级的对立之上的。但是,为了有可能压迫一个阶级,就必须保证这个阶级至少有能够勉强维持它的奴隶般的生存的条件。农奴曾经在农奴制度下挣扎到公社成员的地位,小资产者曾经在封建专制制度的束缚下挣扎到资产者的地位。现代的工人却相反,他们并不是随着工业的进步而一上升,而是越来越降到本阶级的生存条件以下。工人变成赤贫者,贫困比人口和财富增长得还要快。

由此可以明显地看出,资产阶级再不能做社会的统治阶级了,再不能把自己阶级的生存条件当作支配一切的规律强加于社会了。资产阶级不能统治下去了,因为它甚至不能保证自己的奴隶维持奴隶的生活,因为它不得不让自己的奴隶落到不能养活它反而要它来养活的地步。社会再不能在它统治下生存下去了,就是说,它的生存不再同社会相容了。

　　资产阶级生存和统治的根本条件,是财富在私人手里的积累,是资本的形成和增殖;资本的条件是雇佣劳动。雇佣劳动完全是建立在工人的自相竞争之上的。资产阶级无意中造成而又无力抵抗的工业进步,使工人通过结社而达到的革命联合代替了他们由于竞争而造成的分散状态。于是,随着大工业的发展,资产阶级赖以生产和占有产品的基础本身也就从它的脚下被挖掉了。它首先生产的是它自身的掘墓人。资产阶级的灭亡和无产阶级的胜利是同样不可避免的。

(选自马克思、恩格斯《共产党宣言》引言与第一章,
人民出版社1997年版。有删节)

阅读提示

　　卡尔·马克思(1818—1883)和弗里德里希·恩格斯(1820—1895),都是德国社会理论家,他们长期合作,给社会主义、也给现代整个工人运动提供了科学基础的理论,是马克思主义的创始人,也是世界思想史上最有影响的人物。

　　马克思和恩格斯是我们非常熟悉的名字,他们的思想理论和中国一个多世纪以来的社会变革息息相关,现在年轻的同学对马、恩著作的了解不一定很多,这里选收了《共产党宣言》的一部分,给大家学习。1848年2月24日,《共产党宣言》在伦敦出版,这是马、恩为共产主义者同盟第二次代表大会起草的政党纲领,也是科学共产主义的第一个纲领性文件。《共产党宣言》包括导言和正文四章。这里节选的是导言和第一章。在这部经典文献中,马、恩运用历史唯物主义观点,分析了资产阶级和无产阶级产生的社会经济基础,以及无产阶级为实现自己的权利而展开对资产阶级斗争的历史过程,揭示了资本主义社会基本的矛盾运动,指出"至今一切社会的历史都是阶级斗争的历史",而"一切阶级斗争都是政治斗争"。《共产党宣言》满怀信心地宣布:"资产阶级的灭亡和无产阶级的胜利是同样不可避免的。"这个有名的论断曾经极大地鼓舞全世界包括中国的几代革命者。

学习这个经典文献,除了领会唯物史观观察社会的锐利角度,还应当认真体会无产阶级运动和革命斗争历史中所形成的人类美好理想和改革社会的使命感,并从中感受革命前驱者的人格精神和理论力量。马克思主义的影响至今弥漫在我们现实生活的各个部分,马克思主义仍然是我国建设社会主义的根本指导思想。读一点马、恩的著作,了解那些曾经极大地改变了中国命运的思想理论,增强我们对于历史以及当今社会现实的理解力和观察力,是非常必要的。

这部经典是纲领、宣言,也是预言和檄文,其理论思辨色彩浓烈,逻辑严谨周密,言辞简洁精辟,读来气势磅礴、激情澎湃,极富感染力和鼓动性。我们惊叹,当某种强大的思想力穿透一篇著作时,竟能形成如此波澜壮阔的局面!这样洪钟大吕式的革命文风曾经影响深远。一百五十多年过去了,即使现在处于和平年代,重读这部经典,我们仍然会受到极大的感动和激励。我们能体会到那种充沛的使命感和斗争意志以及通过激情文字所传达的雄强劲健之美,真是一种难得的审美收获。

问题与思考

一、《共产党宣言》怎样论述资产阶级所赖于形成的历史条件及其与无产阶级的对立关系?其中如何体现唯物史观的立场?(重点是分析"资产者与无产者"一章。资产阶级产生的历史。资产阶级曾经有过的革命作用。资产阶级的生产关系和交换关系。工人阶级的出现及其与资产阶级的斗争关系。这些要点分析,都贯彻了那种通过经济基础变迁以及阶级关系来观察分析社会历史的唯物史观。)

二、试用三至五句简明精辟的句子(或者选录《共产党宣言》中重要的句子)概括《共产党宣言》的要旨。(最好能通读全本《共产党宣言》,从中选取最重要而且影响最大的某些论说观点。)

三、朗读《共产党宣言》,体会并分析其严密的逻辑性和思辨色彩,以及雄强劲健的文风。(要总体把握,兼顾逻辑、理论思辨和文字、修辞、节奏等诸多方面。可以举例说明。)

拓展阅读

一、〔德〕海因里斯、格姆科夫等著,易廷镇、侯焕良译:《马克思传》,人民出版社2000年版。

二、〔德〕海因里斯、格姆科夫等著,易廷镇、侯焕良译:《恩格斯传》,人民出版社 2000 年版。

三、《马克思恩格斯选集》,人民出版社出版。

罗密欧与朱丽叶（节选）

〔英〕威廉·莎士比亚

第二幕

第一场

同前。凯普莱特家的花园

罗密欧上。

罗密欧 没有受过伤的才会讥笑别人身上的创痕。（朱丽叶自上方窗户中出现）轻声！那边窗子里亮起来的是什么光？那就是东方，朱丽叶就是太阳！起来吧，美丽的太阳！赶走那妒忌的月亮，她因为她的女弟子比她美得多，已经气得面色惨白了。既然她这样妒忌着你，你不要忠于她吧；脱下她给你的这一身惨绿色的贞女的道服，它是只配给愚人穿的。那是我的意中人；啊！那是我的爱；唉，但愿她知道我在爱着她！她欲言又止，可是她的眼睛已经道出了她的心事。待我去回答她吧；不，我不要太卤莽，她不是对我说话。天上两颗最灿烂的星，因为有事他去，请求她的眼睛替代它们在空中闪耀。要是她的眼睛变成了天上的星，天上的星变成了她的眼睛，那便怎样呢？她脸上的光辉会掩盖了星星的明亮，正像灯光在朝阳下黯然失色一样；在天上的她的眼睛，会在太空中大放光明，使鸟儿误认为黑夜已经过去而唱出它们的歌声。瞧！她用纤手托住了脸，那姿态是多么美妙！啊，但愿我是那一只手上的手套，好让我亲一亲她脸上的香泽！

朱丽叶 唉！

罗密欧	她说话了。啊!再说下去吧,光明的天使!因为我在这夜色之中仰视着你,就像一个尘世的凡人,张大了出神的眼睛,瞻望着一个生着翅膀的天使,驾着白云缓缓地驰过了天空一样。
朱丽叶	罗密欧啊,罗密欧!为什么你偏偏是罗密欧呢?否认你的父亲,抛弃你的姓名吧;也许你不愿意这样做,那么只要你宣誓做我的爱人,我也不愿再姓凯普莱特了。
罗密欧	(旁白)我还是继续听下去呢,还是现在就对她说话?
朱丽叶	只有你的名字才是我的仇敌;你即使不姓蒙太古,仍然是这样的一个你。姓不姓蒙太古又有什么关系呢?它又不是手,又不是脚,又不是手臂,又不是脸,又不是身体上任何其他的部分。啊!换一个姓名吧!姓名本来是没有意义的;我们叫做玫瑰的这一种花,要是换了个名字,它的香味还是同样的芬芳;罗密欧要是换了别的名字,他的可爱的完美也决不会有丝毫改变。罗密欧,抛弃了你的名字吧;我愿意把我整个的心灵,赔偿你这一个身外的空名。
罗密欧	那么我就听你的话,你只要把我叫做爱,我就重新受洗,重新命名;从今以后,永远不再叫罗密欧了。
朱丽叶	你是什么人,在黑夜里躲躲闪闪地偷听人家的话?
罗密欧	我没法告诉你我叫什么名字。敬爱的神明,我痛恨我自己的名字,因为它是你的仇敌;要是把它写在纸上,我一定把这几个字撕成粉碎。
朱丽叶	我的耳朵里还没有灌进从你嘴里吐出来的一百个字,可是我认识你的声音;你不是罗密欧,蒙太古家里的人吗?
罗密欧	不是,美人,要是你不喜欢这两个名字。
朱丽叶	告诉我,你怎么会到这儿来,为什么到这儿来?花园的墙这么高,是不容易爬上来的;要是我家里的人瞧见你在这儿,他们一定不让你活命。
罗密欧	我借着爱的轻翼飞过园墙,因为砖石的墙垣是不能把爱情阻隔的;爱情的力量所能够做到的事,它都会冒险尝试,所以我不怕你家里人的干涉。
朱丽叶	要是他们瞧见了你,一定会把你杀死的。

罗密欧　唉！你的眼睛比他们二十柄刀剑还厉害；只要你用温柔的眼光看着我,他们就不能伤害我的身体。

朱丽叶　我怎么也不愿让他们瞧见你在这儿。

罗密欧　朦胧的夜色可以替我遮过他们的眼睛。只要你爱我,就让他们瞧见我吧；与其因为得不到你的爱情而在这世上捱命,还不如在仇人的刀剑下丧生。

朱丽叶　谁叫你找到这儿来的？

罗密欧　爱情怂恿我探听出这一个地方；他替我出主意,我借给他眼睛。我不会操舟驾舵,可是倘使你在辽远辽远的海滨,我也会冒着风波寻访你这颗珍宝。

朱丽叶　幸亏黑夜替我罩上了一重面幕,否则为了我刚才被你听去的话,你一定可以看见我脸上羞愧的红晕。我真想遵守礼法,否认已经说过的言语,可是这些虚文俗礼,现在只好一切置之不顾了！你爱我吗？我知道你一定会说"是的"；我也一定会相信你的话；可是也许你起的誓只是一个谎,人家说,对于恋人们的寒盟背信,天神是一笑置之的。温柔的罗密欧啊！你要是真的爱我,就请你诚意告诉我；你要是嫌我太容易降心相从,我也会堆起怒容,装出倔强的神气,拒绝你的好意,好让你向我婉转求情,否则我是无论如何不会拒绝你的。俊秀的蒙太古啊,我真的太痴心了,所以也许你会觉得我的举动有点轻浮；可是相信我,朋友,总有一天你会知道我的忠心远胜过那些善于矜持作态的人。我必须承认,倘不是你乘我不备的时候偷听去了我的真情的表白,我一定会更加矜持一点的；所以原谅我吧,是黑夜泄漏了我心底的秘密,不要把我的允诺看做无耻的轻狂。

罗密欧　姑娘,凭着这一轮皎洁的月亮,它的银光涂染着这些果树的梢端,我发誓——

朱丽叶　啊！不要指着月亮起誓,它是变化无常的,每个月都有盈亏圆缺；你要是指着它起誓,也许你的爱情也会像它一样无常。

罗密欧　那么我指着什么起誓呢？

朱丽叶　不用起誓吧；或者要是你愿意的话,就凭着你优美的自身

|罗密欧| 要是我的出自深心的爱情——
|朱丽叶| 好,别起誓啦。我虽然喜欢你,却不喜欢今天晚上的密约;它太仓促、太轻率、太出人意外了,正像一闪电光,等不及人家开一声口,已经消隐了下去。好人,再会吧!这一朵爱的蓓蕾,靠着夏天的暖风的吹拂,也许会在我们下次相见的时候,开出鲜艳的花来。晚安,晚安!但愿恬静的安息同样降临到你我两人的心头!
|罗密欧| 啊!你就这样离我而去,不给我一点满足吗?
|朱丽叶| 你今夜还要什么满足呢?
|罗密欧| 你还没有把你的爱情的忠实的盟誓跟我交换。
|朱丽叶| 在你没有要求以前,我已经把我的爱给了你了;可是我倒愿意重新给你。
|罗密欧| 你要把它收回去吗?为什么呢,爱人?
|朱丽叶| 为了表示我的慷慨,我要把它重新给你。可是我只愿意要我已有的东西:我的慷慨像海一样浩渺,我的爱情也像海一样深沉;我给你的越多,我自己也越是富有,因为这两者都是没有穷尽的。(乳媪在内呼唤)我听见里面有人在叫;亲爱的,再会吧!——就来了,好奶妈!——亲爱的蒙太古,愿你不要负心。再等一会儿,我就会来的。(自上方下。)
|罗密欧| 幸福的,幸福的夜啊!我怕我只是在晚上做了一个梦,这样美满的事不会是真实的。

朱丽叶自上方重上。

|朱丽叶| 亲爱的罗密欧,再说三句话,我们真的要再会了。要是你的爱情的确是光明正大,你的目的是在于婚姻,那么明天我会叫一个人到你的地方来,请你叫他带一个信给我,告诉我你愿意在什么地方、什么时候举行婚礼;我就会把我的整个命运交托给你,把你当做我的主人,跟随你到天涯海角。
|乳　媪| (在内)小姐!
|朱丽叶| 就来。——可是你要是没有诚意,那么我请求你——
|乳　媪| (在内)小姐!

| 朱丽叶 | 等一等,我来了。——停止你的求爱,让我一个人独自伤心吧。
明天我就叫人来看你。 |
|---|---|
| 罗密欧 | 凭着我的灵魂—— |
| 朱丽叶 | 一千次的晚安!(自上方下。) |
| 罗密欧 | 晚上没有你的光,我只有一千次的心伤!恋爱的人去赴他情人的约会,像一个放学归来的儿童;可是当他和情人分别的时候,却像上学去一般满脸懊丧。(退后。) |

朱丽叶自上方重上。

朱丽叶	嘘!罗密欧!嘘!唉!我希望我会发出呼鹰的声音,招这只鹰儿回来。我不能高声说话,否则我要让我的喊声传进厄科①的洞穴,让她的无形的喉咙因为反复叫喊着我的罗密欧的名字而变成嘶哑。
罗密欧	那是我的灵魂在叫喊着我的名字。恋人的声音在晚间多么清婉,听上去就像最柔和的音乐!
朱丽叶	罗密欧!
罗密欧	我的爱!
朱丽叶	明天我应该在什么时候叫人来看你?
罗密欧	就在九点钟吧。
朱丽叶	我一定不失信;挨到那个时候,该有二十年那么长久!我记不起为什么要叫你回来了。
罗密欧	让我站在这儿,等你记起了告诉我。
朱丽叶	你这样站在我的面前,我一心想着多么爱跟你在一块儿,一定永远记不起来了。
罗密欧	那么我就永远等在这儿,让你永远记不起来,忘记除了这里以外还有什么家。
朱丽叶	天快要亮了;我希望你快去;可是我就好比一个淘气的女孩子,像放松一个囚犯似的让她心爱的鸟儿暂时跳出她的掌心,又用一根丝线把它拉了回来,爱的私心使她不愿意给它自由。

---

① [厄科(Echo)]希腊神话中的仙女,因爱恋美少年那耳喀索斯不遂而形消体灭,化为山谷中的回声。

罗密欧　我但愿我是你的鸟儿。
朱丽叶　好人,我也但愿这样;可是我怕你会死在我的过分的爱抚里。晚安!晚安!离别是这样甜蜜的凄清,我真要向你道晚安直到天明!(下。)
罗密欧　但愿睡眠合上你的眼睛!
但愿平静安息我的心灵!
我如今要去向神父求教,
把今宵的艳遇诉他知晓。(下。)

第三幕
第二场

同前。凯普莱特家的花园

朱丽叶上。

朱丽叶　快快跑过去吧,踏着火云的骏马,把太阳拖回到它的安息的所在;但愿驾车的法厄同①鞭策你们飞驰到西方,让阴沉的暮夜赶快降临。展开你密密的帷幕吧,成全恋爱的黑夜!遮住夜行人的眼睛,让罗密欧悄悄地投入我的怀里,不被人家看见也不被人家谈论!恋人们可以在他们自身美貌的光辉里互相缱绻;即使恋爱是盲目的,那也正好和黑夜相称。来吧,温文的夜,你朴素的黑衣妇人,教会我怎样在一场全胜的赌博中失败,把各人纯洁的童贞互为赌注。用你黑色的罩巾遮住我脸上羞怯的红潮,等我深藏内心的爱情慢慢地胆大起来,不再因为在行动上流露真情而惭愧。来吧,黑夜!来吧,罗密欧!来吧,你黑夜中的白昼!因为你将要睡在黑夜的翼上,比乌鸦背上的新雪还要皎白。来吧,柔和的黑夜!来吧,可爱的黑颜的夜,把我的罗密欧给我!等他死了以后,你再把他带去,分散成无数的星星,把天空装饰得如此美丽,使全世界都恋爱着黑夜,不再崇拜炫目的太阳。啊!我已经买下了一所恋爱的华厦,可是它还不曾属我所有;虽然我已

---

① [法厄同(Phaethon)]日神的儿子,曾为其父驾驭日车,不能控制其马而脱离常道。故事见奥维德《变形记》第二章。

经把自己出卖，可是还没有被买主领去。这日子长得真叫人厌烦，正像一个做好了新衣服的小孩儿，在节日的前夜焦躁地等着天明一样。啊！我的奶妈来了。

乳媪携绳上。

朱丽叶　她带着消息来了。谁的舌头上只要说出了罗密欧的名字，他就在吐露着天上的仙音。奶妈，什么消息？你带着些什么来了？那就是罗密欧叫你去拿的绳子吗？

乳　媪　是的，是的，这绳子。（将绳掷下。）

朱丽叶　哎哟！什么事？你为什么扭着你的手？

乳　媪　唉！唉！唉！他死了，他死了，他死了！我们完了，小姐，我们完了！唉！他去了，他给人杀了，他死了！

朱丽叶　天道竟会这样狠毒吗？

乳　媪　不是天道狠毒，罗密欧才下得了这样狠毒的手。啊！罗密欧，罗密欧！谁想得到会有这样的事情？罗密欧！

朱丽叶　你是个什么鬼，这样煎熬着我？这简直就是地狱里的酷刑。罗密欧把他自己杀死了吗？你只要回答我一个"是"字，这一个"是"字就比毒龙眼里射放的死光更会致人死命。如果真有这样的事，我就不会再在人世，或者说，那叫你说声"是"的人，从此就要把眼睛紧闭。要是他死了，你就说"是"；要是他没有死，你就说"不"；这两个简单的字就可以决定我的终身祸福。

乳　媪　我看见他的伤口，我亲眼看见他的伤口，慈悲的上帝！就在他的宽阔的胸上。一个可怜的尸体，一个可怜的流血的尸体，像灰一样苍白，满身都是血，满身都是一块块的血，我一瞧见就晕过去了。

朱丽叶　啊，我的心要碎了！——可怜的破产者，你已经丧失了一切，还是赶快碎裂了吧！失去了光明的眼睛，你从此不能再见天日了！你这俗恶的泥土之躯，赶快停止呼吸，复归于泥土，去和罗密欧同眠在一个圹穴里吧！

乳　媪　啊！提伯尔特，提伯尔特！我的顶好的朋友！啊，温文的提伯尔特，正直的绅士！想不到我活到今天，却会看见你死去！

朱丽叶　这是一阵什么风暴，一会儿又倒转方向！罗密欧给人杀了，提伯尔特又死了吗？一个是我的最亲爱的表哥，一个是我的更亲爱的夫君！那么，可怕的号角，宣布世界末日的来临吧！要是这样两个人都可以死去，谁还应该活在这世上？

乳　媪　提伯尔特死了，罗密欧放逐了；罗密欧杀了提伯尔特，他现在被放逐了。

朱丽叶　上帝啊！提伯尔特是死在罗密欧手里的吗？

乳　媪　是的，是的；唉！是的。

朱丽叶　啊，花一样的面庞里藏着蛇一样的心！那一条恶龙曾经栖息在这样清雅的洞府里？美丽的暴君！天使般的魔鬼！披着白鸽羽毛的乌鸦！豺狼一样残忍的羔羊！圣洁的外表包覆着丑恶的实质！你的内心刚巧和你的形状相反，一个万恶的圣人，一个庄严的奸徒！造物主啊！你为什么要从地狱里提出这一个恶魔的灵魂，把它安放在这样可爱的一座肉体的天堂里？哪一本邪恶的书籍曾经装订得这样美观？啊！想得到这样一座富丽的宫殿里，会容纳着欺人的虚伪！

乳　媪　男人都靠不住，没有良心，没有真心的；谁都是三心二意，反复无常，奸恶多端，尽是些骗子。啊！我的人呢？快给我倒点儿酒来；这些悲伤烦恼，已经使我老起来了。愿耻辱降临到罗密欧的头上！

朱丽叶　你说出这样的愿望，你的舌头上就应该长起水疱来！耻辱从来不曾和他在一起，它不敢侵上他的眉宇，因为那是君临天下的荣誉的宝座。啊！我刚才把他这样辱骂，我真是个畜生！

乳　媪　杀死了你的族兄的人，你还说他好话吗？

朱丽叶　他是我的丈夫，我应当说他坏话吗？啊！我的可怜的丈夫！你的三小时的妻子都这样凌辱你的名字，谁还会对它说一句温情的慰藉呢？可是你这恶人，你为什么杀死我的哥哥？他要是不杀死我的哥哥，我的凶恶的哥哥就会杀死我的丈夫。回去吧，愚蠢的眼泪，流回到你的源头；你那滴滴的细流，本来是悲哀的倾注，可是你却错把它呈献给喜悦。我的丈夫活着，他没有被提伯尔特杀死；提伯尔特死了，他想要杀死我的丈夫！这明明是喜讯，我为什么要哭泣呢？还有两个字比提伯尔特的死更使我痛心，像一柄利刃刺进了我的胸中；我但愿忘了它们，可是唉！它们紧紧地牢附在我的记忆里，就像萦回在罪人脑中的不可宥恕的罪恶。"提伯尔特死了，罗密欧放逐了！"放逐了！这"放逐"两个字，就等于杀死了一万个提伯尔特。单单提伯尔特的死，已经可以令人伤心了；即使祸不单行，必须在"提伯尔特死了"这一句话以后，再接上一句不幸的消息，为什么不说你的父亲，或是你的母亲，或是父母两人都死了，那也可以引起一点儿人情之常的哀悼？可是在提伯尔特的噩耗以后，再接连一记更大的打击，"罗密欧放逐了！"这句话简直等于说，父亲、母亲、提伯尔特、罗密欧、朱丽叶，一起被杀，一起死了。"罗密欧放逐了！"这一句话里面包含着无穷无际、无极无限的死亡，没有字句能够形容出这里面蕴蓄着的悲伤。——奶妈，我的父亲、我的母亲呢？

乳　媪　他们正在抚着提伯尔特的尸体痛哭。你要去看他们吗？让我带着你去。

朱丽叶　让他们用眼泪洗涤他的伤口，我的眼泪是要留着为罗密欧的放逐而哀哭的。拾起那些绳子来。可怜的绳子，你是失望了，我们俩都失望了，因为罗密欧已经被放逐；他要借着你做接引相思的桥梁，可是我却要做一个独守空闺的怨女而死去。来，绳儿；来，奶妈。我要去睡上我的新床，把我的童贞奉献给死亡！

乳　媪　那么你快到房里去吧；我去找罗密欧来安慰你，我知道他在什么地方。听着，你的罗密欧今天晚上一定会来看你；他现在躲在劳伦斯神父的寺院里，我就去找他。

朱丽叶　啊！你快去找他；把这指环拿去给我的忠心的骑士，叫他来作一次最后的诀别。（各下。）

（朱生豪译，选自《莎士比亚全集》第四卷，
人民文学出版社1978年版）

阅读提示

莎士比亚(1564—1616)，出生于英国伦敦附近一个乡镇 starford 一个农家,幼年受过良好的教育,青年时期家道中落,曾做过杂役等工作,后在剧团任演员与编剧。1590年前后进入戏剧与诗歌创作,多写历史剧、喜剧和抒情诗,著名的戏剧包括《亨利四世》《汉姆莱特》《李尔王》《奥赛罗》《麦克白》和《暴风雨》,等等。莎士比亚代表了欧洲文艺复兴时期戏剧艺术的高峰,他对欧洲历史变迁的展现,对近代人内心生活丰富性与复杂性的揭示,以及对戏剧结构和语言艺术的创新,长久影响着西方人的精神生活以及整个西方文学艺术的发展。近代西方几乎所有新的文艺理论问世,都离不开对莎士比亚作的阐释,乃至形成了一门专门的学问叫"莎学"。莎士比亚已经成为西方文化的一种象征,要了解西方,不能不读一点莎士比亚。

《罗密欧与朱丽叶》是莎士比亚根据意大利一个民间故事改变的悲剧。全剧共五幕,这里节选了第二幕第二场和第三幕第二场。下面介绍一下剧情。

出身蒙太古家族的罗密欧和属于凯普莱特家族的朱丽叶邂逅于化装舞会,如同电闪雷击,在毫无准备的情况下,两个青年男女一见倾心。问题是他们所属的两个家族结有世仇,才14岁的朱丽叶万万想不到初恋到来,就卷进了仇杀的漩涡。罗密欧虽然知道朱丽叶的父亲是自己家的仇人,但他已被爱神之箭骤然射中,如痴如醉,不能自已,舞会结束后就完全不顾任何危险,跳进凯普莱特家族的花园里,只求和美丽的朱丽叶幽会。

课文节选的第二幕第二场就是"月下幽会"的一段。

第二天,他们就迫不及待请神父劳伦斯为他们举行了秘密婚礼。就在婚礼之后,罗密欧遇见自己的一个朋友和凯普莱特夫人(也就是朱丽叶的母亲)的内侄提伯尔特发生冲突,罗的朋友被提伯尔特杀死,血气方刚的罗就和提决斗,杀死了提,结果罗密欧被处以放逐。朱丽叶听到罗密欧杀死了表兄提伯尔特,非常痛苦和矛盾。为什么自己的两个亲人会互相仇杀?但爱情毕竟难于割舍,甚至更加强烈,因为罗就要被放逐了,朱决定再和罗秘密约会诀别。

课文节选的第三幕第二场,就是朱丽叶听到罗密欧杀死表哥、要被放逐的消息后,一大段痛苦的内心独白。

此时朱丽叶的母亲又决定把女儿嫁给本族青年帕里斯。朱丽叶极力反对母亲的决定,并向神父劳伦斯求救。好心的神父给了朱一瓶药,让朱在同帕里斯举行婚礼前吞服。这种药服后会昏睡假死,家人按照风俗必将把朱放置在祖坟里,42小时过去又会复苏,届时神父再让罗密欧把朱丽叶领到一个秘密的地方,过他们甜蜜的生活。不料当朱丽叶服药后,劳伦斯派去送信的人未能及时告知罗密欧。罗从仆人那里听到朱丽叶死去噩耗，万分悲痛，准备了毒药，打算到朱丽叶坟上去自尽。不巧路上见到也是要到坟上去哀悼的情敌帕里斯，彼此发生激烈冲突，失手又将帕杀死。而后，罗密欧痛苦地吻别了朱丽叶，吞服毒药。待朱丽叶醒来，看到自己深爱的人已殉情身边，痛不欲生，拔出罗密欧携带的匕首，刺进自己胸膛，躺在罗密欧怀里死去。他们的悲剧震撼了亲人们。两个家族的成员听到神父诉说，都后悔莫及。彼此的世代冤仇，此时因为罗密欧与朱丽叶的爱与死而得到洗涤与升华，大家言归于好，为罗密欧与朱丽叶合塑一雕像，祝愿有情人在天国享受恩爱幸福。

由于语言、文化与时代的差异，我们阅读莎士比亚可能不很习惯。特别是其中许多表现人物内心矛盾的独白，似乎违反常人说话的腔调。应当注意这是一出诗剧，莎士比亚惯于使用修辞色彩很浓、意味繁复而又适合舞台朗诵的句式，而独白则是一种戏剧艺术的假定性处理。如果我们把莎剧当做诗来读，就能得其韵味。

问题与思考

一、"月下幽会"一段是表现少男少女爱情的名篇，试分析其中男女主人公的心理冲突，并从戏剧矛盾冲突设置的角度，论说这些描写产生特别的戏剧效果的原因。（男女主人公陷入情海的痴迷心态以及他们的内心矛盾。戏剧冲突造成的悬念。观众倾听两人心曲时的同情、欣赏和紧张。）

二、课文所选第三幕第二场，当朱丽叶从乳媪（奶妈）处得知罗密欧杀死了提伯尔特消息后，内心陡然产生极大的矛盾和悲痛，情绪变化如激流漩涡，而这种情绪主要是通过几段独白来表现的。试分析这几段独白的艺术特点。（朱丽叶复杂心情的三个激烈波动，彼此先后的转化。独白如何表现内心矛盾冲突。修辞和句式的抒情性。戏剧艺术的假定性与诗剧的特色。如诗的联想、跳跃、排偶，等等。）

三、外国文学翻译是一种艺术再创造，如何表现原作精神而又充分发挥汉语的优势，还要顾及文采，这很有讲究。课文所选莎士比亚的《罗密欧与朱丽叶》，出自朱生豪的译笔。下面再选第二第二场开头几段对白的原文与梁实秋的译文，可以和课文所选朱生豪的译文对照，体会不同的翻译风格，并做些比较。自己也可以抛开朱、梁的译文，先试着翻译，再进行比较。

ROMEO He jests at scars, that never felt a wound.

[Juliet appears above at a window.]

But, soft! what light through yonder window breaks?

It is the east, and Juliet is the sun!

Arise, fair sun, and kill the envious moon,

Who is already sick and pale with grief,

That thou her maid art far more fair than she:

Be not her maid, since she is envious;

Her vestal livery is but sick and gree,

And none but fools do wear it; cast it off.

It is my lady; O! it is my love:

O! that she knew she were,

She speaks, yet she says nothing: what of that?

Her eye discourses; I will answer it.

I am too bold, 'tis not to me she speaks:

Two of the fairest stars in all the heaven,

Having some business, do entreat her eyes

To twinkle in their spheres till they return.

What if her eyes were there, they in her head?

The brightness of her cheek would shame those stars

As daylight doth a lamp; her eyes in heaven

罗　没受过伤的人才讥笑别人的疤。

[朱丽叶自上面窗口出现。]

小声些！窗口那边透出的是什么光亮？

那是东方，朱丽叶就是太阳！

升起来吧，美丽的太阳，

杀掉那嫉妒的月亮，

她因为她的女侍比她美丽得多，

便难过得面色惨白：

她如此善妒，不要作她的信徒；

她所能给的贞洁的道袍是惨绿的颜色，

只有愚人才肯穿；把它脱掉吧。

是我的小姐；啊！是我的爱人：

啊！我但愿她知道她是我的爱人。

她说话了，又好像是没说什么：那又有什么关系？

她的眼睛在说话；我要回答她。

我太鲁莽了，她不是在对我说话：

天上两颗最灿烂的星，

因公外出，在归位之前央求她的眼睛代替他们在星座中闪烁。

如果她的眼睛放在星座里，

星嵌在她的头上，那又有何不可呢？

Would through the airy region stream so bright
That birds would sing and think it were not night.
See! how she leans her cheek upon her hand:
O! that I were a glove upon that hand,
That I might touch that cheek.

JULIET　　Ay me!
ROMEO　　She speaks:
O! speak again, bright angel; for thou art
As glorious to this night, being o'er my head,
As is a winged messenger of heaven
Unto the white-upturned wondering eyes
Of mortals, that fall back to gaze on him
When he bestrides the lazy-pacing clouds,
And sails upon the bosom of the air.

JULIET　　O Romeo, Romeo! wherefore art thou Romeo?
Deny thy father, and refuse thy name;
Or, if thou wilt not, be but sworn my love,
And I'll no longer be a Capulet.

她的脸上的光辉可以使群星惭愧,
恰似白昼可以使灯光失色一般;
她的眼睛会在天空闪出一片亮光,
鸟儿会以为夜色已阑而开始歌唱。

看!她手托香腮的样儿有多么俏:
啊!我愿化身为她手上的一只手套,
那样便可抚摩她的香腮了。
朱　哎呀!
罗　她说话了:啊!再说下去,光明的天使;因为在这夜间,你高高在我头上,恰似生翅膀的天使一般明亮,使尘世的众生翻着白眼,惊得倒退,看你踏着懒洋洋的白云在天空驶过。
朱　啊罗密欧,罗密欧!你为什么是罗密欧?否认你的父亲,放弃你的姓氏;如果你不肯,那么你只消发誓做我的爱人,我便不再是一个卡帕莱特家的人。

(梁实秋译,选自《莎士比亚全集·罗密欧与朱丽叶》,中国广播电视出版社远东图书公司2001年版)

拓展阅读

《莎士比亚全集》,朱生豪译,人民文学出版社1978年版。

高尚的生活

〔英〕伯特兰·罗素

不同的时代和不同的人们对于"好的生活"都各有不同的意见。这些不同多多少少可以用论证来说服,人在殊途同归的情况下都比较容易被说服。有些人认为监禁是防止犯罪的最佳方法,有些人则认为教育比较好,这样的不同可以由充分的证据来决定孰是孰非。但是有些不同的意见是不能用证据检验出是非的:托尔斯泰谴责所有的战争,有的人则认为为正义而战的军人生涯是很高贵的。这也许是由于目的的不同,赞美军人的人通常认为惩罚犯人是一件好事,托尔斯泰却不那么想。关于这一类的事是争论不清的,所以我不能证明我对好的生活的意见是正确的,我只能陈述自己的意见,期待大家的共鸣。我的意见如下:好的生活由爱激发,由知识导引。

知识和爱都可以无限制地扩展,所以无论一种生活有多么好,我们还是可以想象出更好的生活。中古时期每当黑死病流行的时候,僧侣就集合民众在教堂中祈求解救,结果病菌反而在拥挤的人群当中加速传播,这是有爱而无知识的例子。最近的大战则提供了有知识而无爱的例子。在两种情况下,结果都是大量的死亡。

爱和知识两者都是必要的,但是就某个意义而言,爱却比较基本,因为它会引导聪明的人去寻求知识,以求造福他们所爱的人。但是不聪明的人会满足于别人告诉他的话,因此即使有最真诚的仁慈还是难免造成伤害。医学也许是最好的例子,对于一个病人来说,一个能干的医生比最真诚的朋友有用得多。医药知识的进步比无知的博爱更有益于人类的健康。然而,假如要使穷人也分享到科学的福祉,则医学中也不可缺少仁慈的成分。

"爱"这个字包括许多种情感，我故意用它，是因为希望把这些情感全部包含进去。爱是在两个极地之间移动的情绪，（我坚持爱是自然的情绪，根据原则的爱似乎并不真诚。）一边是静观时的纯粹喜悦，另一边则是纯粹的仁慈。我们对于无生物的爱只有喜悦的成分，我们不会对风景或对一首奏鸣曲产生仁慈之心。这种喜悦是艺术的来源，它很强烈地存在幼童心中，而成人则趋向于以实利的精神观物。它支配我们对别人的感觉：把人当作审美静观的对象来看时，有的天生有迷人之处，有的则恰恰相反。

　　爱的另一个极致是仁慈。牺牲自己的生命去帮助麻风病患者所感觉的爱绝对不包含喜悦的成分。父母爱通常混合着仁慈与对孩子的相貌的喜悦，但是在喜悦完全缺乏时，父母爱依旧存在。把母亲对生病子女的关怀称为"仁慈"似乎并不恰当，因为习惯上这个名词代表一种差不多等于欺骗的软弱无力的情绪，但是我们找不到其他字眼来描述这种对他人幸福的渴望。在父母爱当中，这种渴望别人幸福的程度几乎是没有止境的，这种渴望我就称为"仁慈"，但是我必须说清楚，我所谈论的是一种自然情绪，而不是一种原则。我所谓的"仁慈"不包含任何优越感。"同情"也许表达了我的一部分意思，但是缺乏我希望包括进去的行动成分。

　　爱的极致是喜悦与仁慈的不可分解的结合。父母对于美丽而成功的子女的爱就是两种成分的结合，最理想的两性之间的爱情亦然，但是爱情只有在安全占有的时候才有仁慈可言，否则会被嫉妒摧毁，虽然也许反而提高静观中的喜悦。没有善意的喜悦也许是残酷的，没有喜悦的善意可能流于冷淡而且带一点优越感。渴望被爱的人总是希望自己同时成为两种爱的对象，然而在极端软弱的情况下（譬如生病），所渴望的也许只有仁慈；相反地，在非常有力的情况下，崇拜可能比仁慈更受渴望：这就是君王和美女的心理。我们愈自觉需要别人的帮助，愈自觉有受别人伤害的危险，就愈渴望他们的善意，这就是生物逻辑，但是不一定适用于我们的真实生活。我们之所以渴望被爱是为了要逃避寂寞的感觉，为了求被了解，这种爱不只是仁慈，并且是同情。我们不只希望别人以善意对待我们，而且希望别人知道我们的快乐是由什么组成的，这就关系到好的生活的另一个成分——知识。

　　在一个完美的世界里，一切有感觉的生物彼此都是最完美的爱的对象,这种爱融合了喜悦、仁慈和了解。这并不是说我们必须对实际世界中的每一个有感觉的生物都怀着这种情绪,有许多人不能令人产生喜悦的感觉,因为他们实在令人恶心,强迫自己去他们身上发现美反而会摧残我们的天性和对美的感受性。不用说人类,就拿跳蚤、臭虫和虱子来说吧,我们也许要先像"老水手①"一样地遭受磨难之后,才能在静观这些生物时感到喜悦。有些圣人称它们为"上帝的珍珠",但这些人只不过是为了要表现容忍和谦虚的美德而已。

仁慈比较容易扩展,但也有一定的限度。假设某甲想娶某位女郎,后来因为发现某乙也想娶她就打退堂鼓,我们不认为这是一种美德,我们认为某甲应与某乙作公平的竞争。某甲对某乙的感觉不可能是仁慈的。我觉得在讨论人类的好的生活时,我们应该承认某些动物本能与动物活力是好的生活的基础,缺少了它们,生活易流于平淡乏味。文明应该建立在它们之上,而不是取代它们。因此禁欲的圣人和隐居的贤士不能算是完人,少数的禁欲者和隐士可以点缀社会,但是假如所有的人都这样,这个世界就会活活闷死。

由此可见爱必须包含喜悦的成分。喜悦是有所选择的,我们不会对全体人类都怀着相同的感受。当喜悦与仁慈发生冲突时,我们必须在其间取得妥协,不可以放弃任何一方。本能是有天赋权利的,假如我们过分摧残它,它必定会以巧妙的方式报复,所以我们在朝好的生活前进时,必须记住人性的限度。这又使我们再度考虑到知识的重要性。

当我说知识是好的生活的成分之一时,我所指的不是道德知识,而是科学而实际的知识。严格地说,我认为根本就没有道德知识这东西。假如我们渴望获得某个目的,知识会指引我们,我们当然可以称它为道德知识,但是在确知此知识可能产生的后果之前,我们不能决定自己的行为是对是错。假如我们有了既定的目的,帮助我们实现目的的是科学,而不是道德。道德法则是好是坏全要看它们是否趋向于实现我们的目的而定,这里所说的目的是指我们所渴望的目的,而不是我们所应该渴望的目的。我们所"应

---

① 老水手:英国作家科勒律治(Coleridge)笔下的人物。

该"渴望的只是别人要我们渴望的,通常是权威人士——父母、老师、警察和法官——要我们渴望的。假如你对我说:"你应该如此这般",而我又照做的话,我的动机是渴望获得你的赞同,以及附带的报酬。既然一切行为均因欲望而生,可见道德是无足轻重的,除非它能影响欲望。人类天生对赞同有渴望之心,对不赞同有恐惧之心,道德能利用这种心理来影响欲望,因而造成一种强烈的社会力量。我们如果希望实现任何社会目的,自然应该争取这种社会力量。当我说行为的道德必须以行为的后果来判断时,我的意思是希望我们所赞同的行为道德能趋向于实现我们的社会目的。目前我们并没有做到这点。有些传统的道德法则完全不顾及行为的后果,这是本篇的第三部分所要讨论的问题。

情况单纯的时候,理论上的道德显然是多余的。举例来说:假如你的孩子病了,你希望孩子好起来,因为你爱他,而科学会告诉你治疗的方法,这其间没有道德理论,只有对某个目的的渴望,以及对某些方法的知识,一切行为不分好坏,都是如此。目的有所不同,知识充分的程度也有所不同,但是没有任何方法可以强迫人们去做他们所不想做的事,唯一的可能是以酬报和惩罚的制度去改变他们的欲望。在这个制度当中社会的赞同与不赞同是很重要的一环,所以负责立法的道德家所面对的问题是:如何安排这个酬报与惩罚的制度,以实现立法机关的欲望。假如我说立法机关的欲望是坏的,我的意思是说它的欲望与社会的欲望相冲突。除了人类的欲望以外,没有其他的道德标准。

因此道德与科学的区别不在知识而在欲望。道德也一样地需要知识,特殊的地方是:道德渴望某些目的,而且由正当的行为助成。当然,假如目的是大部分人类的欲望,则行为就能得到大多数人的同意。假如我说所谓正当的行为就是增加我的个人收入的行为,读者诸君一定不能同意。一切道德理论之所以有效力全是因为它的目的是大多数人的欲望。但是道德理论和道德教育又不同了,后者加强某些欲望而削弱其他的欲望,这是一个完全不同的过程,我们以后会分别讨论到。

现在我们可以确切地解释好的生活的要义。我说好的生活由爱激发,由知识导引,我渴望过这种生活,也渴望看到别人过这种生活,因为这种生活使人类的各种欲望获得较大的满足。我并不是说这种生活是"道德的",也不是说与它相反的生活是"罪恶的",这样的说法没有科学上的证据。

(选自罗素著、沈海康译《为什么我不是基督教徒——宗教和有关问题论文集》,商务印书馆1982年版)

阅读提示

罗素(Bertrend Arthur William Russell,1872—1970),英国著名哲学家、数学家、逻辑学家和社会活动家。生于蒙茅斯郡的特雷列克,就读于剑桥大学三一学院,后在三一学院任教,为英国皇家学会会员。主要著作有《数学原理》、《数理哲学导论》、《心的分析》、《物质的分析》、《宗教与科学》、《西方哲学史》、《人类知识:它的范围与限度》、《逻辑与认识》等等。这篇《好的生活》选自他的《为什么我不是基督徒——宗教和有关问题论文集》,中译本由商务印书馆1982年出版,沈海康译。

《好的生活》是一篇哲学论文,文字浅显,但理论含量很大,阅读时需要放慢速度,理清其基本思路与观点,同时大胆加入自己的思考。哲学研究一般都是比较超越的,往往涉及诸如世界观、人生观等根本性、普遍性的问题。我们在忙碌的日子里如果能够稍微停下来,问问自己,到底生活的本质和人生的意义何在,实际上就已经涉及哲学,只不过我们往往缺少理论探究的自觉罢了。而哲学家的任务就是把某些普遍存在的问题揭示出来,加以深入的研究和论说,让人们读了可能会获得重新发现生活的智慧。比如什么是"好的生活"?见仁见智,每个人都有自己的看法,似乎很难有定论。罗素提出"好的生活是由爱激发和由知识引导的生活",也只是一种观点。不过我们读后会发现,在这个非常普通而又重要的问题探究中,罗素的确是从根本上作了细致而有说服力的解释的,这种解释灌注了浓厚的人文精神,也显示了生活的艺术。

阅读哲学论文或者说理性强的文章,要抓住某些关键的概念,这可能就是文章展开的立场与主要观点。比如:罗素所说的"爱"是什么含义?他对"知识"是如何界定的?为何要反复使用"激发"与"引导"这两个动词?罗素这样解释生活,他的理想指向是什么?如果参照罗素的解释来调整我们对于生活的习惯行为,是否可以"过得"比较充实和美好?最好能联系自己的生活实际或者经验,来认真思考罗素的解释,也许这能增加我们"生活的艺术"。讨论哲学问题容易玄妙奥涩,让人敬而远之,但罗素这篇论文深入浅出,所论观点多和普通生活实际有联系,不是从概念到概念兜圈子,又不时插入生动的事例,让人读来觉得亲切有趣。我们也许还注意到整个文章思路非常清晰,这得益于作者很强的思辨力。阅读中要注意学习其如何立论,如何提出中心概念并界定内涵,又如何通过逻辑推理层层展开。罗素注重修辞,文字很美,他是用随笔体来写这篇论文,举重若轻,生动而又有理趣。这些论说的方法,对于我们语言的表达或者写文章都有启发。

问题与思考

一、如何理解罗素所说"好的生活是由爱激发、由知识引导的生活"(The good life is one inspired by love and guided by knowledge)?文中所说的"爱"的内涵是如何界定的?所谓"知识"主要指什么?联系你对生活的体验与理解,说说你是否同意罗素的观点。

二、从文中选择一两个段落,分析其如何提出概念,如何展开分析,体会并说明其中逻辑推理与思辨的方法。

大自然在反抗(节选)

〔美〕R. 卡逊

我们冒着极大的危险竭力把大自然改造得适合我们的心意,但却未能达到目的,这确实是一个令人痛心的讽刺。虽然很少有人提及,但人人都可以看到的真情实况是,大自然不是这样容易被塑造的,而且昆虫也能找到窍门巧妙地避开我们用化学药物对它们的打击。

荷兰生物学家 C. J. 波里捷说:"昆虫世界是大自然中最惊人的现象。对昆虫世界来说,没有什么事情是不可能的;通常看来最不可能发生的事情也会在昆虫世界里出现。一个深入研究昆虫世界的奥秘的人,他将会为不断发生的奇妙现象惊叹不已。他知道在这里任何事情都可能发生,完全不可能的事情也会经常出现。"

这种"不可能的事情"现在正在两个广阔的领域内发生。通过遗传选择,昆虫正在发生应变以抵抗化学药物。不过,现在我们就要谈到的一个更为广泛的问题是,我们大量使用化学物质,正在削弱环境本身所固有的、阻止昆虫发展的天然防线。每当我们把这些防线击破一次,就有一大群昆虫涌现出来。

报告从世界各地传来,它们很清楚地揭示了一个情况,即我们正处于一个非常严重的困境之中。在彻底地用化学物质对昆虫进行了十几年控制之后,昆虫学家们发现那些被他们认为已在几年前解决了的问题又回过头来折磨他们了。而且还出现了新的问题,只要出现一种哪怕数量很不显眼的昆虫,它们也一定会迅速增长到严重成灾的程度。由于昆虫的天赋本领,化学控制已搬起石头砸了自己的脚,由于设计和使用化学控制时未曾考虑到复杂的生物系统,化学控制方法已被盲目地投入到反对生物系统的战斗中。人们可以预测化学物质对付少数个别种类昆虫的效果,但却无法预测化学物质袭击整个生物群落的后果。

现今在一些地方,无视大自然的平衡成了一种流行的做法;自然平衡在比较早期的、比较简单的世界上是一种占优势的状态,现在这一平衡状态已被彻底地打乱了,也许我们已不再想到这种状态的存在了。一些人觉得自然平衡问题只不过是人们的随意臆测,但是如果把这种想法作为行动的指南将是十分危险的。今天的自然平衡不同于冰河时期的自然平衡,但是这种平衡还存在着:这是一个将各种生命联系起来的复杂、精密、高度统一的系统,再也不能对它漠然不顾了,它所面临的状况好像一个正坐在悬崖边沿而又盲目蔑视重力定律的人一样危险。自然平衡并不是一个静止固定的状态;它是一种活动的、永远变化的、不断调整的状态。人,也是这个平衡中的一部分。有时这一平衡对人有利;有时它会变得对人不利,当这一平衡受人本身的活动影响过于频繁时,它总是变得对人不利。

现代,人们在制定控制昆虫的计划时忽视了两个重要事实。第一是,对昆虫真正有效的控制是由自然界完成的,而不是人类。昆虫的繁殖数量受到限制是由于存在一种被生态学家们称为环境防御作用的东西,这种作用从第一个生命出现以来就一直存在着。可利用的食物数量、气候和天气情况、竞争生物或捕食性生物的存在,这一切都是极为重要的。昆虫学家罗伯特·麦特卡夫说:"防止昆虫破坏我们世界安宁的最重大的一个因素是昆虫在它们内部进行的自相残杀的战争。"然而,现在大部分化学药物被用来杀死一切昆虫,无论是我们的朋友还是我们的敌人都一律格杀勿论。

第二个被忽视的事实是,一旦环境的防御作用被削弱了,某些昆虫的真正具有爆炸性的繁殖能力就会复生。许多种生物的繁殖能力几乎超出了我们的想象力,尽管我们现在和过去也曾有过省悟的瞬间。从学生时代起我就记得一个奇迹:在一个装着干草和水的简单混合物的罐子里,只要再加进去几滴取自含有原生动物的成熟培养液中的物质,这个奇迹就会被做出来。在几天之内,这个罐子中就会出现一群旋转着的、向前移动的小生命——亿万个数不清的鞋子形状的微小动物草履虫。每一个小得像一颗灰尘,它们全都在这个温度适宜、食物丰富、没有敌人的临时天堂里不受约束地繁殖着。这种景象使我一会儿想起了使得海边岩石变白的藤壶已近在眼前,一会儿又使我想起了一大群水母正在游过的景象,它们一里一里地移动着,它们那看来无休止颤动着的鬼影般的形体像海水一样的虚无缥缈。

生物学家们常持有一种假想:如果发生了一场不可思议的大灾难,自然界的抑制作用都丧失了,而有一个单独种类的生物却全部生存繁殖起来,那时将会发生什么事情。一个世纪之前,托马斯·修克思勒曾计算过一个单独的雌蚜虫(它具有不要配偶就能繁殖的稀奇能力)在一年时间中所能繁殖的蚜虫的总量相当于美国人口总量的四分之一。

幸亏这种极端情况仅仅是在理论上才存在,但是这一由失常的大自然自己所造成的可怕结果曾被动物种群的研究者们所见识。畜牧业者们消灭山狗的热潮已造成了田鼠成灾的结果,而以前,山狗是田鼠的控制者。在这方面,经常重演的那个关于亚利桑那的凯白勃鹿的故事是另外一个例子。有一个时期,这种鹿与其环境处于一种平衡状态。一定数量的食肉兽——狼、美洲豹和山狗——限制着鹿的数量不超过它们的食物供给量。后来,人们为了"保存"这些鹿而发起一个运动去杀掉鹿的敌人——食肉兽。于是,食肉兽消逝了,鹿惊人地增多起来,这个地区很快就没有足够的草料供它们吃了。由于它们采食树叶,树木上没有叶子的地方也愈来愈高了,这时许多鹿因饥饿而死亡,其死亡数量超过了以前被食肉兽杀死的数量。另外,整个环境也被这种鹿为寻找食物所进行的不顾一切的努力而破坏了。

田野和森林中捕食性的昆虫起着与凯白勃地区的狼和山狗同样的作用。杀死了它们,被捕食的昆虫的种群就会汹涌澎湃地发展起来。

没有一个人知道在地球上究竟有多少种昆虫,因为还有很多的昆虫尚未被人们认识。不过,已经记录在案的昆虫已超过 70 万种。这意味着,根据种类的数量来看,地球上的动物有 70%—80%是昆虫。这些昆虫的绝大多数都在被自然力量控制着,而不是靠人的任何干涉。如果情况真是这样,那么就很值得怀疑任何巨大数量的化学药物(或任何其他方法)怎么能压制住昆虫的种群数量。

糟糕的是，往往在这种天然保护作用丧失之前，我们总是很少知晓这种由昆虫的天然敌人所提供的保护作用。我们中间的许多人生活在世界上，却对这个世界视而不见，察觉不到它的美丽、它的奇妙和正生存在我们周围的各种生物的奇怪的、有时是令人震惊的强大能力。这就是人们对捕食昆虫和寄生生物的活动能力几乎一无所知的原因。也许我们曾看到过在花园灌木上的一种具有凶恶外貌的奇特昆虫，并且朦胧地意识到去祈求这种螳螂来消除其他昆虫。然而，只有当我们夜间去花园散步，并且用手电筒瞥见到处都有螳螂向着它的捕获物悄悄爬行的时候，我们才会理解我们所看到一切；到那时，我们就会理解由这种凶手和受害者所演出的这幕戏剧的含义；到那时，我们就会开始感觉到大自然借以控制自己的那种残忍的压迫力量的含义。

捕食者——那些杀害和削弱其他昆虫的昆虫——是种类繁多的。其中有些是敏捷的，快速得就像燕子在空中捕捉猎物一样。还有些一面沿着树枝费力地爬行，一面摘取和狼吞虎咽那些不移动的像蚜虫这样的昆虫。黄蚂蚁捕获这些蚜虫，并且用它的汁液去喂养幼蚁。泥瓦匠黄蜂在屋檐下建造了柱状泥窝，并且用昆虫充积在窝中，黄蜂幼虫将来以这些昆虫为食。这些房屋的守护者黄蜂飞舞在正在吃料的牛群的上空，它们消灭了使牛群受罪的吸血蝇。大声嗡嗡叫的食蚜虻蝇，人们经常把它们错认为蜜蜂，它们把卵产在蚜虫滋蔓的植物叶子上；而后孵出的幼虫能消灭大量的蚜虫。瓢虫，又叫"花大姐"，也是一个最有效的蚜虫、介壳虫和其他吃植物的昆虫的消灭者。毫不夸张地讲；一个瓢虫可消耗几百个蚜虫以燃起自己小小的能量之火，瓢虫需要这些能量去生产一群卵。

习性更加奇特的是寄生性昆虫。寄生昆虫并不立即杀死它们的宿主，它们用各种适当的办法去利用受害者作为它们自己孩子的营养物。它们把卵产在它们的俘虏的幼虫或卵内，这样，它们自己将来孵出的幼虫就可以靠消耗宿主而得到食物。一些寄生昆虫把它们的卵用黏液粘贴在毛虫身上；在孵化过程中，出生的寄生幼虫就钻入到宿主的皮肤里面。其他一些寄生昆虫靠着一种天生伪装的本能把它们的卵产在树叶上，这样吃嫩叶的毛虫就会不幸地把它们吃进肚去。

在田野上,在树篱笆中,在花园里,在森林中,捕食性昆虫和寄生性昆虫都在工作着。在一个池塘上空,蜻蜓飞掠着,阳光照射在它们的翅膀上发出了火焰般的光彩。它们的祖先曾经是在生活着巨大爬行类的沼泽中过日子的。今天,它们仍像古时候一样,用锐利的目光在空中捕捉蚊子,用它那形成一个篮子状的几条腿兜捕蚊子。在水下,蜻蜓的幼蛹(又叫"小妖精")捕捉水生阶段的蚊子孑孓和其他昆虫。

在那儿,在一片树叶前面有一只不易察觉的草蜻蛉,它带着绿纱的翅膀和金色的眼睛,害羞得躲躲闪闪。它是一种曾在二叠纪生活过的古代种类的后裔。草蜻蛉的成虫主要吃植物花蜜和蚜虫的蜜汁,并且时时把它的卵都产在一个长茎的柄根,把卵和一片叶子连在一起。从这些卵中生出了它的孩子——一种被称为"蚜狮"的奇怪的、直竖着的幼虫,它们靠捕食蚜虫、介壳虫或小动物为生,它们捕捉这些小虫子,并把它们的体液吸干。在草蜻蛉循环不已的生命做出白色丝茧以度过其蛹期之前,每个草蜻蛉都能消灭几百个蚜虫。

许多蜂和蝇也有同样的能力,它们完全依靠寄生作用来消灭其他昆虫的卵及幼虫而生存。一些寄生卵极小的蜂类,由于它们的巨大数量和它们巨大的活动能力,它们制止了许多危害庄稼的昆虫的大量繁殖。

所有这些小小的生命都在工作着——在晴天时,在下雨时,在白天,在夜晚,甚至当隆冬严寒使生命之火被扑灭得只留下灰烬的时候,这些小生命仍一直在不间断地工作着。不过在冬天时,这种生气勃勃的力量仅仅是在冒着烟,它等待着当春天唤醒昆虫世界的时候,它才再重新闪耀出巨大活力。在这期间,在雪花的白色绒毯下面,在被严寒冻硬了的土壤下面,在树皮的缝隙中,在隐蔽的洞穴里,寄生昆虫和捕食性昆虫都找到了地方使自己躲藏起来以度过这个寒冷的季节。

这样,由于存在着这样的昆虫生活特点和我们所需要的天然特性,所有这一切都一直是我们在保持自然平衡使之倾倒到对我们有利一面的斗争中的同盟军。但是,现在我们却把我们的炮口转向了我们的朋友。一个可怕的危险是,我们已经粗心地轻视了它们在保护我们免受黑潮般的敌人的威胁方面的价值,没有它们的帮助,这些敌人就会猖獗起来危害我们。

杀虫剂逐年数量增大,种类繁多,毁坏力加强;随之,环境防御能力的全面持续降低正在日益明显地变成无情的现实。随着时间的流逝,我们可以预料昆虫的骚扰会逐渐更加严重,有的种类传染疾病,还有的种类毁坏农作物,其种类之多将超出我们已知的范围。

"然而,这不过只是纯理论性的结论吧?"你会问:"这种情况肯定不会真正发生——无论如何,在我这一辈子里将不会发生。"但是,它正在发生着,就在这儿,就在现在。科学期刊已经记载下了在1958年约50例自然平衡的严重错乱。每一年都有更多的例子发现。对这一问题进行的一次近期回顾,参考了215篇报告和讨论,它们都是谈由于农药所引起的昆虫种群平衡灾害性失常。

有时喷洒化学药物后,那些本来想通过喷药来加以控制的昆虫反而惊人地增多起来。如安大略的黑蝇在喷药后,其数量比喷药前增加了16倍。另外,在英格兰,随着喷洒一种有机磷化学农药而出现了白菜蚜虫的严重爆发——这是一种没有见过类似记载的大爆发。

所有这些例子谈的都是侵害农作物的昆虫,而带来疾病的那些昆虫又怎么样呢?这方面已经有了不少警告。一个例子是在南太平洋的尼桑岛上,在第二次世界大战期间,那儿一直在大量地进行喷药,不过在战争快结束的时候喷药就停止了。很快,大群传染疟疾的蚊子重新入侵该岛,当时所有捕食蚊子的昆虫都已被杀死了,而新的群体还没来得及发展起来,因此蚊子的大量爆发是极易想见的。马歇尔,莱尔德描述了这一情景,他把化学控制比作一个踏车;一旦我们踏上,因为害怕后果我们就不能停下来。

世界上一部分疾病可能以一种很独特的方式与喷药发生关系。有理由认为,像蜗牛这样的软体动物看来几乎不受杀虫剂的影响。这一现象已被多次观察到。在佛罗里达州东部对盐化沼泽喷药所造成的、通常的大量生物死亡中,唯有水蜗牛幸免。这种景象如同人们所描述的是一幅可怖的图画——它很像是由超现实主义画家的刷子创作出来的那种东西。在死鱼和气息奄奄的螃蟹身体中间,水蜗牛在一边爬动着,一边吞食着那些被致命毒雨害死的被难者。

然而,这一切有什么重要意义呢?这一现象之所以重要,是因为许多蜗牛可以作为许多寄生性蠕虫的宿主,这些寄生虫在它们的生活循环中,一部分时间要在软体动物中度过,一部分时间要在人体中度过。血吸虫病就是一个例子,当人们在喝水或在被感染的水中洗澡时,它可以透过皮肤进入人体,引起人的严重疾病。血吸虫是靠蜗螺宿主而进入水体的。这种疾病尤其广泛地分布在亚洲和非洲地区。在有血吸虫的地方,助长蜗螺大量繁殖的昆虫控制办法似乎总导致严重的后果。

当然,人类并不是蜗螺所引起的疾病的唯一受害者。牛、绵羊、山羊、鹿、麋、兔和其他各种温血动物中的肝病都可以由肝吸虫引起,这些肝吸虫的生活史有一段是在淡水蜗螺中度过的。受到这些蠕虫传染的动物肝脏不适宜再作为人类的食物。任何引起蜗螺数量增长的活动都会明显地使这一问题变得更加严重。

在过去的十年中,这些问题已投下了一个长长的暗影,然而我们对它们的认识却一直十分缓慢。大多数有能力去钻研生物控制方法并协助付诸实践的人却一直过分忙于在实行化学控制的更富有刺激性的小天地中操劳。1960年报道,在美国仅有2%的经济昆虫学家在从事生物控制的现场工作,其余98%的主要人员都被受聘去研究化学杀虫剂。

情况为什么会这样?一些主要的化学公司正在把金钱倾倒到大学里以支持在杀虫剂方面的研究工作。这种情况产生了吸引研究生的奖学金和有吸引力的职位。而在另一方面,生物控制研究却从来没有人捐助过——原因很简单,生物控制不可能许诺给任何人那样一种在化学工业中出现的运气。生物控制的研究工作都留给了州和联邦的职员们,在这些地方的工资要少得多了。

这种状况也解释了这样一个不那么神秘的事实,即某些杰出的昆虫学家正在领头为化学控制辩护。对这些人中某些人的背景进行了调查,披露出他们的全部研究计划都是由化学工业资助的。他们的专业威望,有时甚至他们的工作本身都要依靠着化学控制方法的永世长存。毫不夸张地说,难道我们能期待他们去咬那只给他们喂食物的手吗?

在为化学物质成为控制昆虫的基本方法的普遍欢呼声中,偶尔有少量研究报告被少数昆虫学家提出,这些昆虫学家没有无视这一事实,即他们既不是化学家,也不是工程师,他们是生物学家。

英国的 F. H. 吉克勃声称:"许多被称为经济昆虫学家的人的活动可能会使人们认为,他们这样干是由于他们相信拯救世界就要靠喷雾器的喷头……他们相信,当他们制造出害虫再起、昆虫抗药性或哺乳动物中毒的问题之后,化学家将会再发明出另外一种药物来治理。现在人们还认识不到最终只有生物学家才能为根治害虫问题提出答案。"

诺瓦·斯克梯雅的 A. D. 毕凯特写道:"经济昆虫学家必须要意识到,他们是在和活的东西打交道……他们的工作必须要比对杀虫剂进行简单试验或对强破坏性化学物质进行测定更为复杂一些。"毕凯特博士本人是创立控制昆虫合理方法的研究领域中的一位先驱者,这种方法充分利用了各种捕食性和寄生性昆虫。

毕凯特博士大约在三十五年前,在诺瓦·斯克梯雅的安那波里斯山谷的苹果园中开始了他的研究工作,这个地方一度是加拿大果树最集中的地区。在那时候,人们相信杀虫剂(当时只有无机化学药物)是能够解决昆虫控制问题的,人们相信唯一要做的事是向水果种植者们介绍如何遵照所推荐的办法使用。然而,这一美好的憧憬却未能实现。不知为什么,昆虫仍在活动。于是,又投入了新的化学物质,更好的喷药设备也被发明出来了,并且对喷药的热情也在增长,但是昆虫问题并未得到任何好转。后来,人们又说 DDT 能够"驱散"鳕蛾爆发的"噩梦";实际上,由于使用 DDT 却引起了一场史无前例的螨虫灾害。毕凯特博士说:"我们只不过是从一场危机进入另一场危机,用一个问题换来了另一问题。"

然而,在这一方面,毕凯特博士和他的同事们闯出了一条新的道路,他们抛弃了其他昆虫学家还在遵循的那条老路;在那条老路上,昆虫学家们还在继续跟在不断变得愈来愈毒的化学物质的鬼火的屁股后面跑。毕凯特博士及其同事们认识到他们在自然界有一个强有力的盟友,他们设计了一个规划,这个规划最大限度地利用了自然控制作用,并把杀虫剂的使用压缩到了最小限度。必须使用杀虫剂时,也把其剂量减低到最小量,使其足以控制害虫而不至于给有益的种类造成不可避免的伤害。计划内容中也包括选择适当的洒药时机。例如,如果在苹果树的花朵转为粉红色之前,而不是在这一时刻之后去喷洒尼古丁硫酸盐,那么一种有重要作用的捕食性昆虫就会保存下来,可能这是因为在苹果花转为粉红色之前它还在卵中未孵出。

毕凯特博士特意仔细挑选那些对寄生昆虫和捕食性昆虫危害极小的化学药物。他说:"如果我们在把 DDT、对硫磷、氯丹和其他新杀虫剂作为日常控制措施使用时,能够按照我们过去使用无机化学药物时所采用的方式去干,那么对生物控制感兴趣的昆虫学家们也就不会有那么大意见了。"他主要依靠"尔叶尼亚"(由一种热带植物的地下茎演化而来的一个名字)、尼古丁硫酸盐和砷酸铅,而不用那些强毒性的广谱杀虫剂,在某些情况下使用非常低浓度的 DDT 和马拉硫磷(每 100 加仑中 1 或 2 盎司——而过去常用 100 加仑中 1 或 2 磅的浓度)。虽然这两种杀虫剂是当代杀虫剂中毒性最低的,但毕凯特博士仍希望进一步的研究能用更安全、选择性更好的物质来取代它们。

他们的那个规划进行得怎么样呢?在诺瓦·斯克梯雅,遵照毕凯特博士修订的喷药计划的果园种植者们和使用强毒性化学药物的种植者一样,正在生产出大量的头等水果,另外,他们获得上述成绩其实际花费却是较少的。在诺瓦·斯克梯雅苹果园中,用于杀虫剂的经费只相当于其他大多数苹果种植区经费总数的 10%~20%。

比得到这些辉煌成果更为重要的一个事实是,即由诺瓦·斯克梯雅昆虫学家们所执行的这个修改过的喷药计划是不会破坏大自然的平衡的。整个情况正在向着由加拿大昆虫学家 G.C. 尤里特十年前所提出的那个哲学观点的方向顺利前进,他曾说:"我们必须改变我们的哲学观点,放弃我们认为人类优越的态度,我们应当承认我们能够在大自然实际情况的启发下发现一些限制生物种群的设想和方法,这些设想和方法要比我们自己搞出来的更为经济合理。"

(选自 R. 卡逊著、吕瑞兰译《寂静的春天》,
科学出版社 1979 年版)

阅读提示

R. 卡逊(1907—1964),美国海洋生物学家,科普作家,世界环境保护运动的先驱。著有《海之边缘》《我们周围的海洋》《寂静的春天》等。

本文是一篇科普小品,用严肃的科学立场和大量生动的事实,描写因过度使用杀虫剂等化学药物,环境本身具有的防御和调节作用被破坏,加之害虫产生抗体而愈加猖獗,最终导致非常严重的生态灾难。阅读中除了了解相关的科学知识,应当格外注意作者在讨论这些科学知识时,如何提升到对人和自然关系的哲理性的理解,以及对人类"无视大自然"行为的担忧与反思,这样,一篇科学论文便具有了更为深邃的人文关怀。该文很注重科学论述分析的严谨,理论性较强,但又写得生动有趣,很吸引人。阅读时注意学习其如何掌握和利用各种科学事实、材料和数据,去阐释与论证某种结论,同时又如何通过细节描述、生动的修辞以及论述节奏的处理等文学性手段,把本来容易枯燥的科学论述变得非常有趣味而好读。

问题与思考

一、调查收集有关生态环境遭受破坏的事实材料,分析其产生原因,写一篇简要的调查报告或者小评论。

二、读完这篇科普小品,你对科学研究和人文关怀的联系有何思考?(参照文中关于人类对杀虫剂造成生态失衡问题的忽视这一现象的社会原因,特别是制度原因的分析。对大自然规律的尊重和敬畏之心。自然科学研究需要有人文精神依托与观照。)

爱的起源（节选）

〔苏联〕米·普里什文

追 随

　　有这样的情况,某人在积雪很深的雪地里穿过,结果他并不是白费力气。另一个人怀着感激之情顺着他的脚印走过去,然后是第三个,第四个,于是那里已经可以看到一条新的小路。就这样,由于一个人,整整一冬就有了一条冬季的道路。

　　可是有时候一个人走过去了,脚印白白留在那儿,再没有任何人跟踪走过,于是紧贴地面吹过的暴风雪掩盖了它,什么痕迹也没有留下。

　　大地上我们所有的人命运都是这样的:往往是同样劳动,运气却各不相同。

爱的起源

　　花园里百花盛开,每个人都在花园里饱餐花香。人有时也好似百花盛开的花园——他爱所有的人,每一个人都进入他爱的怀抱之中。我的母亲就是一个这样的人:她爱大家,爱每一个人,但不为任何人花费。当然这还不是爱,这多半是心灵原封未动的宝藏埋藏在心底,而爱正是从心灵发源的。

　　爱的起源在于关心,然后是选择,然后是成就,因为无所事事的爱是毫无希望的。

　　然而我觉得,发源于百花盛开的花园的爱,好像一条小溪——爱的小溪经受过必不可免的考验,理应流入大洋,大洋犹如百花盛开的花园,它所以存在,正是为了大家,为了每一个人。

为了爱的斗争

当智慧和善良在心灵中结合为一体,专注于某一事物时,那么这就是爱;一个善良而聪明的人,他的全部问题都归结为一点,——他应该爱谁?

爱就意味着去行动。

向自己提出的问题

不知为什么我们好像觉得,如果是鸟,那么它们就多半在飞,如果是扁角鹿或老虎,那么它们就在不停地跑、跳。实际上鸟是停着的时候比飞的时候多,老虎懒得很,扁角鹿常常吃草,只是嘴唇在动。

人们也是这样。我们想,人生中充满了爱,而当我们问问自己和别人——谁有多少时候在爱,却原来竟是那么少!请看,我们也是多么懒惰啊!

花园

一个七十五岁的人,生命仅系于一发,而他却在种丁香花!而且不仅他一个人,也许以前还从来没有像现在这样,人们这样热心栽培花木——所有的人,只要可能,都在营造花园。

这意味着,第一,人们蔑视关于死亡的知识,仿佛是可以长生不老的;第二,这意味着,人的最好的东西的确是花园(天堂)。

生命长在

时候到了,严寒不再惧怕蒙着浓厚的灰云的、温暖的天空。今晚我站在岸上俯视冷冰冰的河流,我的心懂得,大自然里一切都已结束,也许,按照严寒的意旨,雪即将从天空降落到大地——似乎大地已在呼出它的最后一口气。

但远远可以望见茂盛而富有朝气的秋播作物的绿茵,啊,不!即使这里是最后的呼吸,那里,不管怎样,生命却在确立——即使不久于人世,也要把黑麦播种下去。

思想的诞生

在我漫长的一生中,有多少小小的子弹和霰弹落到了我的身上,不知从哪儿飞来,击中我的心灵,于是给我留下许多弹伤。而当我的生命已近暮年,这些数不尽的伤口开始愈合了。

在那曾经受伤的地方,就生长出思想来。

紫红色的斑点

太阳落向一些白桦树的后面,白桦树却仿佛在向白云——春天里呈积云状的白云伸展。树林里一棵松树上被太阳涂上一块紫红色的斑点,太阳正在下落,斑点却渐渐升高,渐渐熄灭。

我望着这块斑点,同时想着我自己:我也应该这样——有朝一日是要熄灭的,不过一定要在上升的时候。

神秘的地方

爱——这是一个神秘的地方,我们每个人都是坐在自己的船上驶向那里,在自己的船上我们每个人都是船长,而且是用自己个人的方法驾驶它。

爱的孩子

"你说是爱,可我看到的只是忍耐和怜悯。"

"忍耐和怜悯,这就正是爱了。"

"老天爷保佑!那么快乐和幸福呢,难道它们注定要留在爱的船舷之外吗?"

"快乐和幸福——这是爱的孩子,而爱本身,作为一种力量,这就是忍耐和怜悯。如果你现在是幸福的,为生活而感到高兴,那么你就为此感谢你的母亲吧,因为她怜悯你,并且忍受了很多痛苦,就是为了让你长大,成为一个幸福的人。"

心灵——杜鹃

下过一场五月的雨,森林里听到一声:咕—咕!由于射进森林的第一道光线,一颗露珠闪闪烁烁,像钻石一样变幻不定,发出五光十色。把那滴露珠的话翻译成人的语言,就是:

"一切真正新的东西都在证明着美和善,并且给人以希望:在将来恶会被消灭。"

而当阳光在森林里向四面八方迅速分散开来的时候,于是一切叶子,花朵,树木,灌木丛,刺猬,小兔子,都打开了话匣子,一切都闪闪烁烁,发出呼哨声,咕咕地叫起来,唱起来,一切都化作人的语言,汇集在心灵里了。

关于爱

夜间我思索着两种爱。一种,是动物的爱;得到了,然后一脚踢开,或者丢掉它,像斯捷卡把他的公爵小姐丢进伏尔加河一样,像大多数男人,连列夫·托尔斯泰本人也不例外,所想像的对女人的那种爱。

而另一种爱里则含有自己的一种信念,确信自己所爱的那个人具有一些谁也不知道的、极好的特点,这种爱好比是一种使命,好比是一个孤独的人走向"人间"的通路。

我们时常看到,一个男的并不怎么样,而女的却卓越非凡。这就是说,我们不了解这个男人的优点,这些优点已被这个女人赏识,而我们尚未发现:这样的爱是有选择性的,而大概这也就正是真正的爱情。

善和爱

当一个人说:"这有用,"那么他首先想到的是自己;对自己有利。需要对他进行许多社会教育,让他感到,某种事物首先是对大家、对社会,而不是对自己有益。

在这种社会教育的顶端将出现这样的感情——即有益于自己以后的时期,也就是当有益这个问题对自己已完全消失的时候。

但每个人都了解,美是供大家欣赏的,如果有人说:"这很美!"那么他所想到的是,对于大家,它是美的。

善和爱之间的关系也正复如此。最自私的人总是戴着善的面具,现在谁也不再相信善意了,而且说,通往地狱的路上铺满了善意。

但很难用爱来作伪装的面具,因为钟情的人真诚地相信,全世界都存在于爱中。这是因为对爱的理解,其本身像美一样,也是社会性的。

那么,我们要想一想,我们该用什么方法在爱、友谊和美的境界里来教育孩子们。

(选自非琴译《普里什文集》,长江文艺出版社 2005 年版)

阅读提示

普里什文(1873—1954),苏联作家。

本文是普里什文的随笔体散文。据说作者用记日记的方式,将随时所得的感触记录下来,积少成多,蔚为大观。其多数篇什都和爱的探讨有关,但不是抽象论说爱的哲学,而是由一些细微的日常生活体验或者简单的自然景观触发,将自己的感觉、体味和想象转为哲理性的思考。这些文字都很短,有的属于散文诗或者格言警句,所写的情思、感悟是那样真实而又诚恳,而且都尽量跳出来思考,在超验的体察中得到升华,自然带上美丽的诗意。这一写法在尼采的《查拉图士特拉如是说》、泰戈尔的《飞鸟集》或者纪伯伦的《沙与沫》中常见,当然,在我们熟悉的冰心的诗中,也有这种把哲理融为诗意的手法。如果我们平时注意学会从细微的生活现象中发现新的东西,观察力和思想敏感程度都会得到提升;如果我们说话或者写作时真正有感而发,而且注意遵循"现象——事理"的思路,偶尔插入精辟而富于感悟的言说,那就可能更有文采,也更加生动、感人而意味深长。

问题与思考

一、普里什文这些短章有哪些篇是你读了最受感动的?说说感动的理由,以及你自己对于"爱"的理解。

二、模仿"现象——事理"的模式,加上自己的感悟和想象,试写几则散文诗或者短随笔。

后 记

本教材由温儒敏和陈庆元两位教授共同主编。陈庆元主持古代部分。参与古代部分编写的有福建师大的陈庆元、于英丽、张明明、王莉、林毓莎，福建中医学院的陈贻庭，华南师大的戴伟华，东南大学的张天来，哈尔滨工业大学的傅丽，集美大学的苏涵，南京邮电大学的赵伟，等等。现代部分由温儒敏编写，其中有少量选文及提示参考采用了此前温儒敏所主编的另一本《大学语文》教材(北师大出版社2005年版)，特此说明；选文承各位著作权人慷慨授权，得以嘉惠后学，谨致谢意(个别因无法联系而未能支付稿酬的，请著作权人与出版社联系，以便寄送样书和稿酬)。

2007年7月2日